空・前・絶・後　　人生ゲーム 勃発！　ゲームの達人 求む！

1兆9,391億4,000万円 争奪戦

・・・前代未聞!! 誰も経験した事のない "お金儲け＆社会貢献" いよいよ始まる・・・

★★はぐれ世直し仕掛人が提唱する日本再生プロジェクトＡＺ（アズ計画）処方箋＆教則本★★

金儲け＆社会貢献／経世済民 実用新書

本の題名／「本気で日本を変えるトリセツ」／令和２年９月初版発売

「本気で日本を変えるトリセツ」出版・遂に運用 開始！

本誌「トリセツ」全国3,591AS「家の駅」出展権争奪戦・国盗り合戦 開戦に先立ち

全国47都道府県に於いてゲームの達人「日本再生協力隊」を募集します

ゲームの達人　「日本再生協力隊」緊急募集！

・・・時代おくれのスマートハウス実行委員会 事務局・代表事務局・支部・村長は「日本再生協力隊」が勤めます・・・

●ゼロリスクハイリターン・ベンチャービジネス起業家を目指して頂きます

●時代おくれのスマートハウス実行委員会 本部組織運営に就いて頂きます

①	全国 3,591～3,965 の事務局＆AS「家の駅」運営者
②	全国 170 の代表事務局＆AS「家の駅」運営者（平均23事務局を統括）
③	47 の都道府県支部＆AS「家の駅」運営者（2～8の代表事務局を統括）
④	全国 900 の新合掌村 村長（新合掌村を運営する社長）

※47 都道府県で募集する「日本再生協力隊」は当パンフレット 8 頁をご覧ください

※ 応募の締切り／令和３年（2021年）９月30日

人生ゲーム・早い者勝ち！誰が先陣を切るのか！

史上最強！ベンチャービジネス起業家「日本再生協力隊」

・・・令和時代三種の神器（支援・投資・保険）を兼ね備えた誌上クラウドファンディング支援投資で富と名声を得る・・・

● 2～3頁 ・ 日本再生プロジェクト AZ（アズ計画）処方箋＆教則本でもある金儲け＆社会貢献／

経世済民 実用新書「本気で日本を変えるトリセツ」の概要／要諦を解説します。

● 4頁 ・・・「日本再生協力隊」が億万長者となるには・・・行動指針を細かく丁寧に解説します。

● 5頁 ・・・「日本再生協力隊」と成り事務局・代表事務局・支部に就けば、幾ら稼げて幾ら儲るか？ 47都道府県平均 の指標となる収益シミュレーション表を公開します。

● 6頁 ・・・兵庫県 170AS「家の駅」・国盗り合戦 の収益シミュレーション表を公開します。

● 7頁 ・・・「日本再生協力隊」（事務局・代表事務局・支部・新合掌村村長）の募集要項です。

● 8頁 ・・・47都道府県で募集する代表事務局と支部の一覧表（応募はコチラから）です。

★1兆9,391億4,000万円 争奪戦で勝利するには当パンフレット案内を網羅する事です★

1

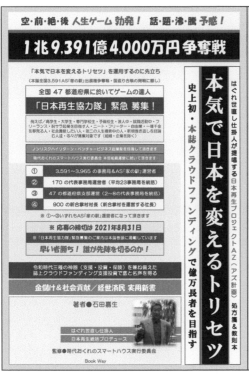

※ 左は令和２年９月発売予定の【金儲け＆社会貢献 経世済民 実用新書】

本気で日本を変えるトリセツ

（表表紙と裏表紙です）

Book Way より出版され「日本再生協力隊」に無償で配布されます

金の成る本

"支援者・虎の巻"重要！必見！

「本気で日本を変えるトリセツ」の〇〇〇〇再生プロジェクトAZ（アズ計画）の概要とは

★国家を疲弊させ、国民が進むべき道を見過った最も大きな要因と云うのは、戦後 60～70 年に亘り延々と続けられてきた「旧態依然とした悪しき家つくり」に在る事を、日本中の誰しもが気付いていなかった事です。

★その事から、日本の家づくりを"標準化"した標準化住宅「日本の家」と地域の物産展を併用した"新しいモノ・家づくり産業"を興し、その販売拠点となる「全国 3,591AS「家の駅」相互扶助ネットワーク」を構築し、主として家つくり、従としてモノつくりの潜在需要を喚起し地域経済を活性化させ内需拡大に繋げ、日本の経済を復興再生させなければならない。

※日本の標準化住宅「日本の家」の誕生と経世済民に導く下りは右枠出版本「家つくりの習慣を変えた瞬間、日本は一つになる」に書き下ろしています。

★今までの様に欲得の為や必要だから家を建てるという事から、"社会福祉ユートピア構想で新合掌村"（これがアズ計画の中枢で究極の目的です）を全国のゴルフ場に創生させる事を願い、家つくりに於いては、住宅だけにとどまらず公共住宅・借家・賃貸住宅・産業用建築物にまで幅広く「日本の家」を建て続ける事（持続可能な経済活動）で、誰しも試みなかった「故郷創生基金（少子化対策・教育奨励金の原資）」や「住宅再建基金（新合掌村建設の原資）」を創生（捻出）させます。

★その「住宅再建基金」を運用させて"社会福祉ユートピア構想で新合掌村"を実現させる思いが、先行きが見えず混沌とした漆黒の闇を彷徨う国民の意識に連帯して一体感が生まれ、日本は一つになり国民皆経済活動で「経世済民」（国を良く治め、人々を苦しみから救う）が完遂される。

2

人生ゲームの達人

プロローグ

経済活動拠点【全国3,591AS「家の駅」相互扶助ネットワーク】を構築する為

①史上初！誌上クラウドファンディングで支援投資者（F9Sss）募集します

★支援投資金は元金保証・AS「家の駅」が稼働する事で今後25〜30年間に9倍の配当を得る

②全国3,591AS「家の駅」Projectの運営者（当会事務局を担う）を同時募集します

★AS「家の駅」開設確定後、本部とフランチャイズ契約を交わす事で準備金200万円付与されます

お金儲け編

下表は支援投資者による支援投資金で開設された全国のAS「家の駅」が稼働する事でいくらお金を稼ぎ、世間にお金を回してどの様に社会貢献を果たすかを指し示したものです（経世済民の極意）

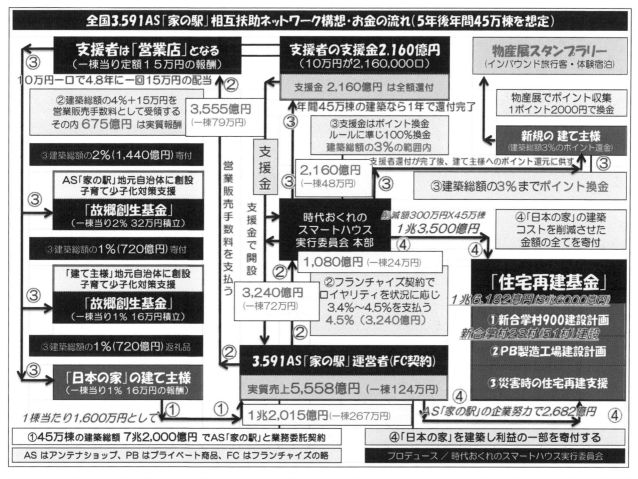

支援投資者は「営業店」と成り 一口10万円に対し15万円の配当を繰り返し得る

本誌第三章／アズ計画 1兆9,391億4,000万円争奪戦 "支援者・虎の巻" は必見！

社会貢献編

●AS「家の駅」運営者（事務局）・代表事務局・47都道府県支部・道州代表支部・本部が連携し 日本再生プロジェクトAZ（アズ計画）を推進させて究極の目的を達成させます

成果① 経済活動で「故郷創生基金」を生み、少子化対策教育支援に宛がう

成果② 同様「住宅再建基金」を生み、社会福祉ユートピア新合掌村を創生

★究極の目的・新合掌村は社会福祉ユートピア構想を実現させるもので、全国の過剰となったゴルフ場や郡部山間部地域に今後25〜30年を掛けて900カ所建設します。★新合掌村には、入村する15,000人が生活を維持するための住居や施設を「日本の家」で3,500棟建設します。★さらに「日本の家」の建設資材建材の製造工場を建設し雇用を創生します（詳細はトリセツに譲ります）

「日本再生協力隊」が 当実行委員会 事務局・代表事務局・都道府県支部・新合掌村村長に就く

「日本再生協力隊」のサクセス・ストーリー（栄光への架け橋）

ゲームの達人

★【日本再生プロジェクトAZ（アズ計画）処方箋＆教則本】★
経世済民 実用新書「本気で日本を変えるトリセツ」を運用し

★お金を儲けて億万長者と成り、社会に貢献して日本を変え、富と名声を手にする★

・・・ゼロからのスタート・まず事務局（AS「家の駅」運営者）になる・・・

●最初の一歩・**本書／誌上クラウドファンディングで募集している皆様方居住地域の AS「家の駅」** Project の運営者に応募して下さい。当該 AS「家の駅」が建設確定すれば事務局に認定されます。

●さらに、当実行委員会上部組織（**代表事務局・都道府県支部**）に就き、お金儲けとより社会貢献を目指す心意気のある方（人生ゲームの達人）は **7**頁の募集要項を確認の上、応募して下さい。

●下記は「日本再生協力隊」が「本気で日本を変えるトリセツ」運用・実践時の**確認・注意事項**です。

★①お金儲けと社会貢献を果たすには世間に対して公平で平等でなければなりません。ですから**教則本でもある「本気で日本を変えるトリセツ」が絶対基準・規律であり共通認識**して下さい。

★②「本気で日本を変えるトリセツ」の出版（Book Way）は本部が行ない無償で配布します。

★③クラウドファンディング Web サイトは**本部が運営**いたします（事務局がサポートする事）。

★④事務局自身の AS「家の駅」Project が建設確定すれば、本部とフランチャイズ契約締結の運びとなり**準備金が最高で 200 万円**貰えます。この段階で副業から起業家へ転身して下さい。

・・・遣るべき事とは・億万長者へのステップアップ・・・

■「日本再生協力隊」事務局が第一義に個人・グループ・団体または連携して推し進める事とは・・・

①「トリセツ」の直販やネット（SNS/ユーチューブ）を通じての告知活動で運営者となった当該 AS「家の駅」Project への支援投資者を募る。本誌 1 兆 9,391 億 4 千万円争奪戦 "支援者・虎の巻" を活用して地元住民、地元有力者や企業さらに各地で活躍する地元出身著名人に**支援投資を促す**。

②「トリセツ」を直販して、支援投資者を募ると同時に**直販収益を自ら自身の AS「家の駅」Project へ支援投資する**（1,000 部直販で 100 万円です・個人またはグループ・団体で遣るのも良し）。

③「日本再生協力隊」自身に余剰資金があれば 自身の AS「家の駅」Project へ支援投資して下さい。

重要／都道府県支部管内で **AS「家の駅」第一号店を開設**するには「日本再生協力隊」が連携・一致団し ①,②,③の成果を集約させて**支援投資金 6,000 万円**を達成する事です。後は一気呵成です

・・・さらに代表事務局・都道府県支部・新合掌村村長を目指す・・・

■平均 23 事務局を統括する代表事務局（収益シミュレーション表は 5、6 頁）の務めとは・・・

①平均 23 事務局（AS「家の駅」）の実務面・運営面を統括する。

②「誌上クラウドファンディングで支援投資（F9Sss）の勧め」等、啓蒙・啓発セミナーを開く。

■都道府県支部（収益シミュレーション表は 5、6 頁）の務めとは・・・

①都道府県管内代表事務局を統括し、都道府県管内 AS「家の駅」**物産展**を一括取り仕切る。

②本部の裁量で、同都道府県管内にて**新合掌村の建設計画が確定**すれば、建設地獲得交渉から計画立案・準備から造成着工し、住宅・施設・工場建設等開村に至るまで**一括施工管理**して貰います。

■新合掌村 村長の成すべき事とは・・・新合掌村の概要が発表されたら準備に入ります。入村者を募集、施設管理者・工場管理者を選任し、**社会福祉ユートピア全体を運営管理**して貰います。

まとめ／安くて良い物は売れる "物の道理" により持続可能な社会経済活動で経世済民を成し "自然の摂理" で社会を浄化し国難を解決解消するアズ計画は、特段、行政や既存社会の力を借りず独占事業である事からして 99.99％の確率で「日本再生協力隊」の夢と希望を叶える事でしょう。

「日本再生協力隊」（ 事務局・代表事務局・支部）の全国平均・収益シミュレーション指標
・・・A・B・C は 億万長者 への 指標 となる・・・

A・事務局・代表事務局・支部共通 AS「家の駅」運営事業による収益シミュレーション

● AS「家の駅」運営権は本部とフランチャイズ契約締結（入会誓約書を交わす事）で成立します。

● 運営者には当該 AS「家の駅」の開設が確定すれば本部から最高 200 万円が付与されます。

● AS「家の駅」運営者は入会金や年会費は不要、ロイヤリティを支払う規定を順守して下さい。

フランチャイズ・AS「家の駅」の開設・運営での年間販売見込みと収益シミュレーション表

	トリセツ運用後経過年数	2 年後	3 年後	4 年後	5 年後	6 年後	7 年後
1	年間棟数（平均 1,600 万円）	12 棟	24 棟	48 棟	72 棟	96 棟	110 棟
2	事務局の売上＠188 万	22,560	45,120	90,240	135,360	180,480	206,800
3	その他売上（物産展＋宿泊）	6,000	5,000	4,700	5,600	6,500	6,500
4	AS「家の駅」売上（2＋3）	28,560	50,120	94,940	140,960	186,980	213,300
5	ロイヤリティ（4％＝64 万円）	7,680	15,360	30,720	46,080	61440	70,400
6	事務局 必要事務経費	3,700	4,650	5,650	6,250	6,850	7,400
7	事務局長を含む人件費	10,000	16,500	26,000	35,200	42,880	48,300
8	年間必要経費/返済期間中	21,380	36,510	62,370	86,530	111,170	126,160
9	年間営業利益	7,180	13,610	32,570	51,896	68,745	78,340

※事務局には AS「家の駅」運営事業収益から規定に準じ「住宅再建基金」に寄付して頂きます

・・・B は全国 3,591AS「家の駅」相互扶助ネットワークが構築される迄の期間に貰え続けます・・・

B・統轄する AS「家の駅」が開設すれば本部組織が受領する経費／収益シミュレーション

● クラウドファンディング による**支援投資金 6 千万円を原資**とし AS「家の駅」が開設される折に運営事業者本部組織が得る必要経費（総額の 17％）を代表事務局・都道府県支部・本部に分配する。

	代表事務局（2.5％）千円		47 支部（1.5％）千円		本部（13％）百万円	
AS「家の駅」	AS「家の駅」 1	1,500	AS「家の駅」 1	900	AS「家の駅」 1	7,8
例／石川県	AS「家の駅」25	37,500	AS「家の駅」50	45,000	AS「家の駅」50	390
例／熊本県	AS「家の駅」25	37,500	AS「家の駅」75	67,500	AS「家の駅」75	585
例／大阪府	AS「家の駅」25	37,500	AS「家の駅」203	182,700	AS「家の駅」203	1,583,4
全国平均	AS「家の駅」23	34,500	AS「家の駅」84	76,600	AS「家の駅」3965	30,927

※全国の AS「家の駅」は 2023 年 3 月迄に開設予定です。受領金は活動資金にお使いください。

・・・C はアズ計画進捗状況で分配率・分配額は変動しますが永久に貰え続けます・・・

C・統轄する AS「家の駅」が稼働し収益から本部組織が受領するロイヤリティの分配規定

● 仮建築総額 1,600 万円とし**ロイヤリティ 4％**から**還付確定済み 3％を除いた 1％**を分配する。

全国平均（右％は総額に対して）	代表事務局（0.3％）		47 支部（0.2％）		本部（0.5％）千円	
2 年後（2023・3）年間 12 棟	統轄「家の駅」23	13,248 千円	統轄「家の駅」84	32,256 千円	「家の駅」3965	3,806,400
3 年後（2024・3）年間 24 棟		26,496 千円		64,512 千円		7,612,800
4 年後（2025・3）年間 48 棟		52,992 千円		129,024 千円		15,225,600
5 年後（2026・3）年間 72 棟		79,488 千円		193,536 千円		22,838,400
6 年後（2027・3）年間 96 棟		105,984 千円		258,048 千円		30,451,200
7 年後（2028・3）年間 110 棟		121,440 千円		295,680 千円		34,892,000

※AS「家の駅」が本部組織に支払うロイヤリティは規定により **3.4〜4.5％** の幅で変動します。

兵庫県 170 AS「家の駅」国盗り合戦による 姫路代表事務局・兵庫支部の収益シミュレーション

・・・指標・A・B・C に照らし合わせ、より具体的に 億万長者 へと歩を進める・・・

人生ゲームの達人はアルバイト・副業から起業家・億万長者へ華麗なる転身を図る

・・・兵庫県下 7 代表事務局の中から姫路代表事務局を事例に・・・

① 姫路代表事務局（24 の事務局を統括）の収益シミュレーション表

トリセツ運用後経過年数及び年間建築棟数	指標 A 千円 AS「家の駅」収益	指標 B 千円 開設時の収益	指標 C 千円 ロイヤリティ	年度別収益（千円）
2年後（2023・3）年間 12 棟	7,180	36,000	13,824	57,022
3年後（2024・3）年間 24 棟	13,610	0	27,648	41,258
4年後（2025・3）年間 48 棟	32,570	0	55,296	87,866
5年後（2026・3）年間 72 棟	51,896	0	82,944	134,840
6年後（2027・3）年間 96 棟	68,745	0	110,592	179,337
7年後（2028・3）年間 110 棟	78,340	0	126,720	205,060

※AS「家の駅」運営者は当該AS「家の駅」開設が確定すれば本部から最高 200万円 が付与されます。

※指標Bは統轄する 24 の AS「家の駅」が開設する都度貰え運用 2 年後には達成させる予定です。

※2年後までは、支援投資者を募り管轄内の AS「家の駅」を開設させる努力を惜しまない事です。

② 兵庫支部（県下 7 の代表事務局を統括）の収益シミュレーション表

トリセツ運用後 経過年数及び 年間建築棟数	指標 A 千円 AS「家の駅」収益	指標 B 千円 開設時の収益	指標 C 千円 ロイヤリティ	年度別収益（千円）
2年後（2023・3）年間 12 棟	7,180	153,000	65,280	225,460
3年後（2024・3）年間 24 棟	13,610	0	130,560	144,170
4年後（2025・3）年間 48 棟	32,570	0	261,120	293,690
5年後（2026・3）年間 72 棟	51,896	0	391,680	443,576
6年後（2027・3）年間 96 棟	68,745	0	522,240	590,985
7年後（2028・3）年間 110 棟	78,340	0	598,400	676,740

※AS「家の駅」運営者は当該AS「家の駅」開設が確定すれば本部から最高 200万円 が付与されます。

※指標Bは統轄する 170 の AS「家の駅」が開設する都度貰え運用 2 年後には達成させる予定です。

※2年後までは、支援投資者を募り管轄内の AS「家の駅」を開設させる努力を惜しまない事です。

③ 1 兆 9,391 億 4,000 万円争奪戦に参戦し本業以外で億万長者を目指す

●事務局・代表事務局・支部は誰でも "インサイダー取引？" に該当する事なく自ら誌上クラウドファンディングで支援投資者となり 1 兆 9,391 億 4,000 万円争奪戦に参戦する事ができる。

●支援投資金の配当基準は簡単明瞭／支援投資金は 10 万円を一口とし、元金は保証され何れ還付を受けます。支援投資金は今後 25〜30 年の期間中約 6 回で 9 倍の配当を得る権利を有します。

・・・「トリセツ」第三章 "支援者・虎の巻" を精読すべし、立場上、より優位に争奪戦を戦う事ができる・・・

・・・「トリセツ」コーヒーブレイク② AS「家の駅」運営者がカギを握る・マル秘「支援投資テクニック」の勧め・・・

・・・事務局・代表事務局・支部の立場上・優位に戦い一石三鳥の戦術とは・・・

★兵庫県の事務局・代表事務局・支部が連携し無償配布「トリセツ」を直販してお金を稼ぐ事や既存クラウドファンディングで資金を集める事、余剰資金を持ち寄る事、そして一般の支援投資金と合算した 6 千万円で県下第一号店の AS「家の駅」開設を果たす事、後は全国一気呵成に事を進められる。

ゲームの達人「日本再生協力隊」（事務局・代表事務局・支部・新合掌村村長）の募集要項

2023 年 3 月 31 日迄に全国 3,591AS「家の駅」相互扶助ネットワークを構築する為に

全国に於いて実行委員会本部機構 事務局・代表事務局・都道府県支部運営者を募集します

※ 応募の締め切り／令和 3 年（2021 年）9 月 30 日

・・・全国 3,965 事務局募集・・・

① AS「家の駅」国盗り合戦（出展権争奪戦）と銘打って AS「家の駅」（事務局）運営者を募集

・・・AS「家の駅」運営者は「本気で日本を変えるトリセツ」からも申し込めます・・・

●「トリセツ」第五章 全国 3,591AS「家の駅」相互扶助ネットワーク・国盗り合戦一覧表から、居住する自治体名義で出展する AS「家の駅」Project を選択して応募して下さい。

●当該 AS「家の駅」建設計画が確定すれば、本部と FC 入会誓約書を交す事で AS「家の駅」事務局と認定され、準備金が最高で 200 万円支給されます。入会金や年会費などは一切不要である。

●AS「家の駅」（事務局）運営応募者は「トリセツ」第四章１〜１０AS「家の駅」概要を確認の事！

・・・全国 170 代表事務局募集・・・

② 平均 23 事務局を統括する 代表事務局（AS「家の駅」運営者）を 170 の地域（8 頁）で募集

①／先着順で受付します。②／都道府県内で 60 事務局を上限に複数の代表事務局に応募できます。

③／都道府県支部を兼任する事はできません。④／当該代表事務局エリアに居住する事とする。

⑤／一代表事務局への応募に際し申込み証拠金 10 万円をお支払下さい。⑥／申込み証拠金 10 万円は当該 AS「家の駅」PJ への支援投資金扱いとし、規定による配当を受領する権利を有します。

⑦／半年過ぎても活動の痕跡がない、規約にそぐわない場合は登録を抹消し新たに募集を掛けます。

●当該 AS「家の駅」建設計画が確定すれば、本部と FC 入会誓約書を交す事で AS「家の駅」代表事務局と認定されます。最初は 2023 年 3 月迄を任期とし、以降 2 年毎に本部より選任される。

・・・47 都道府県支部募集・・・

③ 複数の代表事務局を統括する都道府県支部（AS「家の駅」運営者）を 47 の地域（8 頁）で募集

①／先着順で受付します。②／管轄内の代表事務局及び他の支部を兼任する事はできません。

⑤／支部への応募に際し管轄する代表事務局数に付き、申込み証拠金 10 万円をお支払下さい。

⑥／申込み証拠金（2 代表事務局では 20 万円、8 代表事務局では 80 万円）は当該 AS「家の駅」PJ への支援投資金扱いとし、規定による配当を受領する権利を有する事と致します。

⑦／半年過ぎても活動の痕跡がない、規約にそぐわない場合は登録を抹消し新たに募集を掛けます。

●当該 AS「家の駅」建設計画が確定すれば、本部と FC 入会誓約書を交す事で AS「家の駅」支部と認定されます。最初は 2023 年 3 月迄を任期とし、以降 2 年毎に本部より選任される。

・・・新合掌村村長募集・・・

④ 25〜30 年を掛け 全国 900 カ所に建設する 社会福祉ユートピア構想・新合掌村 村長募集

①／「トリセツ」運用 2 年後、新合掌村 事業計画が発表される時期に募集／AS「家の駅」の建設資金の 6 千万円を一括して支援投資して頂いた支援投資者を優先し順次新合掌村村長に推薦します。

②／優先権を持つ支援投資者が辞退したり途切れた場合は、都道府県支部管轄の「日本再生協力隊」（事務局・代表事務局・支部）から総選挙又は推薦により選任いたします。

・・・申し込みは 8 頁下段枠に記入の上メールして下さい・・・

兵庫県揖保郡太子町福地 700／時代おくれのスマートハウス実行委員会本部 代表 石田嘉生

お問合せ・「トリセツ」請求／080-5365-1107／Email：kasei-1107@outlook.com

申し込み証拠金 振込先：みなと銀行／赤穂支店／普通預金／口座番号：3787703

口座名義人／時代おくれのスマートハウス実行委員会 代表 石田嘉生（イシダヨシオ）

募集する 時代おくれのスマートハウス実行委員会 本部機構（支部・代表事務局）

道州本部	支部数	都道府県支部	統轄代表事務局数	代表事務局（平均23事務局を統括）1	2	3	4	5	6	7	8	事務局
北海道	1	1 ①北海道	7	函館	札幌北	札幌東	札幌南	旭川	北見	帯広	釧路	160
東日本州	10	州都千葉	34									793
（州都／東日本州／千葉県）		2 ①青森県	2	青森	八戸							52
		3 ②岩手県	2	森岡	奥州							56
		4 ③宮城県	4	仙台北	仙台南	石巻	大崎					84
		5 ④秋田県	2	秋田	横手							45
		6 ⑤山形県	2	山形	庄内							49
		7 ⑥福島県	3	福島	郡山	磐城						75
		8 ⑦茨城県	5	水戸	日立	常総	筑波	常陸				110
		9 ⑧栃木県	3	宇都宮	那須	栃木						70
		10 ⑨群馬県	3	前橋	高崎	桐生						68
		12 ⑩千葉県	8	千葉北	千葉南	松戸	船橋	柏	木更津	市川	房総	184
関東州	3	州都東京	24									620
関東州（州都）（東京都）		11 ①埼玉県	8	埼玉	大宮	川口	越谷	川越	熊谷	所沢	秩父	198
		13 ②東京都	8	東京東	東京西	東京北	東京南	町田	八王子	武蔵野	多摩	219
		14 ③神奈川県	8	横浜北	横浜西	横浜南	川崎	横須賀	藤沢	小田原	相模原	203
中部州	10	州都愛知	36									816
（州都／中部州／愛知県）		15 ①新潟県	4	新潟北	新潟南	長岡	上越					86
		16 ②富山県	2	富山	高岡							42
		17 ③石川県	2	金沢	能登							50
		18 ④福井県	2	福井	敦賀							35
		19 ⑤山梨県	2	山梨	甲府							40
		20 ⑥長野県	4	長野	松本	飯田	佐久					83
		21 ⑦岐阜県	4	岐阜	大垣	多治見	高山					84
		22 ⑧静岡県	5	浜松	静岡	清水	掛川	沼津				133
		23 ⑨愛知県	8	名古屋	名古屋	一宮	春日井	豊橋	岡崎	豊田	半田	199
		24 ⑩三重県	3	四日市	津	松阪						64
関西州	10	州都大阪	34									777
（州都／関西州／大阪府）		25 ①滋賀県	2	大津	彦根							55
		26 ②京都府	4	福知山	京都北	京都南	宇治					84
		27 ③大阪府	8	大阪北	大阪南	堺	泉南	東大阪	吹田	高槻	豊中	203
		28 ④兵庫県	7	阪神	神戸	東播磨	姫路	豊岡	丹波	淡路		170
		29 ⑤奈良県	2	奈良	橿原							53
		30 ⑥和歌山県	2	和歌山	田辺							40
		31 ⑦鳥取県	2	鳥取	米子							26
		33 ⑧岡山県	3	岡山	倉敷	津山						69
		36 ⑨徳島県	2	徳島	阿波							35
		37 ⑩香川県	2	高松	丸亀							42
西日本州	13	州都福岡	35									799
（州都／西日本州／福岡県）		32 ①島根県	2	松江	出雲							31
		34 ②広島県	4	広島西	広島東	福山	三次					91
		35 ③山口県	2	山口	下関							52
		38 ④愛媛県	2	松山	宇和島							53
		39 ⑤高知県	2	高知	土佐							30
		40 ⑥福岡県	7	福岡	博多	飯塚	大牟田	久留米	小倉	八幡		167
		41 ⑦佐賀県	2	佐賀	唐津							37
		42 ⑧長崎県	2	長崎	佐世保							51
		43 ⑨熊本県	3	熊本北	熊本南	八代						75
		44 ⑩大分県	2	大分	中津							46
		45 ⑪宮崎県	2	宮崎	延岡							42
		46 ⑫鹿児島県	3	鹿児島	薩摩	大隅						66
		47 ⑬沖縄県	2	那覇	沖縄							58
全国	47		170									3965

代表 石田嘉生

※本部機構の代表事務局・都道府県支部に応募される方は下記に記入の上、この記入部分を写真に撮りＥメール（7頁）に添付して送って下さい。申込み証拠金の入金確認後受領書をメールでお送りします

●代表事務局 （ 　・　 ）申込む　●都道府県支部 （ 　　 ）申込む

ご住所／　　　　　　　　　お名前／　　　　　　　　　携帯／

本気で日本を変えるトリセツ
・・・目次・・・

第四章　アズ計画（日本再生プロジェクトAZ）／新合掌村計画　解説編－89

まえがき

　　日本は今、地域の問題を始めとし、国家レベルでの難問題を数多く抱えています。
　国民が望むところの少子高齢化対策を始めとし景気浮揚策、社会保障制度の抜本的改革や行財政改革、身を切る改革などは手付かずの状態です。
　庶民感覚で問題となる事象が顕在化してきたらモグラ叩きゲームさながら"出る杭は叩く"が如く慌てふためき国家権力で押さえつける。その場凌ぎの付け焼き刃的対応に追われ、抜本的な対策や改革を断行する気配は微塵も感じられません。

　さらに、地球温暖化の影響もあって、近年は台風、地震、風水害など自然災害が頻繁に発生しています。それは５０年に一度とかいうものではなく毎年何処かで起こるものだと思わなければなりません。国民生活に直結する最重要課題と認識し真摯に対応すべき問題です。その身近な国民を守る問題すら改革への足枷とばかり先送りしているのが現状です。

　それらを含めて、本気で議論を始めなければならないと警鐘を鳴らすべく御仁は誰一人として現れる気配がない！本気で日本を変えようと、金権・傲慢体質を打破し誰一人として何故立ち上がろうとしないのか！国民の一人として心の底から叫びたくなります。

　そもそも・・・
　国政の求心力が低下し、国民は疲弊し閉塞感で行き場を失い、日本沙漠を彷徨っている。
　国政と庶民感覚の間は距離感と疎外感があり過ぎ乖離、笛吹けど国民は呼応しません。
　国民・世相も国政の後姿を辿れども、しっぽすら掴まえ切れず、しらけ切っています。
　世直し「経世済民」は、国民から徴収した税金で国が遣るものと思って知らん振りです。
　国の体たらくで、日本国民の風潮は、自分が一番大事で世直しは他人事と思っています。
　このまま荒廃し始めた日本を放置したら"日本滅亡"へのカウントダウンが始まります。

　この様に誰も何もしない世相だからこそ！日本国民は、先行きが見えず混沌とした漆黒の闇から脱出する方法として、常識や固定観念に捉われず既成概念縛られず打破して、今までになかった！尋常では考え付かない！誰一人として経験した事のない！真逆の発想で生み出された"本気で日本を変えるトリセツ"「日本再生ガイドライン・アズ計画」を世の中に送り出し実践させなければならない時なのです。

　この事は、政治・行政の力で世直しが困難な事でも、ヤル気のない国に代わり国民の全員が参加協力して国民が主導し、日常の経済活動で活路を見出し、国民の団結力で地域の問題や国難を物の見事に解決し解消させる事を国民に知らしめる事ができるものなのです。

　その具体的な世直し処方箋とは・・・
★日本の家づくりを"標準化"した「日本の家」と地域の物産展を併用した"新しいモノ・家づくり産業"を興し、その販売拠点となる「全国 3,591AS「家の駅」相互扶助ネットワーク」を構築して潜在需要を喚起し地域経済を活性化させ内需拡大を図ります。

・・・国民の皆様・行動する力をお貸し下さい・・・

★今までの様に欲得の為や必要だから家を建てるという事から、"社会福祉ユートピア構想"で"新合掌村"を全国津々浦々に創生させる事を願い、住宅だけにとどまらず公共住宅・借家・賃貸住宅・産業用建築物にまで幅広く「日本の家」を建て続ける事で、「故郷創生基金」や「住宅再建基金」を創生し、その基金を運用する事で"社会福祉ユートピア構想・新合掌村"を実現させる目的が達成できると思う事で、先行きが見えず混沌とした漆黒の闇を彷徨う国民の意識に、連帯した一体感が生まれ日本は一つになれます。

・・・国民の皆様・団結する力をお貸し下さい・・・

★国民から徴収した税金の加護に頼らず国民が自ら自助努力し防衛本能・自衛手段を講じて"社会福祉ユートピア構想・新合掌村"を実現させ、広義の意味での社会的弱者の皆様が、戦後長きに亘り失われていた心豊かな暮らしができる環境を、今後25～30年の歳月を掛けて国民自身の手で取り戻す事ができます。もちろん「経世済民」は国民によって成される事は言うまでもありません。

・・・因果応報・目的は達成され良い結果が齎されます・・・

★まとめさせて頂きますと、国家を疲弊させ、国民が進むべき道を閉ざされた最も大きな要因と云うのは、戦後60～70年に亘り延々と続けられてきた「旧態依然とした悪しき家つくり」にある事に誰しもが気付いていなかった事です。

★遠い昔に置き忘れてきたモノづくりの原点でもある「結（ゆい）のしくみで創る昔ながらの家つくり」を現代風にアレンジして、日本の標準化住宅「日本の家」に集約させる事で、失われた豊かな生活を25～30年の歳月を掛けてでも取り戻さなければ成りません。

★モノ・家つくりとは二人三脚で人生の営みを支えてくれるものです。変化・改革・革新を恐れていては、日本の行く末に希望に満ち溢れた未来は遣って来ないのです。

この事は、国民の参加協力による経済活動を"物の道理"に則して運用し"自然の摂理"に任せて世直しが成され"人類普遍の原理"に基づくもので忖度・談合・隠蔽・改竄・崩壊・破綻・破滅・堕落など人々が忌み嫌う文言を寄せ付けず、損する人・騙される人・傷付く人を生み出す事なく"経世済民"（世の中を良く治め、人々を苦しみから救う）を完遂させるものです。

国民から徴収した税金を一円たりとも遣う事無く、あらゆる国難を解消して消費税を減税から廃止に導き「経世済民」を成し遂げる「アズ計画・新合掌村計画」から成る日本再生ガイドラインに沿って"今"誌上クラウドファンディングに着手しない手はないと思います。

この国は、今のままではいけないと、国民の誰しもが思っておられる事なのではないでしょうか。"渡りに船"しかも千載一遇のチャンス！二番煎じはありません。

モグラ叩きで封じ込められた改革の芽を、この日本再生ガイドラインに則し手始めに誌上クラウドファンディングで実践し経過「経世済民」を成し遂げなければ、未曾有の国難に耐え切れず、ますます荒廃が進み立ち行かなくなり、日本は何れ滅亡します。

時代おくれのスマートハウス実行委員会　代表　石田嘉生

はじめに

史上初！誌上クラウドファンディングで支援投資者を募り

日本再生ガイドライン・アズ計画に沿い "本気" で日本を変える！

支援投資者 あっての物種

究極の目的を達成させる道程／支援投資者（F9Sss）によってもたらされる

① 誌上クラウドファンディングで支援投資者を募ります。（Web サイトも併用します）
② 支援投資金で全国各地 3,591 カ所に AS「家の駅」を開設し FC 運営者を募集する。
③ 日本の家づくりを標準化した「日本の家」とアンテナショップ地域物産展を併設した AS「家の駅」を開設し、新しいモノ・家つくりを地域になくてはならない基幹産業に育て上げ、潜在需要を喚起し地域経済を活性化させ内需拡大を図ります。
④ 徐々に、全国 3,591AS「家の駅」相互扶助ネットワークを構築し、その経済活動で「故郷創生基金」を生み出し地域の少子化対策・教育支援に宛がいます。
⑤ 「日本の家」の普及が成されると建築における製造原価を低減させ「住宅再建基金」を生み出し「社会福祉ユートピア構想」の新合掌村建設に宛がいます。
⑥ 新合掌村は、広義の意味での社会的弱者と、その人達を支援する人達を分け隔てる事無く受け入れます。働く場所が確保され、衣食住も支給され、お金を必要とせず自助努力・自給自足・地産地消をモットーに 3,500 以上の住宅や工場そして生活に欠かせない施設で構成された 1.5〜2 万人が心豊かに暮らせる街で戦後 60〜70 年間の長きに亘り、国民が疲弊し失われた豊かな生活を取り戻す為に今後 25〜30 年の歳月を掛けて、全国の余剰なゴルフ場や郡部・山間部地域 900 カ所に建設します。

究極の目的を達成させる究極の手段／AS「家の駅」開設への支援投資者（F9Sss）を募る

支援投資者あっての物種です

① 支援投資金は保証され何れ還付を受けます。支援投資金で開設された AS「家の駅」が活動する事で、今後 25〜30 年の期間中約 6 回で 9 倍の配当を得る権利を有します。
② 支援投資金は 10 万円単位を一口とします。AS「家の駅」単位とし上限はありません。
③ 支援投資金は AS「家の駅」の建設資金に供され、支援された順番によって規定による配当を受領できます。（支援投資金の還付や配当に関しては後の項目に譲ります）

支援投資（F9Sss と命名）"三種の神器"（支援・投資・保険）で人生をエンジョイ

・・・人生における "三種の神器" とは・・・

★一つ目の支援とは、支援投資金によって生まれた AS「家の駅」は地域創生・経済活性化をもたらし、正に社会・経済・福祉に貢献する事に繋がります。
★二つ目の投資とは、「日本の家」の普及度合いにもよりますが文字通り確実に配当を受ける事ができます。元金は保証され何れ還元されます。10 万円単位ですが該当する建築の都度 15 万円の配当を今後 25〜30 年間都合 6 回ほど受領する事ができます。
★三つ目の保険とは、支援投資金は安心安全が担保され、約束に違わず計画的に報酬が得られる事から、自身や子孫を守りながら人生・家族設計を遂行させる事ができる。

第一章　何故、本気で日本を変えなければならないのか

1、誰一人として "日本を変えようとしない" 現代社会の（影）と（闇）

表①：現代社会の（影）と（闇）

**現代社会の家つくりに潜む（影）と行き場を失った（闇）から逃れる方法は
アズ計画・日本再生ガイドラインを実践し "本気で日本を変える" 事しかない**

現代社会の影・生活の根幹を成す家つくり	現代社会の闇・行き場を失った国民
人生コロシアムの虚構と命名した家つくり集団	国家権力が幅を利かす（忖度・談合・隠蔽・改竄）
ものづくりを履き違え荒唐無稽な家つくり集団	既得権益を喰い物にする白蟻・コバンザメが蔓延る
北米では標準化された2X4工法で建てるツーバイフォー住宅が原価方式で日本の半値で建てられる。日本は住宅販売会社が新建材で覆われた差別化住宅を一括請負工事契約で縛り高額な家とし売っている	政府は土地建物の統制を執らず民間主導にしたばかり日本は標準化住宅を目指さず、世界に恥ずべき旧態依然とした悪しき家つくり（NHK：日本ハウジング共同体）を不動で強靭な虚構として創り上げた
政府は家つくりを民間に投げ出した事が発端で、総合住宅展示場を運営するメディア(新聞社・テレビ局)が社会問題を隠蔽し、家つくり・住宅政策を肯定し助長させる事で既得権益に群がる輩が蔓延る強靭で難攻不落のブラックボックスが出来上がった	国民生活の根幹とも言える住宅政策の失態は林業・森林産業の衰退を招き、高額な家を買わされ高い家賃に苛まれ国民は疲弊している。さらに政府の失態の後始末を国民から徴収した税金を遣い補助金・助成金名目で支援する様は詐欺師と何ら変わらない
「道徳なき商売は罪悪である」と云う金言を蔑にし利益一辺倒の経営姿勢を貫く経済人が業界を席巻した	政治と経済が分断され、経済人は政治家の下請けとなり改革はおろか「経世済民」すら縁遠くなった
地域活性化・景気浮揚・内需拡大に貢献していない生産と消費の損失は莫大な額に上る事に気付かない	国・政府は国民の為には何もしないし世直し等出来る筈がないと国民は気付き、皆しらけ切っている

現代社会の影　と闇は表裏一体

強く意識し　　成せば成る / 何もしないで下の領域には進めない

アズ計画で家つくりの習慣を変える	アズ計画で本気で日本を変える
再生可能な日本の森林資源(杉や桧)を利用し日本の標準化住宅を目指した「日本の家」のモデルハウスと地域で生産された物産品を展示即売する物産展を併設したAS「家の駅」を新しいモノ・家づくり産業の販売拠点として全国3591の地域に開設し運用する。地域にお金を還流させて地域創生・地域経済活性化し内需拡大を図る。さらに「故郷創生基金」や「住宅再建基金」を生み出し地域の少子化対策や社会福祉ユートピア構想・新合掌村を実現させる	国民から徴収した税金を一円たりとも遣う事無く国民の自助努力・自衛手段による経済活動で変える
	アズ計画で生み出された「住宅再建基金」で全国900カ所に1.5万人が暮らす新合掌村を建設します
	新合掌村は、広義の意味での社会的弱者と、その人達を支援する人達を分け隔てる事無く受け入れます
	新合掌村は、未曾有の少子高齢化時代を迎え、急速に迫りくる国難を物の見事に解消して見せます
AS「家の駅」は一般的な住宅展示場と違い物産展スタンプラリーや体験宿泊で昼夜を問わず多目的に利用し、集客力や売上の落ちた商業施設とコラボして地域に寄り添い地域住民の駆け込み寺的に活用する	新合掌村は自然災害で住宅を消失した被災者に着の身着のままで入居できる本格的住居を提供します
世界の七不思議、3年〜5年で最新モデルの展示場に建て替える日本の住宅販売システムを一掃する	入村者は社員・扶養家族となり働く場所が確保され衣食住は支給、お金を必要とせず暮らせます。年金生活者や生活保護者は受給資格を返納し補助金や助成金の類は辞退します。政府の歳出削減に寄与し自然の摂理で消費税を減税からは廃止へと導きます
住宅製造原価を北米並みにする事で現代社会の影と闇を払拭させて本来の「経世済民」に導く	経世済民の完遂！成果は数え上げればキリがない！

アズ計画を遂行すれば成せる業

家つくりの習慣を変えた瞬間、日本は一つになる

①現代社会の（影）の部分が「アズ計画」を提唱する背景にある事を知って下さい

先ずは 表① をご覧下さい。

それは、 表① の "現代社会の影・生活の根幹を成す家つくり" が全てを物語っています。

筆者は以前に、日本の家を標準化住宅にすべく「日本の家」を開発し、販売施工システムを創り上げ「商売の具」として提唱した折に書き上げた出版本（題名は「家つくりの習慣を変えた瞬間、日本は一つになる」を自費出版）で日本の旧態依然とした悪しき家づくり集団を「人生コロシアムの虚構」と名付けて、虚構と言われる実態を事細かく分析しています。

2017年6月出版

★ 何が問題か ・・・端的に言って、高額な差別化住宅を挙って販売する事と一括工事請負契約で顧客を縛る事！

①、北米やオセアニア地方ではツーバイフォー工法で建てる2X4住宅が標準化住宅として普及している。だから売り手側・買い手側では競争が起きない。買い手側は正味原価で家が建てられる。だから日本の半値で家が建つ！

②、日本も林業振興を考えて日本の木を使った「標準化住宅」で統制を計れば良い物を、旧建設省が安易に責任を放棄し民間に投げ出したため、自由奔放な「差別化住宅」が主流となり 営利事業形態で住宅を販売する仕組みにしてしまった。

③、それに輪を掛ける形で、建築では悪しき慣習でもある重層請負に繋がる一括請負工事契約で顧客を縛り付ける "禁じ手" を常套手段とし、高額な差別化住宅を販売施工する不変で 旧態依然とした「家づくり」を構築した。

「日本の家」リーフレットに紹介した「人生コロシアムの虚構」の概念図です

正に、「人生コロシアムの虚構」は現代社会の家づくりの仲間達が差別化住宅を競争して販売するフィールドであるわけです。ブラックボックスと化しぶっ壊す事はできません。

国民は洗脳され、一糸乱れぬ集団行動を取らざるを得なかったという方が正解なのかも知れません。人生コロシアムは虚構ですから誰の目にも止まらないのです。

　だからと言って見過ごすわけには行かないのです。筆者なりに分析して見ると、「アズ計画」を受け入れず阻害し拒否反応を示す最大の原因は、戦後60〜70年に亘り、誰一人として何の疑問も持たず続けられてきた“日本の家づくり”言い換えれば政治行政の【住宅政策】に於いて“社会の秩序を乱し格差を生み国民を疲弊させる重大な欠陥”がある事に、誰しもが 気付かず 知らなかった事にあるのです。絶句！でしかありません。

　更に社会の秩序を乱している最大の要因は、社会問題を提起する筈の報道機関（全国の新聞社やテレビ局）が総合住宅展示場を運営する事で、日本の家つくり【住宅政策】は正しいのだと擁護し！肯定し！助長し！家つくりに関し常態化している社会問題を隠蔽して、何ら問題はないと世間に絶大な安心感を植え続けてきた事にあります。絶句！です。

　こんなに問題があるとは国民は知る由も無い、知らなかったでは済まされない大問題である!!
　そうであるにも拘らず国民の多くは、何れかの住宅会社を選んで家を建てるので、選択の自由を拘束されていないと思っている様なのです。
　しかし、この様に考える事もできます。標準化住宅にすれば安く建てられるのに、その選択肢がなかったので何の不信感も持たずに高い家を買わされ続けてきたのです。
　100人中100人の方が、真面目な顔をして住宅は充足しているので年々着工戸数は減少して住宅業界に未来はない！また空き家が増えて困っている、古い家を改修して利用すべきだ！と良く言われる事ですが、この様な現状に捉われていれば日本の将来は、経済浮揚策を考える事から見ても暗くなるばかりです。
　今迄の様に、個人の欲得や必要に迫られて家を建てる事から脱却し、住宅だけにとどまらず公共住宅・借家・賃貸住宅・産業用建築物にまで幅広く、日本の標準化住宅「日本の家」を建て続ける事で着工戸数を伸ばし経済を動かし社会に貢献するという「意識」を国民の皆様が持つ事で、現代社会の（影）と（闇）から抜け出せるのです。

　結局の処、国家権力で「人生コロシアムの虚構」は創られたと言っても過言ではないでしょう。そこは既得権益の巣窟となり白蟻やコバンザメが蔓延る超巨大なブラックホールと化した。それをメディアが擁護し助長させてきた国民への背信行為は目に余るものがある。
　一部世間の風潮に合わせる訳でもないのですが、国家権力の申し子でもある「NHK（日本ハウジング共同体）」＝「人生コロシアムの虚構」が暗躍した結果、地域経済活性化を阻害し、林業・森林産業活性化を衰退させ、経済を脆弱化させ貧困・格差問題が増幅、住宅難民が増え借金問題を始め多くの社会的な問題を誘発させてきました。

　即ち、表①の如く、現代社会の（影）の部分を知る由もないから、現代社会の（闇）の部分が暗躍して国民を苦しめている事の原因が現代社会の（影）にあるとは気付かない。
　現代社会の（影）の部分を悔い改めアズ計画で家つくりの習慣を変えれば、現代社会の（闇）の部分から脱却して、国民の皆様が社会福祉ユートピア構想の輪の中に入り、分け隔てなく福利を享受できる事を表①が如実に物語っています。
　この事実を認識し日本再生ガイドラインを実践しなければ日本の未来は遣ってきません。

躊躇していると、日本滅亡へのカウントダウンが点滅を始めます。

②現代社会の（闇）の部分が「アズ計画」の受け入れを拒否している

表②：現代社会の（闇）

先ず、表②をご覧下さい。まさに、現代社会の（闇）の部分を如実に物語っている事を感じ取られる事でしょう。

政治や経済ジャーナリストでも既得権益が渦巻く現場に居ては、ここまでの事は分析もしていないし、批判もしないし、手厳しく書けないでしょう。

多くの皆様は気付いておられません

政治と行政は縦割り社会でピラミッド構造を成し上層部からの指令は絶対で規律違反はできない。まさに強靭で硬直した融通の利かない一枚岩といえるでしょう。

実は、現代社会の（影）の部分を支配している「NHK（日本ハウジング共同体）」＝「人生コロシアムの虚構」の住宅建築を含めた建築業界は、政界・行政のピラミッド構造と同じ重層構造を形づくっているのです。

大企業から中小企業、そして零細企業へ、さらに末端の職人さんへと仕事が流れ、元請から下請け、更に孫請けと３層から４層になる多層構造なのです。

大企業を頂点としたら、職人さんが底辺に位置する訳です。

住宅は定価販売しないから値崩れしません。好き勝手ができる業界だから永遠に不滅なのです。この安定したピラミッド構造を持つ建築業界と政治と行政は密約を交わした義兄弟とも言える間柄なので、継続させる事が何よりも重要で、変える必要もなく変えたくもなかったと云えます。

そして、政治家・政府は常に後ろ向きです

未曾有の少子高齢化時代を迎え、国民を窮地に陥れる難問が山積していると云うのに、本格的な議論を始めるでもなし、国民や事業者から徴収した税金の割り振りと損得勘定ばかりして、ゴミや腐敗の浄化もできず内政に終始し、国民は疎外感を持ち気持ちが乖離、国や政府から幽体離脱を始めています。

そして、何よりも政財界が寄って集って「経世済民」の精神を蔑にし、闇に葬った事で日本は徐々に弱体化し世界をリードする事ができなくなってしまったと云えます。

皆様はご存じだろうか？

約３００年前の「石田梅岩」は石門心学で利益だけ追求すると破たんを招くと「商売道」を説いた。約２００年前の「二宮尊徳」は『道徳なき商売は罪悪である』と「経世済民」を説いた。そして約１００年前の「渋沢栄一」は「道徳」と「経済」をどのように両立させるかをテーマに日本の経済を発展させ、真の「商売道」で「経世済民」（世を治め、人々を苦しみから救う）を実践していた。

そもそも、「経世済民」の四文字から世間を見限って民衆を見捨て「経済」の二文字にしたのは一万円札の顔「福沢諭吉」なのです。いずれ、一万円札の顔が「渋沢栄一」に変わるとの事で、少しは「経世済民」を意識しての事かと思い、実はホッとしているところです。

結局の処、政治と経済が分断され、政治家・政治は「経済」を動かす事に執着し経済界は「経世済民」を追求するどころか政治家・政府の下請けに成り下がってしまった。

以前、いみじくも小泉信次郎氏が「経済界は政治の下請けか！（経済界が）政治に左右されるなら日本にイノベーションは生まれない！」と公然と言ったのは拍手喝采ものです。

正に、政治家の愚かさ、経済人の不甲斐なさを言い表していたのでしょう。

政治家・政府は現代社会の（影）の存在に気付いていない

政治家は既得権益に縛られた社会への未練が立ちきれず常に一歩進んで二歩下がる。

政治の世界は御偉い様への忖度に始まり談合・癒着・隠蔽・改竄で忙しく前を向いて仕事ができない。内政干渉に終始し改革は二の次である。

内閣は抜本的改革を断行するぞ！と掛け声だけが空しく響き、前を見ずに後ろ向き、行政は縦割り社会の弊害を良い事に、命じられるがまま粛々と業務を全うするマニュアル化されＡＩロボットそのものである。

何かに付け政治家・政府・行政は、責任を取りたくないから、前例踏襲主義で前例のない物、結果が出ていない物には手を付けない。終始この様な考えなので国民は、世直しは

政治家・政府の仕事だと思っているのに、もはや何も期待できないではないですか。
　結局の処、現代社会の（影）と（闇）は深まるばかりで解決の糸口さえ見えてこない。

③現代社会の（影）と（闇）を払拭する良い方法があります
　アズ計画で "家つくりの習慣を変え" アズ計画で "日本を変える事" ができます

表③：現代社会の（影）と（闇）から逃れる方法

現代社会の家つくりに潜む（影）と国民が行き場を失った（闇）から逃れるには

アズ計画（日本再生ガイドライン）で 家つくりの習慣を変え 本気で日本を変える

新たなモノ・家つくり産業を構築する	日本国民の皆経済活動	直しするで能力で自然統治する世治	小さな政治へ 小さな政府へ スリムで身近な地域行政となる
普段の経済活動で	**国民が主役**		
売り手良し、買い手良し、世間良し！	国民による国民の政治		

先人達から受け継がれてきた商売の心を蘇えらせ、その英知に学ぶ事で忘れ去られた経世済民を経済から復活させる

約300年前の **石田梅岩**	約200年前の **二宮尊徳**	約100年前の **渋沢栄一**	**その心で 経世済民を成す**
道徳なき商売（経済）は罪悪である！と説いた		世の中を良く治め、人々を苦しみから救う	

本来、経世済民は政治で遣るものではなく、経済活動で成されるものである。その具体的な世直し処方箋アイデアがアズ計画である

アズ計画（日本再生プロジェクトAZ）	手段	**全国 3,591 AS「家の駅」相互扶助ネットワーク構想**	目的	**社会福祉 ユートピア構想 全国900の新合掌村実現**
		国民皆運動に依る処の普段からの経済活動		経世済民への・ひと・まち・しごと創生街づくり

成果①：生活困窮者・住宅難民を無くし社会的弱者を包括的に救済する

成果②：政府地域行政の歳出削減に寄与し消費税を減税し廃止へと導く

　表③ を見て下さい。
　現代社会の（影）と（闇）の根幹部分を抜本的に転換改革させるには、どの様に意識を変え既成概念を変えたら良いのかを指し示した指標になります。
　国民の皆様がご承知の通り、政治家や政治では "もはや" 日本を変える事はできません。
　それは取りも直さず、政治は「経世済民」を「経済」に名を変え、経済人を傘下に収め利益一辺倒の市場経済に執着、「経世済民」の心を蔑にし、見限ったからではないでしょうか。

　商売道を脈々と受け継がれてきた「道徳なき商売（経済）は罪悪である」と云う金言を実直に踏襲し "三方良し"（売り手良し、買い手良し、世間良し）の精神で国民皆運動による日常的な経済活動で「経世済民」の心を蘇えらせるしか残された道はないと云っても過言ではありません。
　それは正しく、現代社会の（影）でもある家つくりを新しいモノ・家つくり産業に転換

し「家つくりの習慣を変える」事によって"三方良し"の精神で現代社会の（闇）を包括して「経世済民」の心を取り戻し真の「経世済民」を成し遂げる事に繋がるものと確信いたします。

　日本再生ガイドライン・アズ計画は"物の道理"によるところの経済活動で真の「経世済民」は成され"自然の摂理"による自然治癒・浄化作用が働き日本が抱える国難を物の見事に解決し解消させていきます。これは国民の心に宿る"人類普遍の原理"に基づくもので、変えたくても変えようがなく絶対に達成させられる物なのです。

2、令和新時代の展望、本気で日本を変える　道筋

　「家つくりの習慣を変えた瞬間、日本は一つになる」という題名の本を出版して早３年を過ぎます。それを皮切りに「販売システムの開発」「挫折」「世間の無関心さに困惑」「試行錯誤」「無償譲渡も無視」「抵抗勢力の暗躍」「システムの飛躍」「孤立無援」などを経てアズ計画　が完成度を増し、本誌（本気で日本を変えるトリセツ）による「誌上クラウドファンディング」でアズ計画を完遂させるに至る一連の流れ（経緯を時系列で）を知って戴く事によって、国民の皆様の理解が深まり、誌上クラウドファンディング参画への動機付けとなり「本気で日本を変える」国民皆運動に一役買って頂けたら有り難い事です。

①日本の家を標準化住宅「日本の家」にし"家つくりの習慣を変える"方向に舵を切る

★現代社会の（影・人生コロシアムの虚構）は巨大で強靭!!真っ向勝負では歯が立たない。そこで、新建材で厚化粧された**高額な差別化住宅**を一括請負工事契約で縛る販売方法を、差別化住宅一辺倒から**標準化住宅に転換**させ直営施工で安価に建てる顧客直営方式に変更した。その標準化した住宅を「日本の家」と命名して、どのような形であれ住宅市場に浸透させるべき道を歩み始めた。
★「日本の家」と「人生コロシアムの虚構」を解説したD2版のチラシを作成する。
★「日本の家」の販売施工システムを「商売の具」と名付け「**家つくりの習慣を変えた瞬間、日本は一つになる**」という題名の本を2017年6月に自費出版する。
★「日本の家」の販売施工システムと「日本の家」モデルハウス「家の駅・姫路」を無償譲渡しますので事業を引継ぎ、ノウハウを継承して頂けませんかと世間にアピールする。

●M&Aに特化した事業者さんに当たるも、首をかしげるだけでマッチングテーブルにも上げて頂けない。実績や価値がない！無償譲渡では旨味もない！という事か？
●誰も反応しないので、譲渡先を求めて「尋ね人」のポスターを創るが反応しない。
●出版本を400の企業・事業所や組織や団体に献本しても反応もなく、アマゾンで古本として販売される始末。興味さえ持ってくれず、むなしさを感じる。
●関西を中心に譲渡先企業を探していた事もあり大阪産業創造館で「商業界ドラフト会議」と銘打って「譲渡説明会の開催」を企画するも事前参加ゼロ人で中止に至った
●「家の駅」もコンビニと同じで「地域に無くてはならない物」としてローソンさんに譲渡の伺い立てるも、東京の本社近くの喫茶店でプレゼンしただけで進展はなし。

- ●ＤＩＹやリフォームを扱うホームセンターが適任とアタックするも "暖簾に腕押し"
- ●建築建材や木材・プレカット・資材建材流通業者など建築関連事業者も反応なし。
- ●地域行政の林業振興・地域創生部所や商工会・森林組合など訪問するも反応なし。
- ●飽きる事なく、腐る事なく２度３度と執拗に情報提供するも一度足りとも返事なし。
- ●フランチャイズ支援事業60社に「家の駅」をFC展開させる事案を提供するも無視。
- ●ベンチャーキャピタル事業100社に譲渡・買収の打診をするも反応は皆無でした。

②日本再生プロジェクトへの布石を打つ

★「日本の家」を全国に広げて日本を一つにする為、「ひまわり」に例えひまわり畑（全国3,591の地域に「家の駅」を創る）を広げる日本再生プロジェクト・アズ計画を発案する
★具体的に、兵庫県170「家の駅」国盗り合戦（「家の駅」出展先争奪戦）なる実践プログラム（地域活性化セミナーの実施）を作り地域への啓蒙活動と事業譲渡活動に精を出す。
★日本再生プロジェクトは地域創生や地域経済活性化の色彩が強く社会貢献事業として捉えて頂きたく小冊子「アズ計画趣意書」を作成し関西広域の事業者に声を掛ける。

- ●ポスター、小冊子等準備万端整え、2018年11月1日大阪産業創造館で二度目の「商業界ドラフト会議」を企画し400に上る事業者・経済団体、マスメディア等にご案内状を送り、大阪や神戸に出向き事前に根回しを掛けるも、第一回目と同様に参加者はありませんでした（絶句！）。
- ●兵庫県170「家の駅」国盗り合戦の企画を携えて、関西広域連合・兵庫県・中播磨・西播磨地域の5市6町の行政（地域活性課・林業振興課）や商工会、さらに高等学校に協力を要請する為、訪問しましたが、無しの礫！何の変化も起こりません。

③モデルハウス「家の駅」を、アンテナショップを併設したAS「家の駅」にして勝負に出る

★「日本の家」を前面に出すと現代社会の（影）の部分でもある抵抗勢力が盾になり世間に周知しにくい面があるので、同じモノづくりのアンテナショップ（地域の物産展）を併設する事で、物産展が隠れ蓑となり抵抗勢力への影響が少なくなる事を実感しました。
★AS「家の駅」にする事で「体験宿泊」や「物産展スタンプラリー」と組み合わせると、地域になくてはならない人生駆け込み寺的要素が生まれ全国展開に希望が膨らむ感じがする。
★アズ計画の集大成として「全国3,591AS「家の駅」相互扶助ネットワーク構想」をまとめ上げ事業譲渡活動に終止符を打つべき最終案内に努める。

- ●だからと言って、世間のとらえ方に変化は出ない。ただ、話を聞く耳には格段の変化が出てきたのは事実である。方向性は間違っていないと確信する。
- ●三度目の正直とばかり、2019年5月16日大阪産業創造館で「流通業界ドラフト会議」の開催を企画する。社会貢献事業を世間に周知する意味でも流通業界・経済団体・ジャーナリスト・マスメディアなど各方面に170に限定し案内しましたが、またもや期待は裏切られ三度目の正直には至りませんでした。

④クラウドファンディング Web サイトで支援者を募集し AS「家の駅」事業展開を図る

★事業譲渡が不発に終わっても、クラウドファンディング Web サイトの草案を作っておけば、何れ世の中に役立つとの思いで既存 Web サイトにもじって詳細な草案を作成した。

★①②③④と変遷がありましたが、もうこれ以上変えられないほど充実したしくみに仕上がったと自負しております。後は如何にして世間に周知させて行くかだけです。

●実際にクラウドファンディング Web サイトの運営事業者様に事業譲渡を含めて 20 社くらいにサイト運営を依頼しましたが、何が、どこが悪いのか無視されました。

●アズ計画を提唱します、無償譲渡します、と最後の叫びを 2 度 3 度とご案内しても誰一人として応えて頂けません。

●個人や一般企業に無視される事は致し方のない事として、アズ計画は社会福祉問題や国の政策や課題を克服する「社会貢献福祉事業」だという認識を持てない政府・行政・マスメディア・経済支援団体・政府の外郭団体・ジャーナリスト・有識者・学者の対応には腹の虫が煮えくり返るくらい強い憤りを感じます。

①市政、県政、内閣府の首長には、「アズ計画を精査して見解をお聞かせ下さい」と内容証明通知書を送っても内閣府からは何の返事もなく、市や県からは判で押したように支援協力できませんと云う返事しか返ってきません。（念のため申し添えますが、いきなり「内容証明通知」ではなく、事前に幾度となく情報提供し、近場は訪問し説明した上での通知書送付です）

②アズ計画は明らかに政権運営に於いて第一級品の「政争の具」となり、国民をより豊かにする政策でもある筈です。政権奪取や政権運営する上で必須のアイテムを提供しているのに、どの国政政党もただ乗りする気配すら感じられません。やはり、国民の気持ちを最大限に汲み取った政治を遣りたくないのでしょうか。
本事案は、たった一人の政治家でも、懺悔の気持ちを以ってアズ計画は“良いネ！”とつぶやくだけで、すべてが解決するのにそれをしないのは、よほど現代社会の（闇）は居心地が良いのでしょう。

③メディアには、内容が変わるたびに訪問したり情報提供していますが、今の今まで何の音沙汰もありません。「社会の秩序を乱している最大の要因は、社会問題を提起する筈の報道機関（全国の新聞社やテレビ局）が総合住宅展示場を運営する事で、日本の家つくり・住宅政策は正しいのだと擁護・肯定・助長し、常態化している社会問題を隠蔽して何ら問題はないと世間に絶大な安心感を植え続けてきた事にあります」などと一介の市民から酷評されてへそを曲げておられるのでしょうか。
　また、「マスメディアは正義の仮面を被り、真実を隠蔽し政治の無能無策を擁護する偽善者である」とまで書かれて憤慨しているのでしょうか。
　真意のほどは定かではありませんが、はっきり言って“理解”できないのでしょう。取り巻きの有識者や学者、大学教授、論客、専門家、ジャーナリスト、コメンテー

夕の皆様にも都度資料を送り情報開示していますが、何の反応もありません。

④現代社会の（闇）は深いと言ってしまえばそれまでですが、愚痴と溜め息をこれぐらいにして、救世主が現れるのを待つ事に致しましょう。

⑤アズ計画は文字が多くて解らないとよく云われるので "プラカード" で解説します

①②③④項の途中経過は省き、最終段階の 「アズ計画の概略」 をプラカードにしました

表④：アズ計画（日本再生プロジェクト）の概要

アズ計画（日本再生プロジェクトAZ）①全国3591AS「家の駅」相互扶助ネットワーク構想・②社会福祉ユートピア構想（新合掌村計画）

第一段階／誌上＆Webサイト クラウドファンディングで支援者・運営者を募集

第二段階／都道府県単位で国盗り合戦を展開（兵庫県は170AS「家の駅」の国盗り合戦で出展権争奪戦を展開）

第三段階／AS「家の駅」の運用で生み出される「住宅再建基金」（45万棟の建築で約2兆円創生）で何をするのか？

表④をご覧ください。

アズ計画（日本再生プロジェクト AZ）①全国 3591AS「家の駅」相互扶助ネットワーク構想・②社会福祉ユートピア構想（新合掌村計画）・・・全体の概略です。

第一段階／誌上＆Web サイト クラウドファンディングで支援者・運営者を募集！

第二段階／都道府県単位で国盗り合戦を展開（兵庫県は 170AS「家の駅」の国盗り合戦で出展権争奪戦を展開）・・・兵庫県の佐用町（人口約 16,000 人）を例に挙げました。

第三段階／AS「家の駅」の運用で生み出される「住宅再建基金」（45 万棟の建築で約 2 兆円創生）で何をするのか？・・・経世済民への道筋です。

表⑤：アズ計画（日本再生プロジェクト）・社会福祉ユートピア構想・新合掌村計画概要

アズ計画（日本再生プロジェクトAZ）・社会福祉ユートピア構想・新合掌計画の概要

第一段階　誌上＆Webサイト クラウドファンディングで支援者・運営者を募集

第二段階
新しいモノ・家つくり産業を振興し、潜在需要を喚起し国民皆経済活動に繋げる
その経済活動で、内需拡大を図り地域創生は基より経済対策・景気浮揚策を成す

その成果は／地域経済活性化・観光町おこし・モノづくり産業・森林産業の活性化

誌上・Webサイトクラウドファンディングで支援者とAS「家の駅」運営者募集

AS「家の駅」生みの親
支援者
支援金の完全保証
30年で9倍の配当
AS「家の駅」育ての親
FC・運営者
準備金200万円付与
ベンチャービジネス

お金を還流させお金を創りだす
モノ・家つくり産業の販売基地
全国に 3,591カ所
AS「家の駅」
相互扶助ネットワーク

建築時・還流金	1600万円	年間45万棟
支援者	15万円	675億円
故郷創生基金A	32万円	1440億円
故郷創生基金B	16万円	720億円
日本の家建て主	16万円	720億円
支援者・建て主	48万円	2160億円
AS「家の駅」	124万円	2682億円
実行委員会本部	24万円	13500億円
住宅再建基金		16182億円

上表建築による還流金で「故郷創生基金」と「住宅再建基金」が生み出されます

建築総額3％の換金
家が安く建てられる
「日本の家」モデルハウス
無料観光体験宿泊
インバウンド旅行客
AS・物産展
物産展スタンプラリー
自治体間格差を是正

モノ・家つくりで社会貢献を実感するAS「家の駅」が果たす役割

日本に創設し、社会福祉ユートピア構想・新合掌村を実現する
「住宅再建基金」

第三段階　その成果は

1,741各自治体に創設する地域の少子化対策を支援！
「故郷創生基金」

アズ計画 究極の目的は 社会福祉ユートピア構想・新合掌村（一村700億円）を実現させる事である

25〜30年掛け余剰なゴルフ場や郡部山間部地域に1.5万人が暮らす新合掌村を900カ所建設する

社会福祉　新合掌村は、広義の意味での社会的弱者と支援する人達を分け隔てなく受け入れます。お金を必要とせず、働く場所が確保され衣食住が支給されます。自衛手段を講じ自給自足・地産地消をモットーに3500以上の住宅や工場、そして生活に欠かせない施設で構成された1.5〜2万人が心豊かに暮らせる街を目指します　**国難解消**

更なる成果は経世済民へと導き

新合掌村は、年金生活問題・生活困窮者問題・単身高齢者問題・高齢介護問題・老老介護問題・軽度認知症介護問題・8050引きこもり問題・若年層引きこもり問題・借金地獄問題・住宅難民問題・限界集落対策・少子化問題・シングルマザー、シングルファーザーが抱える問題・児童虐待問題・身障者雇用問題・児童福祉施設問題・社会更生復帰問題・外国人研修問題・災害時の住宅難民など社会経済福祉面で国民が抱える諸問題を、入村者の自助努力により政府・地域行政の負担を超軽減し包括的に解決します。

新合掌村は、自然災害で住宅を消失した被災者に着の身着のままで入居できる本格的住居を提供します。入村すれば働く環境も整い衣食住が支給され永住も可能、地元での住宅再建を希望すれば援助もします。今後25〜30年間に建設される新合掌村には約150万戸（一村に2500戸）の住宅を整備し、南海地震・東南海地震や首都直下型地震さらには毎年起こり得る自然災害時の緊急避難に備える事ができ、人々は命を守りさえすれば後は何とかなると云う安心感を持つ事で、日常を心安らかに生活する事ができます。

新合掌村には「日本の家」の建築資材建材をPB製品化する工場を建設します。製造からAS「家の駅」の建築現場への出荷まですべてを賄います。倉庫も不要、営業職・事務職・管理職・役員・営業所・流通会社・卸売会社・販売会社・広告宣伝費なども必要なくなり製造、即消費で在庫管理の必要もなく想像以上のコストダウンが可能となります。「日本の家」の建築原価を下げる事で新たな「住宅再建基金」を創生し、将来1500万人が集う新合掌村建設に宛がう事ができます。それを遣るのが新合掌村入村者全員の力です。

アズ計画は、国民から徴収した税金を一円たりとも遣う事無く、国民の自助努力による経済活動で「故郷創生基金」「住宅再建基金」を運用して"究極の目的"を達成します。その事で、年金生活者や生活保護者は受給資格を返納し、助成金や補助金の類は辞退し、政府・地域行政の歳出削減に寄与し、身を切る改革・行財政改革にも貢献して国民の悲願でもある消費税を減税し廃止への道筋を付ける事ができます。

住宅難民・生活困窮者を無くし、消費税を減税し廃止する

表⑤は、表④を掘り下げて、アズ計画全体の流れを表しています。

第一段階　誌上＆Web サイト　クラウドファンディングで支援者・運営者を募集

第二段階　全国 3,591AS「家の駅」相互扶助ネットワーク構想を表し、左がクラウドファンディングで募集する支援者・FC 運営者の立場と役割で、右側が AS「家の駅」が果たす役割です。中央部分には AS「家の駅」が地域の経済活動でお金を還流させて「故郷創生基金」と「住宅再建基金」を創生させます。年間建築棟数 45 万戸が当初の目標です。

第三段階　AS「家の駅」や実行委員会が捻出した「住宅再建基金」を原資にして今後 25 〜30 年掛け余剰なゴルフ場や郡部山間部地域に 1.5 万人が暮らす"社会福祉ユートピア構想・新合掌村"を 900 カ所建設し、社会的弱者を救済し「経世済民」へと導きます。

表⑤は、アズ計画のすべてを語っており、究極の目的は「社会福祉ユートピア構想・新合掌村」を創生させる事でその最適な手段として「誌上＆Web サイト　クラウドファンディングで支援者・運営者を募集」し「全国 3,591AS「家の駅」相互扶助ネットワーク構想」を実現・運用させ潜在需要を喚起し国民皆経済活動に導きく事で究極の目的は達成される。

表⑥は、表⑤に於いて全国 3,591AS「家の駅」相互扶助ネットワーク構想が構築され全国の AS「家の駅」が稼働する事によるお金の流れを図に表したものです。

5 年後には年間 45 万棟の建築を想定しています。

同時に一棟当たりのお金の流れが分かる様にしました。

★究極の目的（新合掌村計画）を達成する手段として誌上＆Web サイトによるクラウドファンディングで AS「家の駅」建設の支援者と AS「家の駅」運営者を募集します。

★日本の家づくりを"標準化"し新しいモノづくり産業を構築し潜在需要を喚起し経済を活性化させ内需拡大を図ります。

★今までの様に必要だから家を建てるという事から、究極の目的である"社会福祉ユートピア構想"で新合掌村を全国津々浦々に創生させる事を願い、住宅だけにとどまらず公共住宅・借家・賃貸住宅・産業用建築物にまで幅広く建て続ける事で、目的が達成できると国民の意識を高揚させる事で失われた一体感が生まれ、税金の加護に頼らず国民が自ら自助努力し防衛本能・自衛手段を講じて広義の意味での社会的弱者の皆様が心豊かな暮らしができる環境を、国民の手で取り戻す事ができます。

表⑥中で、建築費用 1600 万円とした時のお金の流れを①②③④の順で説明します。

表⑥中の①は、建て主様が AS「家の駅」で「日本の家」を建てる事から始まります。

表⑥中の②は、AS「家の駅」が売り上げ 267 万円から支払う相手先を指示しています。実行委員会本部に支払うロイヤリティ 72 万円と「営業店」となった支援者に営業販売手数料 79 万円を払います。実質営業売上げは 124 万円です。

表⑥中の③の「営業店」は「故郷創生基金」に 48 万円、建て主様に 16 万円支払い 15 万円の報酬を受け取ります。

表⑥中の③の実行委員会本部は AS「家の駅」がからのロイヤリティを支援者への還付金と新規建て主様への物産展スタンプラリーのポイント還元に宛がいます。

表⑥中の④は「日本の家」が日本中に普及する事に連動し AS「家の駅」と実行委員会本部

が経営努力で捻出したお金（利益・内部留保金の類）を「住宅再建基金」に供出します。

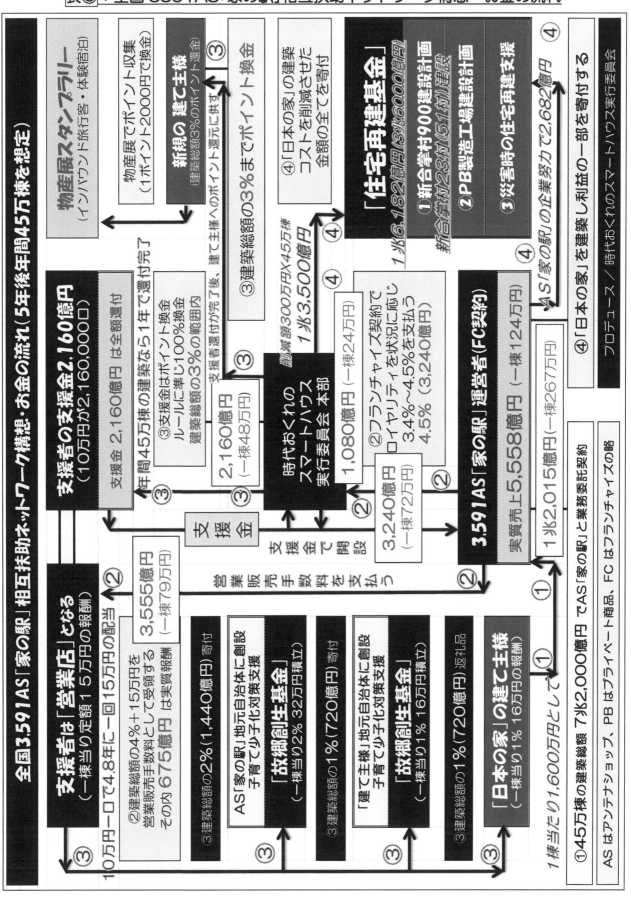

表⑥：全国3591AS「家の駅」相互扶助ネットワーク構想・お金の流れ

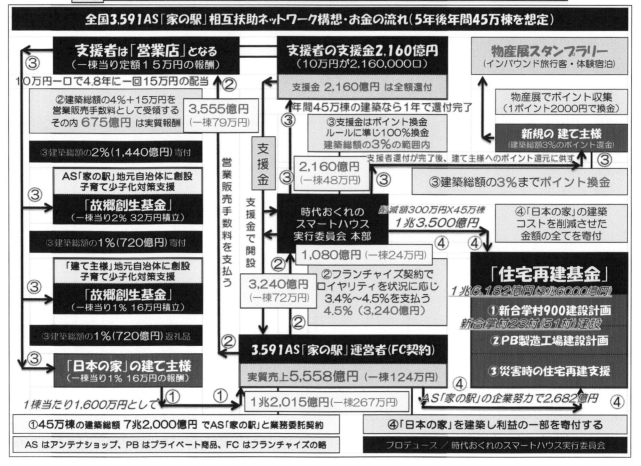

表⑦：全国3591AS「家の駅」相互扶助ネットワーク構想で何をするか？

アズ計画（目的を達成する手段）／全国3591AS「家の駅」相互扶助ネットワークを実現させ「故郷創生基金」と「住宅再建基金」を創生

全国3,591AS「家の駅」相互扶助ネットワークを構築しモノ・家つくり産業振興で地域創生・内需拡大・経済活性化を実現

①誌上・Webクラウドファンディングで支援者募集（支援金は完全保証・今後30年間で9倍の配当を得る）

②フランチャイズシステムで3,591AS「家の駅」運営者を募集（最高額200万円を貰って起業の夢が叶う）

③3,591AS「家の駅」が稼働（物産展スタンプラリー・インバウンド体験宿泊・「日本の家」が廉価で建つ）

地元1741自治体に「故郷創生基金」を創設する

「故郷創生基金」の使途／現状人口を維持する為、少子化対策・子育て教育支援に宛がう

年間45万棟（単価1600万円）の建築で2160億円を捻出する（60万棟単価2000万円では3600億円）

重要！…6〜7年後には人口1.6万人の町では120組の子育て世帯に年間190万円を給付し支援する

新合掌村計画のため「住宅再建基金」を創設する

「住宅再建基金」の使途／25〜30年を掛けて全国各地900カ所に新合掌村を建設する

年間45万棟（単価1600万円）の建築で1兆6182億円を捻出する（60万棟単価2000万円では3.6兆円）

重要！「日本の家」の建築原価を低減させ「住宅再建基金」を増やす為、新合掌村にPB製品工場群を建設する

アズ計画（究極の目的）／社会的弱者を分け隔てなく救済・お金を必要とせず1.5〜2万人が豊かに暮らす「新合掌村」を創生する

　表⑦は、全国3591AS「家の駅」相互扶助ネットワークを実現させ、経済活動で「故郷創生基金」と「住宅再建基金」を創生し、どの様に活用するかを示しています。

表⑧：「日本再生基金」で社会福祉ユートピア構想・新合掌村計画の実現

アズ計画（究極の目的）／社会的弱者を分け隔てなく救済・お金を必要とせず1.5〜2万人が豊かに暮らす「新合掌村」を創生する

社会福祉ユートピア構想・新合掌村計画の実現

新合掌村は、広義の意味での社会的弱者と、その人達を支援する人達を分け隔てる事無く受け入れます
働く場所が確保され、衣食住も支給され、お金を必要とせず自助努力・自給自足・地産地消をモットーに
3500以上の住宅や工場そして生活に欠かせない施設で構成された1.5〜2万人が心豊かに暮らせる街で
戦後60〜70年間の長きに亘り、国民が疲弊し失われた豊かな生活を取り戻す為に
今後25〜30年の歳月を掛けて、全国の余剰なゴルフ場や郡部・山間部地域900カ所に創生させます

新合掌村は、未曾有の少子高齢化時代を迎え、急速に迫りくる国難を物の見事に解消して見せます
年金生活問題・生活困窮者問題・単身高齢者問題・高齢介護問題・老老介護問題・軽度認知症介護問題
8050引きこもり問題・若年層引きこもり問題・借金地獄問題・住宅難民問題・限界集落対策・少子化問題
児童虐待問題・児童福祉施設問題・社会更生復帰問題・シングルマザー、シングルファーザーが抱える問題
身障者雇用問題・外国人研修問題・災害時の住宅難民など社会経済福祉面が抱える諸問題を解決します

新合掌村は自然災害で住宅を消失した被災者に着の身着のままで入居できる本格的住居を提供します
入村すれば働く環境も整い衣食住が支給され永住も可能、地元での住宅再建を希望すれば援助もします
今後25〜30年間に建設される新合掌村には150万戸（一村に2500戸）整備し南海地震・東南海地震や
東京直下型地震さらには毎年起こり得る自然災害時に備える事ができ、人々は命を守りさえすれば
後は何とかなる安心感を持つ事で不安を払拭できて、日常を心安らかに生活する事ができます

アズ計画は 生活困窮者を無くし消費税を減税し廃止へと導く

アズ計画は 税金を遣わず政府・地域行政の歳出削減に寄与する

表⑧は、「住宅再建基金」で社会的弱者を分け隔てなく救済・お金を必要とせず1.5〜2万人が豊かに暮らす社会福祉ユートピア・新合掌村を表しています。

表⑨：アズ計画（日本再生プロジェクトAZ）の全体構想

日本再生プロジェクトAZ・アズ計画とは・・・企画立案・提唱実践は時代おくれのスマートハウス実行委員会

誌上・Webクラウドファンディングで支援者とAS「家の駅」運営者を募集する事で
全国3,591AS「家の駅」相互扶助ネットワークを構築し、モノ・家つくり産業振興で
モノつくりの潜在需要を喚起し、地域創生・内需拡大・経済活性化を実現させる。
国民の継続した経済活動で創生した「故郷創生基金」で、少子化対策を実施し、
「住宅再建基金」で、今後25〜30年掛けて社会的弱者を分け隔てなく救済する
「社会福祉ユートピア構想・新合掌村」を全国各地に、余剰となったゴルフ場や
郡部・山間部地域に900カ所余り建設し、そこには総人口・約1,500万人が集い
お金を所持する必要なく・心豊かに暮らせる社会を創生する事が究極の目的です

日本再生プロジェクトAZ・アズ計画を実践して 何がどう変わるのか？・・・消費税廃止と経世済民を成す

国民から徴収した税金を一円たりとも遣わず、国民の自助努力による経済活動で
地域創生・経済活性化はもとより、「故郷創生基金」「住宅再建基金」の運用により
25〜30年掛け、広義の意味での社会的弱者を包括的に支援・救済する事ができ
年金生活者や生活保護者は受給資格を返納し、助成金や補助金の類は辞退する
その事で、政府・地域行政の歳出を超削減し消費税を減税から廃止へと導きます
また、未曾有の少子高齢化を迎え迫りくる国難を物の見事に解決し、解消します
その結果、国民が分け隔てなく福利を享受でき、悲願でもある忘れ去られていた
"経世済民"（世の中を良く治め、人々を苦しみから救う）を成し遂げる事ができる

真のリーダーが後方支援のタクトを振るだけ!! アズ計画を遂行しないと日本は滅亡へのカウントダウンが始まる!!

　表⑨は、上段は日本再生ガイドライン・アズ計画を遂行させる道筋で、下段は実践されたら日本はどの様に変わっていくのかを指し示しています。

　表⑩は、社会福祉ユートピア構想・900地域の新合掌村の未来像です。

　★誌上＆Webサイト　クラウドファンディングで支援者とAS「家の駅」運営者が順調に増え、全国3,591AS「家の駅」相互扶助ネットワークが稼働すれば「住宅再建基金」が積み立てられて行きます。新合掌村建設資金即ち「住宅再建基金」は「日本の家」の建築資金を還流させる事で創生され、その行為全てが国民の自衛手段・自助努力の賜物なのです。

　★旧態依然とした家づくりの習慣を変える事で地域創生・経済活性化を成し、戦後60〜70年掛けて失われた豊かな社会を、今後25〜30年掛けて生活困窮者を無くし消費税減税から消費税廃止へ導き、人口を現状維持すると共に成果満載で諸問題のＶ字回復をもたらし「経世済民」を成し遂げる事ができるのです。

　★入村希望者は、不可抗力や自然災害で罹災し、住宅が損壊し住まう処を奪われた被災者の皆様を始め・限界集落等で暮らす皆様・生活困窮者の皆様・生活保護を受けておられる皆様・年金だけでは暮らせない皆様・住宅難民者・シングルマザー、ファーザー子育て世代の皆様・8050引き籠り問題を抱える人達・独り暮らし高齢者の皆様・介護を必要とする皆様・外国人研修生、起業家、移住者・ものづくり職人、手作り職人・「日本の家」の職人を目指す人達・広義の意味で社会的弱者の皆様方が対象です。

表⑩：社会福祉ユートピア構想で新合掌村を実現

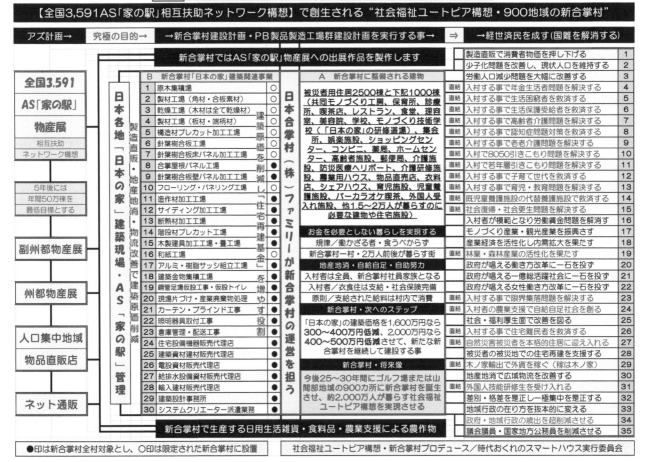

表⑩：社会福祉ユートピア構想で新合掌村を実現

【全国3,591 AS「家の駅」相互扶助ネットワーク構想】で創生される "社会福祉ユートピア構想"・900地域の新合掌村"

アス計画→　究極の目的→　⇒　経世済民を為す（国難を解消する）

1		製造直販で消費者物価を押し下げる
2		少子化問題を改善し、現状人口を維持する
3		労働人口減少問題を大幅に改善する
4	直結	入村する事で年金生活者問題を解決する
5	直結	入村する事で生活困窮者を救済する
6	直結	入村する事で生活保護受給者を救済する
7	直結	入村する事で高齢者介護問題を解決する
8	直結	入村する事で認知症問題対策を解決する
9	直結	入村する事で老々介護問題を解決する
10	直結	入村で「8050」ひきこもりの問題を解決する
11	直結	入村で「若年引きこもり問題を解決する
12	直結	入村する事で子育て世代問題を救済する
13	直結	入村する事で育児・教育問題を解決する
14	直結	既児童養護施設の代替養護施設で救済する
15	直結	社会復帰・社会更生問題を解決する
16		入村者が模範となり労働賃金問題を解消す
17		モノづくりの産業・観光産業を振興する
18		産業経済の活性化し内需拡大を果たす
19	直結	林業・森林産業の活性化を果たす
20	直結	政府が唱える「働き方改革」に一石を投ず
21		政府が唱える「一億総活躍社会」に一石を投ず
22		政府が唱える「女性活躍き方改革」に一石を投ず
23	直結	入村する事で限界集落問題を解決する
24	直結	入村者の農業支援で自給自足社会を創る
25		社会・福利厚生面で改善を図る
26	直結	入村する事で被災者・住宅難民を救済する
27	直結	自然災害被災者を本格的な住居に迎え入れる
28	直結	被災者の被災地での住宅再建を支援する
29	直結	木ノ家輸出で外貨を稼ぐ（稼は木ノ家）
30		地産地消で広域物流を改善する
31		外国人技能修生を受け入れる
32		差別・格差を是正し一極集中を是正する
33		地産行政の在り方を抜本的に変える
34		政府・地域行政の歳出を超削減させる
35		議会議員・国家地方公務員を削減させる

→新合掌村建設計画・PB製品製造工場群建設計画を実行する事→ 新合掌村ではAS「家の駅」物産展への出展作品を製作します

A　新合掌村に整備される建物

被災者用住居2500棟と下記1000棟（共同モノづくり工房、保育所、診療所、喫茶店、レストラン、食堂、理容室、美容院、学校、モノづくり技術学校（日本の家）の修業道場）集会所、娯楽施設、ショッピングセンター、コンビニ、薬局、ホームセンター、高齢者施設、郵便局、介護施設、防災医療ヘリポート、物品直売店、衣料店、農業用ハウス、シェアハウス、育児施設、児童養護施設、バーカラオケ喫茶、外国人受入れ施設 他1.5～2万人が暮らすのに必要な建物や住宅施設

日本合掌村（株）ファミリーが新合掌村の運営を担う

お金を必要としない暮らしを実現する
規律／働かざる者・食うべからず
新合掌村一村・2万5千人前後が暮らす街
地産地消・自給自足・自助努力
入村者は全員、新合掌村社員となる・社会保険完備
入村者／衣食住は村内で給料は村内で
原則／支給された給料は村内で消費
新合掌村・次のスタッフ 役割

「日本の家」の建築価格を1,600万円なら300～400万円低減、2,000万円なら400～500万円低減させて、新たな新合掌村を継続して建設する事を

今後25～30年間にゴルフ場または山間部地域の900万の所に新合掌村を誕生させ、約2,000万人が暮らす社会福祉ユートピア構想を実現させる

新合掌村・将来像

新合掌村で生産する日用品生活雑貨・食料品・農業支援による農作物

B　新合掌村「日本の家」建築関連事業

1	原木集積場
2	製材工場（角材・合板素材）
3	乾燥工場（木材は全て乾燥材）
4	製材工場（板材・端柄材）
5	構造材プレカット加工工場
6	針葉樹合板工場
7	針葉樹床パネル加工工場
8	合掌屋根パネル工場
9	針葉樹壁パネル加工工場
10	フローリング・パネリング工場
11	造作材加工工場
12	サイディング加工工場
13	断熱材加工工場
14	階段材プレカット工場
15	木製建具加工工場・畳工場
16	和紙工場
17	アルミ・樹脂サッシ組立工場
18	建築金物集積工場
19	鋼管足場かけ・仮設トイレ
20	現場片づけ・産業廃棄物処理
21	カーテン・ブラインド工事
22	照明器具取付工事
23	倉庫管理・配送工事
24	住宅設備機器販売代理店
25	建築資材建材販売代理店
26	電設資材販売代理店
27	給排水設備資材販売代理店
28	輸入建材販売代理店
29	建築設計事務所
30	システムクリエーター派遣業務

日本各地「日本の家」建築現場・AS「家の駅」管理

製造直販・地産地消・物流改善で建築原価削減を

全国3,591
AS「家の駅」
物産展
相互扶助
ネットワーク構想
5年後には年間50万棟を最低目標とする
副州都物産展
州都物産展
人口集中地域
物品直販店
ネット通販

●印は新合掌村全村対象とし、○印は限定された新合掌村に設置

社会福祉ユートピア構想・新合掌村プロデュース/時代おくれのスマートハウス実行委員会

※当初プラカードではWebサイト クラウドファンディングで支援者・運営者を募集すると書いていたのですが、出版する事を前提に誌上＆Webサイト クラウドファンディングで支援者・運営者を募集するという風に修正記述しております。

⑥政財界、メディアが関心を示さないので世論に訴える！

政財界やメディアにとっては「未知との遭遇」であったかのように毛嫌いされてしまいました。それではと、とっておきのプラカードを創り街頭に立ち世論に訴える事にしました。

実行委員会代表の私が街頭でプラカードを掲げチラシを配っている様子をユーチューブ・SNSにアップし情報（話題満載のアズ計画概要・プラカード類）を拡散して欲しいという切なる願いです。

※上記写真はプラカード類と街頭に立つ筆者です。

※次頁の写真左は「日本の家」モデルハウス本館と別館が建つ『家の駅・姫路』と
　　　　　時代おくれのスマートハウス実行委員会本部（2019年12月時点）
※次頁の写真右はAS「家の駅」で、アンテナショップ物産展（写真では左の建物）と
　　　　　「日本の家」展示場（写真では右の建物）を併設した縮尺1/20の構造模型

「家の駅姫路」・実行委員会 本部（2019・12）

AS「家の駅」物産展・展示場の構造模型

⑦「日本の家」モデルハウス『家の駅姫路』が存亡の危機に直面する

　「家の駅・姫路」とアズ計画を含め「日本の家」販売施工システムの無償譲渡を打ち出して4年が過ぎました。しかし、誰も知らない、誰も経験した事のない「未知との遭遇」とも言える難解なアズ計画は、インターネットを通じても広げられない代物と諦めざるを得ない状況に追い込まれました。

しかし、窮地に追い込まれると不思議と妙案が浮かぶのです

　誰も知らない、誰も経験した事のない「未知との遭遇」だからこそ、学術的には専門分野がないにしても紙媒体を使い、"論文形式"で"アズ計画の研究開発"の発表をすれば注目が集まるのではないかと考えた次第です。

　今迄、一度もアタックしてこなかった出版業界が、真逆の発想から生まれたアズ計画を受け止めてくれると確信をして、次なる手を打つ事にしました。

⑧本気で日本を変えるトリセツ・史上初！「誌上クラウドファンディング」の誕生です

　すでに、クラウドファンディングWebサイトを構築する草案を作成してあるので、その草案を生かす意味でも、"アズ計画の研究開発"と同時に誌上でクラウドファンディングできる出版本を企画草稿し、出版社に持ち込み商業出版として世に出す計画を立てました。

表⑪をご覧下さい。必ず上手く行く方法を組み立てました

　出版社と企業パートナーが連携・タッグを組み表中①〜⑥に取り組めば、双方には尋常では考えられないメリットが生まれます（企業パートナーが自ら出版する事も可能です）。

　★出版社は誌上・Webサイトのクラウドファンディングの管理者となり、出版本がベストセラーになれば、本の売上と管理手数料収入で20億円くらいは儲かる筈です。

　★企業パートナーは何れ、実行委員会本部運営を任される事となり、アズ計画を指揮し未曾有の利益を手中に収め社会福祉・住生活産業界を制する事となります。

　恐らく、出版の運びとなれば、表⑪には実名が記載されている筈です。

　★実名の出版社と企業パートナーがタッグを組み実践の運びとなれば「支援者」は安全を確認し安心して支援投資に踏み切る事ができる。

表⑪：出版社と企業パートナーとのコラボが最強タッグ

史上初！読上クラウドファンディングで本気で日本を変える『トリセツ』出版に際しての提案です

世界に一つだけ、史上最強の取り組み・千載一遇のチャンスであい二番煎じはありません

実践すれば本気で日本を変える 立役者となる・社会福祉貢献事業を推進させ 関係者一同 福利を享受する

出版社は 良きパートナー（業種業態を問わずグループ企業体＆広域ネットワークを持つ事業者）とタッグを組む

出版社（企画出版権利を獲得したら社名が入る）

①	"本気で日本を変えるトリセツ" 出版権を獲得する
②	政治・経済ジャーナリストや有識者・大学教授・学者・コメンテーター・評論家 等から無言を含め論評・寸評・推薦の言葉をできるだけ多く集める
③	"本気で日本を変えるトリセツ" を出版する
④	企業パートナーと連携し告知活動・募集セミナー
⑤	史上初！の誌上クラウドファンディングに続き時期を見計らってクラウドファンディングWebサイトを構築し経過報告を兼ねた物としてネットにアップする
⑥	クラウドファンディングWebサイトの管理者となる

メリット

1	出版本の売上収益は半端なく得られる
2	Webサイトの管理者として手数料収入が入る
3	支援者 "虎の巻" では10億7,730万円を示唆

企業パートナー（出版社とコラボが決まれば社名が入る）

①	出版社からの申し出に、即断即決で受諾する
②	グループ企業・関連企業を含むネットワークを生かし、社員・従業員・パート社員に至るまで意思疎通なきよう、周知徹底を図る全員の協力体制を構築する
③	出版と同時各方面に "プレスリリース" 発信する
④	出版社と連携し告知活動・募集セミナー開催
⑤	自らが支援者となり最初のAS『家の駅』を開設する 脱サラ、リストラ、早期退職委員も自社組織グループ内から募る AS『家の駅』運営委員を自社組織グループ内から募る
⑥	広域ネットワークでAS『家の駅』出展地を探す

メリット

1	支援者割当表で該当するジャンルを独占できる
2	自らが仕掛け人となり国盗りの合戦を有利に戦える
3	時期が来たら実行委員会本部運営を担って頂きます

出版社と企業パートナーがタッグを組み実践の運びとなれば「支援者」は安全を確認し安心して支援投資に踏み切る事ができる

表⑪：出版社と企業パートナーとのコラボが最強タッグ

史上初！誌上クラウドファンディングで 本気で日本を変える トリセツ 出版に際しての提案です

世界に一つだけ、史上最強の取り組み・千載一遇のチャンスであり 二番煎じはありません

実践すれば 本気で日本を変える 立役者となる・社会福祉貢献事業を推進させ 関係者一同 福利を享受する

出版社は 良きパートナー（業種業態を問わずグループ企業体＆広域ネットワークを持つ事業者）とタッグを組む

出版社（企画出版権利を獲得したら実名が入る）	タッグを組み取り組む メリット	企業パートナー（出版社とコラボが決まれば実名が入る）
① “本気で日本を変えるトリセツ”出版権を獲得する		① 出版社からの申し出に、即断即決で受諾する
② 政治・経済ジャーナリストや有識者・大学教授・学者・コメンテーター・評論家 等から無言を含め論評・寸評・推薦の言葉をできるだけ多く集める		② グループ企業・関連企業を含めネットワークを生かし、社員・従業員・パート社員に至るまで意思疎通なき様、周知徹底を図り全員の協力体制を構築する
③ “本気で日本を変えるトリセツ”を出版する		③ 出版と同時各方面に“プレスリリース”発信する
④ 企業パートナーと連携し告知活動・募集セミナー		④ 出版社と連携し告知活動・募集セミナー開催
⑤ 史上初！の誌上クラウドファンディングに続き時期を見計らってクラウドファンディングWebサイトを構築し経過報告を兼ねた物としネットにアップする		⑤ 自らが支援者となり最初のAS「家の駅」を開設する 脱サラ、リストラ、早期退職要員をサポートしAS「家の駅」運営者も自社組織グループ内から募る
⑥ クラウドファンディングWebサイトの管理者となる		⑥ 広域ネットワークでAS「家の駅」出展地を探す
1 出版本の売上収益は半端なく得られる		1 支援者割当表で該当するジャンルを独占できる
2 Webサイトの管理者として手数料収入が入る		2 自らが仕掛け人となり国盗り合戦を有利に戦える
3 支援者“虎の巻”では10億7,730万円を示唆		3 時期が来たら実行委員会本部運営を担って頂きます

出版社と企業パートナーがタッグを組み実践の運びとなれば「支援者」は安全を確認し安心して支援投資に踏み切る事ができる

コーヒーブレイク①（希望的観測？ 後日談？ 2019年12月の時点）

コーヒーブレイク

★読者の皆様は、本を手にした時には出版社は何と云う名前かお分りになっている筈です。さらに企業パートナーが決まりプレスリリースを発信している頃合かも知れません。今までは、新しい発見がある度に小出しに資料を出しても、特に有名人でもないので取り合っても貰えず、宝の山（研究開発資料）を築くばかりでした。

★しかし、誰も遣った事がなく経験した事のない膨大な宝の山（研究開発したアズ計画）を、専門分野や学術部門が無いにしろ論文形式で発表（出版）すれば、少なからず政治経済ジャーナリストや学者・有識者・大学教授・評論家・作家などから論評や推薦の言葉（無言の評価も“理解できない”という評価として頂戴します）を戴けるのではないかとの目論んで思い立ったのです。

★一介の人間が書いた草稿でも、著名人の評価が得られれば第三者（支援者になって頂く人達）にとっては安心できて安全なものとしてご判断頂けることになる訳です。

★さらに草稿の段階を含め出版を機に経済人や商売人の目に留まり企業パートナーの申し出が殺到するかも知れません。しかし、出版社としては事前に良きパートナーを逆指名してすでにタッグが組まれている事も予想されるところではあります。

★いずれにしても、企業パートナーがアズ計画を推進させる重要な“鍵”になる事には違いありません。目論見通り企業パートナーが段取りよく決まってくれたら良いのですが。（希望的観測で終わるのか、後日談になるのか、よく分りませんが・・・）

⑨アズ計画／誌上・Web サイトクラウドファンディングが絶対失敗しない理由

前述したように、アズ計画は"物の道理"によるところの経済活動で真の「経世済民」は成され"自然の摂理"による自然治癒・浄化作用が働き日本が抱える国難を物の見事に解決し解消させていきます。これは国民の心に宿る"人類普遍の原理"に基づくもので、変えたくても変えようがなく絶対に達成させられる物なのです。その為には・・・・・

「全国 3,591AS「家の駅」相互扶助ネットワーク」の構築が絶対条件

・・・どの様にして AS「家の駅」を開設し、如何にして 3,591 カ所に増やす方法とは・・・

　★その①・・・政府がアズ計画は社会福祉貢献事業だと認識し陣頭指揮を執り政府外郭団体を介して地方行政に「全国 3,591AS「家の駅」相互扶助ネットワーク」を構築する指令を出せば、いとも簡単にやり遂げられる。
　一時、地方創生の為に何千億円というお金（税金）を地方行政にばら撒いた経験を活かし閣僚会議決定事項として、時のリーダーが指令のタクトを振れば済むだけの話です。

　★その②・・・アズ計画は、社会福祉貢献事業だと云えども経済活動を活性化させる新事業であり新商売なのです。ですから、政財界が蔑にしてきた「経世済民」を復活させ完遂させる為にも経済界の経済人が取り組むべき問題なのです。
　インターネット・ＩＴ関連を始め、日本中に建築部門・流通部門・物流部門・通信部門・ライフラインで商業・建築・流通・物流・通信ネットワークを構築済みの企業様なら業種業態を問う事無くアズ計画を一手に引き受ける事ができます。
　AS「家の駅」建設資金を融通（内部留保金や準備金・運転資金・借入金）し、自前で「全国 3,591AS「家の駅」相互扶助ネットワーク」を構築してアズ計画を先導すれば、アズ計画が掲げる"究極の目的"は期間を短縮して実現させられます。
　また、単独事業者で荷が重いのであれば、複数の事業者が連携すれば良いし、グループを構成して遣れば良い。無償譲渡でタダです、その気になれば何とでもなります。

　読者の皆様、その①やその②の方法で取り組めば、間違いなくアズ計画は完遂されると思われるでしょう。
　コンビニが小売流通業界を席巻した過程と AS「家の駅」が地域になくてはならない様に全国 3,591 の地域に広がる様子を、ダブらせて見れば容易に想像が付く筈です。

　筆者はアズ計画をできるだけ早く実践しないと日本は窮地に立たされるとの思いで、★その①政府・行政や★その②事業者に提唱してきたのですが、残念なことに支援協力は得られませんでした。
　しかし、「本気で日本を変えるトリセツ」が出版された後に、無償譲渡で引き受けると言って来ても応じる心算はありません。
　限定された企業グループの運営で独断や独占による弊害を避けるためにも、クラウドフ

ァンディングの手法で支援者を平等・公平に募って別表（支援者募集の割当表）の様に国民が分け隔てなく福利を享受する道を選択する事に致しました。

★その③・・・出版社と企業パートナーがタッグを組んで誌上・Web サイト クラウドファンディングで支援者と運営者を募集して「全国 3,591AS「家の駅」相互扶助ネットワーク」を構築する。表⑪を実践させる事です。
　　出版社とタッグを組む企業リーダーがその①とその②のリーダーと同じ位置に立ち、上手くリーダーシップを発揮して推進タクトを振れば結果は付いてくるという事です。

完璧な仕組みを創ってあるのだから、真のリーダーがアズ計画は "良いネ！"
と言って世間に発信し行く末を見守るだけで、日本を変える事ができるのです
アズ計画は絶対失敗しないので！

成功への架け橋・出版社と企業パートナー連携しタッグを組み
誌上・Web サイト クラウドファンディングで支援者と運営者を募集して
「全国 3,591AS「家の駅」相互扶助ネットワーク」を構築する！

"本気で日本を変えるトリセツ" 疑問・質問／Q&A／編集後記

Q・巻頭の告知（ゲームの達人「日本再生協力隊」緊急募集！）は何なのか？

A・本文編集は 2019 年 12 月に終えていましたが、コロナ禍で社会経済情勢に変化が生じた事に対する対応策とし救世主 "ゲームの達人" を緊急募集する事にしました

Q・ゲームの達人「日本再生協力隊」になれば億万長者が約束されるのですか？

A・億万長者を目指すなら本トリセツを完膚なきまで読破する事です。文字が多過ぎてとか言わず読む労を惜しんでは "ゲームの達人" になれず "水泡に帰す" でしょう

Q・昨今、詐欺や騙しのテクニックが巧妙化している。これもその類ではないのか？

A・疑義を払拭する為、実績を伴う科学的根拠を以って数表化し、緻密で大胆・綿密に練り上げた仕組みを可視化・フルオープンにし取扱い説明書に仕立て上げたのです

Q・何故、誌上クラウドファンディングでなければならなかったのか？

A・奇を衒った感は否めないが、ネットは騙し・変化・からくりが見抜けないが文章や数表はウソを付けない、出版で信用力を付けネットで拡散させるのが常道と考えた

Q・本気で日本を変えるトリセツに対する疑問や質問にはどう答えるか？

A・誰一人として体現した事のないしくみ・システムなので疑問や質問が多く出るとは思うが、疑問を解消し質問を回避するのがトリセツ（取扱説明書）の役割と考える

Q・アズ計画・処方箋＆教則本／本気で日本を変えるトリセツを譲渡する気はあるか？

A・アズ計画は人類の生き様を変える世界で類を見ない経世済民活動そのものである！
したがって、社会的信用力のある企業または組織団体なら、全てを譲る覚悟がある

Q・文字が多過ぎて読むのが辛い？

A・読まないと何も始まらない★ゲームの達人★になるには拾い読みはダメ！熟読だ！

※補足／第二章の支援投資の説明に移りますが、ここで今一度、何故、本気で日本を変えなければならないのか？　本気で日本を変える道筋を表⑫で整理して見る事に致します。

表⑫：本気で日本を変える道筋／フローチャート

本気で"日本を変える"道筋／フローチャート

現代社会の影（旧態依然とした家つくり）　➡　現代社会の闇（行き場を失った国民）

社会情勢／国家権力、既得権益が渦巻き利益一辺倒の経済活動・滞留資産が増加・国は引きこもり状態

国が抱える問題／景気浮揚策・社会保障改革・少子高齢化対策・年金制度改革・行財政改革・地方創生

原因は／政財界が挙って「経世済民」（世の中を良く治め、人々を苦しみから救う事）の心を蔑にした事

国民感情／社会は荒廃し、混迷を深め閉塞感・疎外感・虚脱感・不信感が充満、あきらめムードが漂う

今や、日本は変わらない・誰も変えようとしない・変える気がない・変え方が分からない

現代社会の影と闇から逃れ 本気で"日本を変える"には‼

今まで「常識」とされてきた物の考え方や「固定観念」に捉われず「既成概念」を払拭する意識を持つ

ゼロからの発想・真逆の発想・逆転の発想で現代社会の影と闇を払拭し社会福祉ユートピアへ誘う

①新産業構築で経済対策・景気浮揚策	②意識改革で滞留資金の有意義な活用
現代社会の影「旧態依然とした家つくり」を日本の再生可能な森林資源を使って安価で建てられる日本の標準化住宅「日本の家」に変える事で、新たなモノ・家つくり産業を構築し潜在需要を喚起して地域創生・地域経済を活性化・内需拡大を図る	補助金・助成金・支援金・寄付金・義援金等の「支援」と「投資」や「保険」は経済活動以外で動くお金です。三つの目的を融合させ有機的・発展的に超イノベーションさせた「支援投資」(F9Sss)で滞留資金を有意義に活用し福利を享受して貰う

アズ計画／「支援投資金」で全国3,591AS「家の駅」相互扶助ネットワークを構築し経済を活性化させる

住宅に止まらず公共住宅・借家・賃貸住宅・産業用建築物にまで幅広く「日本の家」を建て続ける事で

全国1,741自治体に「故郷創生基金」が創設され地域の少子化対策（出産・育児・教育）に宛がわれる

AS「家の駅」の運用で「住宅再建基金」が創設され社会福祉ユートピア構想・新合掌村建設に宛がわれる

支援投資者は支援投資金は保証され還付され、今後25〜30年間に9倍の配当を受け取る事ができます

アズ計画／究極の目的は 社会福祉ユートピア構想・新合掌村（一村700億円）を実現させる事です

25〜30年掛け余剰なゴルフ場や郡部山間部地域に1.5万人が暮らす新合掌村を900カ所建設する

新合掌村は、広義の意味での社会的弱者と支援する人達を分け隔てなく受け入れます。入村者はお金を必要とせず、働く場所が確保され衣食住が支給されます。自衛手段を講じ自給自足・地産地消をモットーに3,500以上の住宅（災害で家を失った人達・住宅難民を受け入れ）や工場（働く場所）、そして生活に欠かせない施設（働く場所）で構成された1.5〜2万人が心豊かに暮らせる街を目指します

第二章　史上初！誌上クラウドファンディングで支援者と運営者を募る

1、究極の目的を達成させる手段／AS「家の駅」開設への支援投資者を募る

支援投資者 あっての物種です

①、支援投資金は保証され何れ還付を受けます。支援投資金で開設された AS「家の駅」が活動する事で、今後25〜30年の期間中約6回で9倍の配当を得る権利を有します。

②、支援投資金は10万円単位を一口とします。AS「家の駅」単位とし上限はありません。

③、支援投資金は AS「家の駅」の建設資金に供され、支援された順番によって規定による配当を受領できます。（支援投資金の還付や配当に関しては後の項目に譲ります）

支援投資（F9Sssと命名）"三種の神器"（支援・投資・保険）で人生をエンジョイ
・・・人生における"三種の神器"とは・・・

★一つ目の「支援」とは、支援投資金によって生まれた AS「家の駅」は地域創生・経済活性化をもたらし、正に社会に貢献する事に繋がります。

★二つ目の「投資」とは、「日本の家」の普及度合いにもよりますが文字通り確実に配当を受ける事ができます。元金は保証され何れ還元されます。10万円単位ですが該当する建築の都度15万円の配当を今後25〜30年間に都合6回くらい受領する事ができます。

★三つ目の「保険」とは、支援投資金は安心安全が担保され、約束に違わず計画的に報酬が得られる事から、自身や子孫を守りながら人生・家族設計を遂行させる事ができる。

表⑫は、現代社会の（影）に支配され（闇）に暮らす人達が、今までに「常識」とされてきた物の考え方や「固定観念」に捉われず「既成概念」を払拭し、支援・投資・保険と云うものを見つめ直し、人の役に立てず世の中に滞留しているお金を、還流させ増殖させて有機的に役立てる為にフローチャートとして指し示したものです。

今迄の常識として考えられる事は・・・
支援とは・・・寄付や募金行為での社会貢献やボランティア・社会奉仕は一方通行でお金が流れ消え去るものです。単一的であり、多角的・有機的に遣われる事はありません。さらに、税金による支援金・補助金・助成金名目で制度によって施される支援は限定された特定の人達を優遇するもので差別を生み格差を広げるだけのものである。

投資とは・・・不安定要素が多々ありリスクを伴う。ギャンブルと同じで損する人と得する人が必ず生まれる。確実に儲かるのは「投資」を取扱う事業者のみである。社会に役立つ合理性は全くない。差別を生み格差が助長され貧富の差がますます広がる。人間の性格を変えてしまう。欲望に託けた投資詐欺なども生まれ、社会悪を引き起こしている。

保険とは・・・これも投資と似通ったところがあり、不慮の事故・不幸を背負い込んだ人達だけが恩恵にあり付き、多くに人達は掛け損となる。それが保険と云えばそれまでですが、人の弱みに付け込み安心と安全を担保するには「これしかない」と勧誘している事だけは事実です。確実に儲かるのは「保険」を取扱う事業者のみである。

さらに、常識的に支援・投資・保険は相容れない所があり単独で取扱されている。支援・投資・保険を組み合わせたモノ・商品がない。この事が、国民が一つになれずに日本を変える事ができない直接的な原因で要因なのかも知れません。

表⑬：本気で日本を変えるトリセツの根幹を成す物とは‼

本気で日本を変えるトリセツの "根幹" を成す物とは‼

国民や事業者から徴収した税金（血と汗の結晶）を一円たりとも遣わずに

世の中の "滞留資金" を有意義に活用し "還流" させて "増殖" させる

国民が目的意識を変える事	国民が既成概念を変える事	国民が国民に忖度する事

世の中に滞留しているお金・預金・資金	思惑の一致を見て支援投資に踏み切る	支援投資（元金保証・25～30年間に9倍の配当）
浮遊資産・休眠資産・寄付金・募金・義援金		子供の出産・育児・教育資金に宛がう
贈与資金や相続資産・財産分与資金		新築後、住宅ローンの返済に宛がう
タンス預金や定期預金・目的預金		老後の生活費・年金不足分に宛がう
株券、地方債・国債などの有価証券		子供や孫に財産分与金を増やして渡す目的
企業の準備金・流動資産や内部留保金		生前贈与金を増やす目的
無駄使いと揶揄される税金の一部・繰越金		本気で日本を変えたいので支援投資する
退職金・早期退職金の有効利用		社員の退職金・福利厚生費用に宛がう
今すぐ遣う予定のないお金・心算預金		社会貢献・社会奉仕の一環で支援投資する

支援投資 → ⇧ 9倍配当

滞留金をAS「家の駅」建設に遣いエンジンを吹かし滞留金を増殖させる	全国3,591AS「家の駅」相互扶助ネットワーク	国民の意識改革で建築着工戸数もお金の増殖も右肩上がりで増え続ける
	お金を還流させてお金を増殖させる動力源	

日本再生ガイドライン・アズ計画を遂行させ "本気で日本を変えて" 達成される成果とは

地域創生・地域経済活性化	「故郷創生基金」	単価1600万円45万戸の建築で2160億円
地域行政の在り方を変える	「住宅再建基金」	単価1600万円45万戸の建築で1兆6128億円
国家権力弱体化・小さな政府	①	新合掌村を900カ所に建設
政府の歳出削減に寄与し今後25～30年の歳月を掛け消費税を減税し廃止に導く	②	ＰＢ製品製造工場群を建設
	③	住宅難民・社会的弱者を救済

アズ計画の推進で社会福祉ユートピア構想・新合掌村を実現
（今後25～30年間に900カ所に造る新合掌村とは約1,500万人が住み、お金を持たず豊かに暮らせる街）

国民が国民の為に経世済民（国を良く治め、人々を苦しみから救う）を成し遂げる

表⑬で、"本気で日本を変えるトリセツ" の根幹を成す物では、世の中の "滞留資金" を有意義に活用させるには、今までの支援・投資・保険に対する既成概念を変えて支援・投資・保険を融合させ新しい "令和時代の三種（支援・投資・保険）の神器" 支援投資を

考えて見ては如何でしょうか！という意識改革の提案です。

★「支援」は、支援投資金によって生まれたAS「家の駅」は継続した活動で地域創生・経済活性化・内需拡大をもたらし、正に社会・経済・福祉に貢献する事に繋がります。

★「投資」は、「日本の家」の普及度合いにもよりますが文字通り確実に配当を受ける事ができます。元金は保証され何れ還元されます。10万円単位ですが該当する建築の都度15万円の配当を都合6回くらい受領する事ができます。絶対に損はしません。

★「保険」は、支援投資金は安心安全が担保され、約束に違わず計画的に報酬が得られる事から、自身や子孫を守りながら人生・家族設計を遂行させる事ができる。万が一の災難や事故に遭遇しても因果応報「社会福祉ユートピア・新合掌村」が救ってくれます。

★確実に成果が得られると共に"令和時代の三種（支援・投資・保険）の神器"支援投資は誰一人として"損する人・傷付く人・騙される人・不幸な人"を生みません。

★さらに、アズ計画はモノ・家つくりが衰退しない限り、途中で挫折や破綻する代物でもありません。25〜30年間の成果で報酬を9倍と言っていますが、国が考える期間限定とか制度で遣るものではなく"変わる事のないしくみ"ですから、報酬の受領は子孫の代まで永遠に続けられるものなのです。

2、"令和時代の三種（支援・投資・保険）の神器"支援投資（F9Sss）

支援投資に踏み切る事は令和時代の三種の神器（支援・投資・保険）
が備わった"生存権"を獲得する？とも言えるのではないでしょうか
前置きが長くなりましたが、支援投資（F9Sss）の実態を解説いたします。
この項では、支援投資する際の戦略戦術と実践を解説します。誰もが経験していない事なのでアズ計画の全容・事細かな事は第三章アズ計画の解説を必ず見るようにして下さい。

★共通認識事項その①／支援者は一口単位10万円を支援投資する事で「営業店」となり支援先のAS「家の駅」が建築を受託するたびに15万円の配当を受領する事ができます。

★共通認識事項その②／支援投資金（元金）は保証されます。誌上・Webサイトクラウドファンディングによる支援投資金は等価交換型（支援投資金が戻る仕組み）によって必要な時期に換金されます。

★AS「家の駅」Projectを指名して支援する訳ですが、支援投資金額の多寡や支援する順番によって配当を受ける時期が異なりますので表⑭・表⑮で説明します。

★表⑭から読み取れる事とは・・・支援投資金6,000万円でAS「家の駅」が開設されます。10万円が600口とし600棟の建築で1口10万円なら1回15万円配当されます。
①、配当を受ける順番は支援投資した順番で決まります。
②、黄色の数字は10万円1口の支援投資で建築順番が来たら15万円が配当されます。
③、ベージュ色は10万円2口で建築順番が来たら15万円が連続2回配当されます。
④、オレンジ色は10万円10口で建築順番が来たら15万円が連続10回配当されます。
⑤、他の色も同じように番号順に建築順番が来たら配当されます。

表⑭：支援投資金１０万円の配当事例・その壱

支援投資金6,000万円でAS「家の駅」開設・10万円が600口とし600棟建築で1口なら1回の配当

1	25	49	73	97	121	145	169	193	217	241	265	289	313	337	361	385	509	433	457	481	505	529	553	577
2	26	50	74	98	122	146	170	194	218	242	266	290	314	338	362	386	510	434	458	482	506	530	554	578
3	27	51	75	99	123	147	171	195	219	243	267	291	315	339	363	387	511	435	459	483	507	531	555	579
4	28	52	76	100	124	148	172	196	220	244	268	292	316	340	364	388	512	436	460	484	508	532	556	580
5	29	53	77	101	125	149	173	197	221	245	269	293	317	341	365	389	513	437	461	485	509	533	557	581
6	30	54	78	102	126	150	174	198	222	246	270	294	318	342	366	390	514	438	462	486	510	534	558	582
7	31	55	79	103	127	151	175	199	223	247	271	295	319	343	367	391	515	439	463	487	511	535	559	583
8	32	56	80	104	128	152	176	200	224	248	272	296	320	344	368	392	516	440	464	488	512	536	560	584
9	33	57	81	105	129	153	177	201	225	249	273	297	321	345	369	393	517	441	465	489	513	537	561	585
10	34	58	82	106	130	154	178	202	226	250	274	298	322	346	370	394	518	442	466	490	514	538	562	586
11	35	59	83	107	131	155	179	203	227	251	275	299	323	347	371	395	519	443	467	491	515	539	563	587
12	36	60	84	108	132	156	180	204	228	252	276	300	324	348	372	396	520	444	468	492	516	540	564	588
13	37	61	85	109	133	157	181	205	229	253	277	301	325	349	373	397	521	445	469	493	517	541	565	589
14	38	62	86	110	134	158	182	206	230	254	278	302	326	350	374	398	522	446	470	494	518	542	566	590
15	39	63	87	111	135	159	183	207	231	255	279	303	327	351	375	399	523	447	471	495	519	543	567	591
16	40	64	88	112	136	160	184	208	232	256	280	304	328	352	376	400	524	448	472	496	520	544	568	592
17	41	65	89	113	137	161	185	209	233	257	281	305	329	353	377	401	525	449	473	497	521	545	569	593
18	42	66	90	114	138	162	186	210	234	258	282	306	330	354	378	402	526	450	474	498	522	546	570	594
19	43	67	91	115	139	163	187	211	235	259	283	307	331	355	379	403	527	451	475	499	523	547	571	595
20	44	68	92	116	140	164	188	212	236	260	284	308	332	356	380	404	528	452	476	500	524	548	572	596
21	45	69	93	117	141	165	189	213	237	261	285	309	333	357	381	405	529	453	477	501	525	549	573	597
22	46	70	94	118	142	166	190	214	238	262	286	310	334	358	382	406	530	454	478	502	526	550	574	598
23	47	71	95	119	143	167	191	215	239	263	287	311	335	359	383	407	531	455	479	503	527	551	575	599
24	48	72	96	120	144	168	192	216	240	264	288	312	336	360	384	408	532	456	480	504	528	552	576	600

※最初の600棟達成は7～8年を予想・以降4年で600棟達成・何れ25～30年で6回転して3600棟を見込む

表⑮：支援投資金１０万円の配当事例・その弐

支援投資金6,000万円でAS「家の駅」開設／今後25～30年間に1口10万円で15万円の配当を6回受ける時期

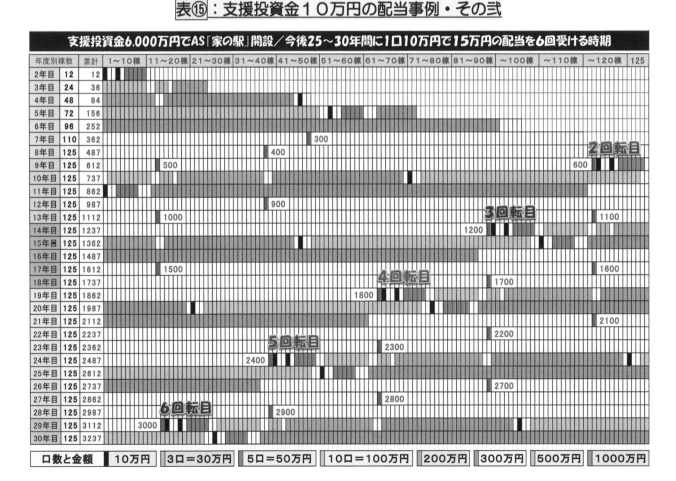

年度別棟数		累計
2年目	12	12
3年目	24	36
4年目	48	84
5年目	72	156
6年目	96	252
7年目	110	362
8年目	125	487
9年目	125	612
10年目	125	737
11年目	125	862
12年目	125	987
13年目	125	1112
14年目	125	1237
15年目	125	1362
16年目	125	1487
17年目	125	1612
18年目	125	1737
19年目	125	1862
20年目	125	1987
21年目	125	2112
22年目	125	2237
23年目	125	2362
24年目	125	2487
25年目	125	2612
26年目	125	2737
27年目	125	2862
28年目	125	2987
29年目	125	3112
30年目	125	3237

口数と金額　■10万円　3口＝30万円　5口＝50万円　10口＝100万円　200万円　300万円　500万円　1000万円

表⑮：支援投資金１０万円の配当事例・その弐

支援投資金6,000万円でAS「家の駅」開設／今後25～30年間に1口10万円で15万円の配当を6回受ける時期

年度別棟数	累計	1～10棟	11～20棟	21～30棟	31～40棟	41～50棟	51～60棟	61～70棟	71～80棟	81～90棟	～100棟	～110棟	～120棟	125
2年目	12	12												
3年目	24	36												
4年目	48	84												
5年目	72	156												
6年目	96	252												
7年目	110	362												
8年目	125	487			400									
9年目	125	612	500								600			
10年目	125	737												
11年目	125	862												
12年目	125	987	1000		900						1100			
13年目	125	1112		300										
14年目	125	1237								1200				
15年目	125	1362												
16年目	125	1487												
17年目	125	1612	1500			1800				1700		1600		
18年目	125	1737												
19年目	125	1862												
20年目	125	1987												
21年目	125	2112						2300		2200		2100		
22年目	125	2237												
23年目	125	2362												
24年目	125	2487			2400									
25年目	125	2612												
26年目	125	2737						2800		2700				
27年目	125	2862												
28年目	125	2987			2900									
29年目	125	3112	3000											
30年目	125	3237												

2回転目　3回転目　4回転目　5回転目　6回転目

口数と金額	10万円	3口=30万円	5口=50万円	10口=100万円	200万円	300万円	500万円	1000万円

⑥、 <u>白地に赤字は、仲間やグループが集まり１０万円１口にして支援投資した場合です。</u>

⑦、 一人や一企業、一組織団体で AS「家の駅」建設費用 6,000 万円を 600 口支援投資した場合は、7～9 年の期間に 600 棟の建築機会すべてに於いて 15 万円の配当を得て総額 9,000 万円を手にする事になります。**ここで特筆すべき事は、支援投資した6,000 万円は必ず等価交換方式で換金還付される**という事です。

⑧、 建築の都度、定額の 15 万円が配当されるので、当たり外れやまぐれ当りもなく、順番が来たら必ず 15 万円貰えます。しかも、支援投資元金は還付されます。

★ <u>表⑮</u> から読み取れる事とは・・・支援投資金 6,000 万円で AS「家の駅」が開設されます。今後 25～30 年間に 10 万円 1 口で15 万円の配当を6回受けられる時期を推測しています。（指標では 125 棟に達する年数を二年ほど遅く見積もっています）

①、 **配当を受ける順番は表⑭同様に支援投資した順番で決まります。**

②、 <u>黒枠</u>は１０万円１口の支援投資で建築順番が来たら１５万円が配当されます。

③、 <u>濃いオレンジ枠</u>は１０万円５口で建築順番が来たら１５万円が連続 5 回の配当です。

④、 <u>青色枠</u>は１０万円１０口で建築順番が来たら１５万円が連続１０回配当されます。

⑤、 他の色も同じように**番号順に建築順番が来たら配当されます。**

⑥、 支援投資の順番が早い場合は、今後 25～30 年間に 10 万円 1 口の支援投資で15 万円の配当を6回受けられる事が見て取れます。

⑦、 一人や一企業、一組織団体で AS「家の駅」建設費用 6,000 万円を 600 口支援投資した場合は、25～30 年の期間に 3,600 棟の建築機会すべてに於いて 15 万円の配当を得て総額 5 億 4,000 万円を手にする事になります。ここで特筆すべき事は、支援投資した 6,000 万円は必ず等価交換方式で換金還付されるという事です。

表⑯：支援投資金１０万円の配当事例・その参

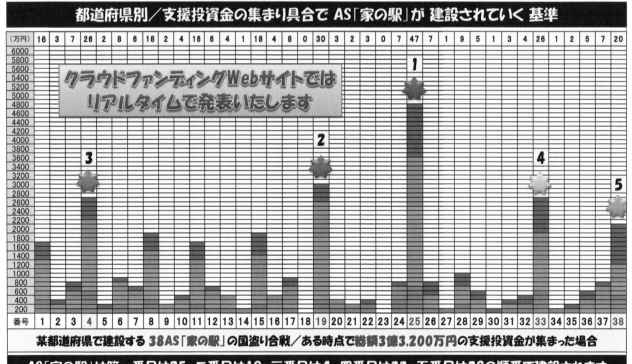

某都道府県で建設する 38AS「家の駅」の国盗り合戦／ある時点で総額3億3,200万円の支援投資金が集まった場合

AS「家の駅」は第一番目は25、二番目は19、三番目は4、四番目は33、五番目は38の順番で建設されます

★ 表⑯ から読み取れる事とは・・・都道府県別では、出来るだけ早く AS「家の駅」を建設する為、**支援投資金の集まり具合で 優先順位を決めて AS「家の駅」を建設します。**

①、支援投資金は都道府県別でプールして、総金額が 6,000 万円に達した時点で一番多く金額を集めた AS「家の駅」を優先順位一番として建設に取り掛かります。

②、総額 1 億 2,000 万円になれば、その時点で二番目に多く集めた AS「家の駅」に優先権（開設出展権）が与えられます。

③、優先順位一番の AS「家の駅」の支援投資金の募集は 6,000 万円に達した時点で終了しますが、それでも支援投資額が増える場合は、支援者の了解を以って他の AS「家の駅」のに振り分けます。（600 口を超えると配当が薄くなる為の措置です）

★ 特に重要！　 表⑭ 、 表⑮ 、 表⑯ から支援投資する 戦略戦術 が見えてくる筈です。
AS「家の駅」は全国に 3,591 カ所開設しますので、どの AS「家の駅」にどの位の金額を投資支援するか？　後日立ち上げられる**クラウドファンディング Web サイトをリアルタイムに状況判断しながら戦略的に支援投資戦術を練られたらよろしいかと思います。**

①、配当の順番は AS「家の駅」単位で決められますので、早い段階で配当を得たいならば幾つかの AS「家の駅」に分散して支援投資する事をお勧めします。
特に大きな金額を支援投資する場合は 100 万円単位くらいで分散するのが賢明です。

②、次項で紹介する**都道府県別 AS「家の駅」国盗り合戦・出展権争奪戦**では郷土愛を考えて出身自治体の AS「家の駅」に支援投資されるのが筋なのですが、地元自治体を優先するか配当重視で支援するか迷う処ですが、最初の内は AS「家の駅」建設プロジェクト情報を見ながら決めて下さい。

③、高等テクニック となりますが、人気プロジェクトに分散して支援投資し、得られた配当金を再支援投資する事をさらに繰り返す方法もあります。"支援者・虎の巻"の項目でも紹介していますので 支援投資の醍醐味 を味わって下さい。現存する一般の投資と違い "想像を絶する満足感" が得られます。

3、支援投資は、誰の為にするのか？何の為にするのか？

ノンリスクでハイリターンの支援投資 は、本誌の発売によって "安全で効率の良い投資" と分かれば、余剰資金や滞留資金にとどまらず**借財してまで支援投資**に参画する人達が増える事も予想されるところです。

まだ紹介していませんでしたが、 表⑰ は何をするかどうするかの目安になるもので参照して頂きたいと思います。F9Sss 支援投資は緊急性を伴わず、実にスパンの長いものです。
史上最強の支援投資 ・・・住宅を建てる時に生前贈与して貰うと住宅ローンの返済は配当金で賄えるし、子供が生まれたら育児教育資金、結婚したら出産育児資金、親から子供へ孫へと家族・人生設計をサポートしてくれる、正に投資と保険を融合した史上最強の支援投資と言えるのではないでしょうか。

個人の欲得の為や人生設計を考える上で役に立つ、また企業組織は資金繰りや商売繁盛に繋がり、社員従業員さらにはその家族に福利が享受される事を考えると、**国民全員（全てに人にチャンスあり）が参画する事ができる** 汎用性の高い支援投資 だと思います。

特に AS「家の駅」運営を担う事になる AS「家の駅」運営者は、起業時に 200 万円の準備金が付与され、支援投資の恩恵を一番肌で感じられる事だし、アズ計画を推進させる事に於いても率先して支援投資すべき立場だという事が分ると思います。

表⑰：支援投資は誰の為、何の為にするのか？

支援投資は、誰の為にするのか？何の為にするのか？／投資する・保険を掛ける動機付け！

支援投資金2,160億円	今後25～30年間の配当は1兆9,440億円	今後50年間の配当は約4兆円
一口10万円で216万口	一口10万円で15万円の配当が6回	一口10万円で15万円の配当が約13回

個人・家族の人生設計に

	支援投資当事者			配当受益者・理由と目的		配当受益者・理由と目的	
両親	75～85歳	子供	45～55歳	生前贈与→生活補助・孫	孫	15～25歳	生前贈与→学費・結婚
両親	65～75歳	子供	35～45歳	生前贈与→生活補助・孫	孫	10～15歳	生前贈与→学費・成人
両親	55～65歳	子供	25～35歳	生前贈与→生活補助・孫	孫	乳幼児	生前贈与→学費・成人
両親	45～55歳	子供	15～25歳	生前贈与→結婚新築補助	支援投資当事者家族への保険と財産形成		
両親	35～45歳	子供	10～15歳	教育・成人結婚の為	支援投資当事者家族への保険と財産形成		
両親	25～35歳	子供	乳幼児	育児・教育の為	支援投資当事者家族への保険と財産形成		
支援投資金①			100万円で今後25～30年間に900万円		100万円で今後50年間で約2,000万円		
支援投資金②			200万円で今後25～30年間に1,800万円		200万円で今後50年間で約4,000万円		
支援投資金③			300万円で今後25～30年間に2,700万円		300万円で今後50年間で約6,000万円		
支援投資金④			500万円で今後25～30年間に4,500万円		500万円で今後50年間で約1億円		

企業・組織の社会活動に

支援投資当事者（重要な事業者）	配当受益者・理由と目的（投資・保険目的以外に社員従業員の退職金手当・福利厚生手当やリストラ・早期退職・脱サラ起業・AS「家の駅」運営希望者への支援策に）
AS「家の駅」運営者	起業時に最高額200万円が付与される事から500万円の支援投資は心掛けて下さい
開設用地提供業者	商業施設を運営する流通事業者はAS「家の駅」開設用地を誘致等、積極的に参画下さい
ゴルフ場経営業者	ゴルフ業界を救うためにも社会福祉ユートピア・新合掌村建設用地を提供して下さい
建築関連事業者	将来の展望を見据えて早期参画をご決断下さい。
一般事業経営者	投資・保険目的以外に社員従業員の退職金手当・福利厚生手当等支援策を講じて下さい

支援投資金	今後25～30年間の配当総額は？	今後50年間の配当総額は？
300万円	450万円の配当が6回で2,700万円	450万円の配当が約13回で6,000万円
500万円	750万円の配当が6回で4,500万円	750万円の配当が約13回で1億円
1,000万円	1500万円の配当が6回で9,000万円	1500万円の配当が約13回で2億円
3000万円	4,500万円の配当が6回で2億2,700万円	4,500万円の配当が約13回で6億円
6000万円	9,000万円の配当が6回で4億5,000万円	9,000万円の配当が約13回で12億円
1億円	1億5000万円の配当が6回で9億円	1億5000万円の配当が約13回で20億円

表⑰の支援投資は、誰の為にするのか？何の為にするのか？の詳細は 支援者"虎の巻"の項で

表⑰から推察される事は、安全安心が担保され確実に配当が得られる事が判明し、滞留資金を活用させて福利を享受する事はもちろんの事として、借財してでも支援投資に踏み切る人達が現れる事も考えられます。

また支援投資総枠（10万円が216万口）の奪い合いが起こり資本力による独占や平等・公平性が損ねられる事も予想されるところです。

そこの所を鑑みると、当該支援投資は誰にでも平等であり公平であって公正でなければ

ならないと考え、表⑱の支援投資金参画者の割当表を作り公正を期したいと思います。

表⑱：支援投資金参画者（個人・企業・団体／事業形態・ジャンル別）の割当表

	個人・企業・団体／事業形態・ジャンル（A～Z） 総計（左から％、金額（億）、AS「家の駅」数）	％	金額(億)	AS「家の駅」
		100	2,160	3,600
A	クラウドファンディング 誌上・Web サイト運営事業者	0	0	0
B①	新合掌村建設用地提供者／ゴルフ場経営者（18H、27H）	14	302.4	504
B②	ゴルフ愛好家、ゴルフ会員権保有者	1	21.6	36
C①	AS「家の駅」開設用地提供者／②③④の小計	―	―	―
C②	小売流通事業者（大型商業施設とのコラボレーション）	15	324.0	540
C③	コンビニ（郊外で敷地に余裕があるコンビニ・隣接地も可）	2	43.2	72
C④	観光施設、道の駅、娯楽施設、街道沿い遊休地、公共施設	2	43.2	72
D	新合掌村への入村希望者・及び店舗、施設、工場等事業希望者	2	43.2	72
E	PB 製品製造工場群／加工機械設備・太陽光発電メーカー	2	43.2	72
F	3,591AS「家の駅」開設時・新合掌村建設時／事務機器事業者	1	21.6	36
G	3,591AS「家の駅」開設時／建築資材・建材・部材メーカー	1	21.6	36
H	3,591AS「家の駅」開設時／住宅設備機器・太陽光発電メーカー	1	21.6	36
I	3,591AS「家の駅」開設時／家具、什器備品関連事業者 他	1	21.6	36
J	3,591AS「家の駅」開設時／直営工事施工事業者・職人さん達	5	108.0	180
K	FC 契約で 3,591AS「家の駅」運営者を希望する人達	10	216.0	360
L	AS「家の駅」物産展への出展事業者	1	21.6	36
M	AS「家の駅」開設自治体／地域住民・著名人・芸能人・観光大使	5	108.0	180
N	不動産流通事業者、住宅販売施工事業者、総合建設事業者 他	5	108.0	180
O	「日本の家」建築予定者の皆様（直近・1、2 年～5 年先含む）	5	108.0	180
P	大企業・中小企業／事業経営者（CSR 活動の一環）	10	216.0	360
Q	NPO 法人・社会的弱者支援・社会福祉関連・ボランティア団体	2	43.2	72
R	住宅ローン融資、会計士、行政書士、建築士、司法書士他	1	21.6	36
S	地域行政、議会議員、日本赤十字社・日本ユニセフ 他	3	64.8	108
T	脱サラ等で起業家を目指す人達、自立・社会更生・社会復帰 他	3	64.8	108
U	投資家、資産家、小口投資マニア、寄付金・義援金支援者 他	3	64.8	108
V	スタンプラリー、支援金のポイント還元／カード決済会社	1	21.6	36
W	地域おこし協力隊、インバウンド・外国人研修生	1	21.6	36
X	地元地域になくてはならない信用金庫	1	21.6	36
Y	ネット銀行・ネット通販・サービス業	1	21.6	36
Z	支援者を発掘し紹介するサイドビジネス・限定された支援者	1	21.6	36

※割当表A～Zに付いての詳細は第三章"支援者・虎の巻"P54 で解説致します

4、支援投資者はAS「家の駅」開設プロジェクトに支援投資する（選定編）

支援投資を生かすも殺すもAS「家の駅」運営者がカギを握る事になります
ここからは支援者が支援投資して開設されるAS「家の駅」を全国に展開していく
手順を説明して行きます。何を基準にどのAS「家の駅」開設プロジェクトに
幾ら支援投資したら良いのかを見極めて頂く判断材料にして下さい

AS「家の駅」相互扶助ネットワークは都道府県単位で国盗り合戦（出展権争奪戦）
として流通市場に出展していきます。47都道府県が集まって、アズ計画で云うところの
「全国3,591AS「家の駅」相互扶助ネットワーク構想」に成る訳です

兵庫県170AS「家の駅」相互扶助ネットワーク構想・国盗り合戦（出展権争奪戦）

表⑲：AS「家の駅」の概略と出展方法（イメージ）

AS「家の駅」の開設（出展）方法は●印と★印二通りある。建築需要が少ない地域は建築需要が旺盛な地域に出展する権利を有し、建築需要の旺盛な地域は建築需要が少ない地域に出展権を譲る事で経済を含め地域間格差を是正する。この様にして誕生したAS「家の駅」には★印が付きます。●印と★印AS「家の駅」が受託する建築工事により生み出される「故郷創生基金」の寄付先が大きく異なります。

●印／出展先自治体と出展元自治体が同じ		★印／出展先自治体と出展元自治体が異なる		
佐用町(自治体住民)が佐用町に出展【AS「家の駅・佐用】		佐用町(自治体住民)が姫路市に出展【AS「家の駅・SA姫路】		
「日本の家」モデルハウス	アンテナショップ「物産展」	「日本の家」モデルハウス	アンテナショップ「物産展」	
「日本の家」を安価で提供	A・佐用町の物産展(固定)	「日本の家」を安価で提供	A・佐用町の物産展(固定)	兵庫県41市町でローテーションを組む
AS「物産展」を運営管理	B・宍粟市の物産展(固定)	AS「物産展」を運営管理	B・宍粟市の物産展	
「物産展」スタンプラリー	C・美作市の物産展(固定)	「物産展」スタンプラリー	C・美作市の物産展	
無料体験宿泊を受け入れ	D・上郡町の物産展(固定)	無料体験宿泊を受け入れ	D・上郡町の物産展	
インバウンド旅行客に対応	E・たつの市物産展(固定)	インバウンド旅行客に対応	E・たつの市物産展	
建築需要が少ない自治体は建築需要の旺盛な自治体に出展		建築需要の旺盛な自治体は弱小自治体に出展権を明け渡す		
「故郷創生基金」は佐用町自治体に建築総額の2％積立		「故郷創生基金」は佐用町自治体に建築総額の2％積立		
「故郷創生基金」は佐用町自治体に建築総額の1％積立		「故郷創生基金」は姫路市自治体に建築総額の1％積立		

表⑲は、AS「家の駅」の開設（出展）方法は●印と★印の二通りである。
　建築需要が少ない地域は建築需要が旺盛な地域に出展する権利を有し、建築需要の旺盛な地域は建築需要が少ない地域に出展権を譲る事で経済を含め地域間格差を是正する。
　この様にして誕生したAS「家の駅」には★印が付きます。

　●印と★印AS「家の駅」が受託する建築工事により生み出される「故郷創生基金」の寄付先が大きく異なります。
　AS「家の駅」が執り行う業務内容には変わるところはありません。
　AS「家の駅」は相互扶助ネットワークを構成しますので、開設からしばらくは地域差等で売上が上下しますが、それは相互扶助精神で次第に平準化されます。

表⑳：兵庫県 170AS「家の駅」相互扶助ネットワーク構想／国盗り合戦（出展権争奪戦）

兵庫県170 AS「家の駅」相互扶助ネットワーク構想／国盗り合戦（出展権争奪戦）

表全体の記号数字の解説

①／人口によりA～H（政令指定都市・東京23区）ゾーンに分類

「家の駅」出展パターン
●印／当該自治体内で出展可能
☆印／川下自治体への出展可能
〇印／川上自治体が出展可能能
〇印に数字／他自治体に出展された時、数字入り〇印に変わる

②／当該自治体が県内で出展する限度数（他都道府県を除く）
③／国盗り合戦による出展成果数
※政令指定都市・東京23区＝無

国盗り合戦 押さえておきたい事項
県内総数170は● 85＋〇 85
☆と〇は表裏一体同数の85
☆は〇を攻撃して占領できる
〇への攻撃は先着順で決まる
川下は川上自治体を攻撃できない

①	NO.	コード番号	市区町村名	人口	「家の駅」出展パターン						②	③
Aゾーン	1	284467	神河町	10,953	●	☆	☆	☆	☆	☆	6	0
	2	284424	市川町	11,651	●	☆	☆	☆	☆	☆	6	0
	3	285862	新温泉町	13,991	●	☆	☆	☆	☆	☆	6	0
	4	284815	上郡町	14,404	●	☆	☆	☆	☆	☆	6	0
	5	285013	佐用町	16,331	●	☆	☆	☆	☆	☆	6	0
	6	285854	香美町	16,809	●	☆	☆	☆	☆	☆	6	0
	7	284432	福崎町	19,543	●	☆	☆	☆	☆	☆	6	0
Bゾーン	8	283657	多可町	20,152	●	☆	☆	☆	☆		5	0
	9	282227	養父市	22,935	●	☆	☆	☆	☆	☆	6	0
	10	282081	相生市	29,479	●	☆	☆	☆	☆	☆	6	0
	11	282251	朝来市	29,736	●	●	☆	☆	☆	☆	6	0
Cゾーン	12	283011	猪名川町	30,416	●	●	☆	☆	☆		5	0
	13	283819	稲美町	30,459	●	☆	☆	☆			4	0
	14	284645	太子町	33,534	●	●	☆				3	0
	15	283827	播磨町	33,628	●	☆					2	0
	16	282278	宍粟市	35,719	●	●	☆	☆	☆		5	0
	17	282138	西脇市	39,610	●	●	☆	☆	☆		5	0
Dゾーン	18	282219	丹波篠山市	40,314	●	●	☆	☆			4	0
	19	282286	加東市	40,460	●	●	☆	☆			4	0
	20	282260	淡路市	42,310	●	●	●	☆	☆		5	0
	21	282057	洲本市	42,454	●	●	●	☆	☆		5	0
	22	282201	加西市	43,535	●	●	●	☆	☆		4	0
	23	282243	南あわじ市	45,208	●	●	●	☆	☆		5	0
	24	282120	赤穂市	46,827	●	●	●	☆	☆		5	0
	25	282189	小野市	48,026	●	●	●	☆	☆		5	0
Eゾーン	26	282235	丹波市	62,618	●	●	●	●	☆		5	0
	27	282294	たつの市	75,612	●	●	●	●	☆		5	0
	28	282154	三木市	75,859	●	●	●	●	☆		5	0
	29	282090	豊岡市	79,500	●	●	●	〇	☆		4	0
	30	282162	高砂市	89,027	●	●	〇				2	0
	31	282065	芦屋市	94,885	●	〇	〇				1	0
Fゾーン	32	282197	三田市	111,506	●	●	●	〇			3	0
	33	282171	川西市	154,360	●	●	〇	〇			2	0
	34	282073	伊丹市	198,004	●	●	〇	〇			2	0
	35	282146	宝塚市	225,041	●	●	〇	〇			2	0
	36	282103	加古川市	263,876	●	●	●	〇	〇		3	0
	37	282031	明石市	297,838	●	●	●	〇	〇	〇	3	0
Gゾーン	38	282022	尼崎市	451,055	●	●	〇	〇	〇	〇	2	0
	39	282049	西宮市	488,369	●	●	〇	〇	〇	〇	2	0
	40	282014	姫路市	531,468	●	●	●	〇	〇	〇	3	0
Hゾーン（神戸市）	41	282018	東灘区	213,936	〇	〇	〇		〇		0	0
	42	281026	灘区	136,931	〇	〇			〇		0	0
	43	281051	兵庫区	107,249	〇				〇		0	0
	44	281069	長田区	95,828	〇				〇		0	0
	45	281077	須磨区	159,209	〇				〇		0	0
	46	281085	垂水区	217,508	〇				〇		0	0
	47	281093	北区	214,145	〇				〇		0	0
	48	281107	中央区	140,831	〇				〇		0	0
	49	281115	西区	242,120	〇	〇			〇		0	0

これは生き残りを賭けた領有権争いである‼

弱小自治体は川下の少し豊かな自治体を攻撃し住宅市場を占領せよ‼

「日本の家」が多く建ちそうな自治体（地域）を占領せよ‼

地方創生？？無関心社会をその気にさせる"令和新時代"の"国盗り合戦"を仕掛けよう‼

県内の格差・一極集中を是正し、さらに東京一極集中を食い止める

期限付き特別ルール2021年9月30日を目指して頑張ろう‼

表⑳の解説です（AS「家の駅」プロジェクトを指名する際は**巻末表の番号**をお書き下さい）

※●印の付いた AS「家の駅」は**当該自治体地域住民が当該自治体に出展するケース**を指します。

※☆印の付いた AS「家の駅」は**当該自治体地域住民が建築需要の旺盛な○印の自治体に出展するケース**を指します。

※佐用町を例にとれば（表㉑参照）●印 AS「家の駅」は佐用町地域住民が佐用町に一カ所出展し、佐用町地域住民が尼崎某地域・神戸東灘某地域・西宮某地域・姫路某地域・明石某地域の五カ所に出展させる事ができます。

※兵庫県は日本の縮図とも言われ自治体間（郡部や山間部地域と市街地）で大きく開いた格差を是正する為の領有権争いでもあります。その為、兵庫県は**●印 AS「家の駅」が85地域**で、**☆印 AS「家の駅」が85地域**としています。

表⑳は兵庫県 170AS「家の駅」相互扶助ネットワーク構想・国盗り合戦（出展権争奪戦）を表した表で、**まさに出展先の陣取り合戦です。**

注意‼ 出展権争奪戦は 2021 年９月 30 日と期限を定めていますが、期限が来ても確定しない地域は自由競争となり、他府県からも争奪戦に名乗りを挙げてこられ領有権を明け渡す事にもなりかねません。

表⑳の補足説明　●印は出展先自治体と出展元自治体が同じです。☆印は建築需要の旺盛な地域の○印を占有して☆印（他自治体への出展権利）を★印に変える事ができるという事です。

表⑳は、国盗り合戦（出展権争奪戦）スタート前の現状を表していますので、●○☆印が多くなっています。実際には●印と★印の二つのタイプしかありません。

日本の縮図と言われる兵庫県は大都市（神戸）、中核都市（尼崎・西宮・姫路）や過疎地が偏在しています。過疎地が大都市や中核都市を攻める典型的な構図になっています。

過疎地が★印を５つ獲得する稀なケースかも知れません。

昨今、自治体同士で流動人口の社会増を目論見熾烈な戦いをされています。これこそ税金の無駄使いです。兵庫県からの人口流出を避ける対策が急務ではないかと考えます。

この表は兵庫県ですが他の 46 都道府県の国盗り合戦（出展権争奪戦）は巻末に一覧表示していますので、固有番号（例えば 28056）を指定して支援投資に応募して下さい。

表㉑は、兵庫県 170AS「家の駅」相互扶助ネットワーク構想・国盗り合戦（出展権争奪戦）から人口 16,000 人の佐用町を例にとり●印 AS「家の駅・佐用」と★印５つの他に自治体地域への AS「家の駅」出展を踏まえ AS「家の駅」の活動の概要を指し示しています。

ココでは、全体のイメージを記憶に残しておいて下さい。

AS「家の駅」の運営活動等の詳細は、第三章アズ計画の解説の項に譲ります。

表㉒の説明、支援者は AS「家の駅」に支援投資する訳なので、AS「家の駅」の活動によるお金の流れを説明いたします。（宿泊体験や物産展棟での収益は加味していません。**AS「家の駅」の総合売上げはアズ計画の解説編で確認できます**）

表㉑：兵庫県 170AS「家の駅」相互扶助ネットワーク構想／国盗り合戦（出展権争奪戦）

兵庫県170 AS「家の駅」相互扶助ネットワーク構想／国盗り合戦（出展権争奪戦）展開図（2021年9月30日期限 特別ルール）

佐用町近隣地域（宍粟市・美作市・上部町・たつの市）のAS「家の駅」

① 建築需要の旺盛な市街地域に建築需要の旺盛な市街地域5か所にAS「家の駅」を開設する権利を持つ佐用町の物産展スペースは31カ所で実に555ブースによります

② 建築需要の旺盛な市街地住民が姫路市街地域に出展佐用町の地域住民が姫路市街地域に出展する

① 建築需要が多く見込めない地域に出展佐用町の地域住民が佐用町に出展する

佐用町の店舗の事業所は「営業店」になる

営業販売手数料は基本 本当該AS「家の駅」を支援者「営業店」に支払う

☆印 尼崎市○○地域
☆印 神戸市東灘地域
☆印 西宮市○○地域
☆印 姫路市○○地域
☆印 明石市○○地域

佐用町・AS「家の駅・○○」
佐用町・AS「家の駅」	A 佐用町物産展
「日本の家」	B 宍粟市物産展
モデルハウス	C 美作市物産展
（事務局）	D 上部町物産展
「営業店」	Eたつの市物産展
「体験宿泊」	特設スペース
スタンプラリー	

佐用町・AS「家の駅」
佐用町・AS「家の駅」	A 佐用町物産展
「日本の家」	B 宍粟市物産展
モデルハウス	C 姫路市物産展
（事務局）	D 佐用町物産展
「営業店」	E 養父市物産展
「体験宿泊」	特設スペース
スタンプラリー	

観光・物産展で近隣地域ネットワークを構築

宍粟市・AS「家の駅」
宍粟市・AS「家の駅」	A 宍粟市物産展
「日本の家」	Bたつの市物産展
モデルハウス	C 姫路市物産展
（事務局）	D 佐用町物産展
「営業店」	E 養父市物産展
「体験宿泊」	特設スペース
スタンプラリー	

美作市・AS「家の駅・美作」
美作市・AS「家の駅」	A 美作市物産展
「日本の家」	B 和気市物産展
モデルハウス	C 津山市物産展
（事務局）	D 美咲町物産展
「営業店」	E 佐用町物産展
「体験宿泊」	特設スペース
スタンプラリー	

上部町・AS「家の駅・上部」
上部町・AS「家の駅」	A 上部町物産展
「日本の家」	B 佐用町物産展
モデルハウス	C 相生市物産展
（事務局）	D 赤穂市物産展
「営業店」	E 備前市物産展
「体験宿泊」	特設スペース
スタンプラリー	

たつの市・AS「家の駅・龍野」
たつの市・AS「家の駅」	Aたつの市物産展
「日本の家」	B 相生市物産展
モデルハウス	C 上部町物産展
（事務局）	D 佐用町物産展
「営業店」	E 宍粟市物産展
「体験宿泊」	特設スペース
スタンプラリー	

自治体が他の自治体に出展するAS「家の駅」のA各除くBCDEの出展スペースは移動物産店とする

体験宿泊の依頼と受託

物産展スタンプラリー

建て主様・一般顧客・観光旅行客・インバウンド客

② 建築需要の旺盛な市街地住民が姫路市街地域に出展姫路市の地域住民が姫路市街地域に出展する

姫路市・AS「家の駅・姫路」
姫路市・AS「家の駅」	A 姫路市物産展
「日本の家」	B 福崎町物産展
モデルハウス	C 市川町物産展
（事務局）	D 神河町物産展
「営業店」	E 加西市物産展
「体験宿泊」	特設スペース
スタンプラリー	

営業販売手数料は基本 本当該AS「家の駅」を支援者「営業店」に支払う

自治体が当該自治体に出展するAS「家の駅」のABCDEの出展スペースは常設物産展とする

体験宿泊の依頼と受託

物産展スタンプラリー

自治体が当該自治体に出展するAS「家の駅」のABCDEの出展スペースは常設物産展とする

体験宿泊の依頼と受託

物産展スタンプラリー

※体験宿泊のルール ①建て主様の体験宿泊では依頼するAS「家の駅」に10万円を支払う事とする。（二）一般顧客・観光旅行客・インバウンド客の体験宿泊は無料です。ただし物産展利用名目で一人1,000円を支払って下さい。

※物産展出展ルール ①何人も出展費用は頂きません。②販売時は売上金額の10%を出展先のAS「家の駅」にお支払い下さい。

※「営業店」の報酬ルール ①建て主様と業務委託契約各締結後、AS「家の駅」より建築総額の4％＋15万円を支払います。②「営業店」は建築総額の1％を建て主様に返礼品で還付してください。

※建て主様のルール ①建て主様がAS「家の駅」がポイント履歴を管理し運営本部が運用します（AS「家の駅」からポイント証を発行しますので自治体別物産展を回収ポイントを集めて下さい）②一般顧客・観光旅行客・インバウンド客を建築時1ポイント2,000円で換金します。「日本の家」を建築時に還元できます。ただし日本の家」建築時のみの利用です。

※物産展スタンプラリー万国共通ルール（AS「家の駅」がポイント履歴を管理し運営本部が運用します）①運営本部よりAS「家の駅」にパスポートを発行します②各物産展で千円以上の買い物で1ポイント獲得。③集めたポイントは誰のものであっても誰が合算する事ができます。ただし日本の家」建築時の利用です。

表㉑：兵庫県 170AS「家の駅」相互扶助ネットワーク構想／国盗り合戦（出展権争奪戦）

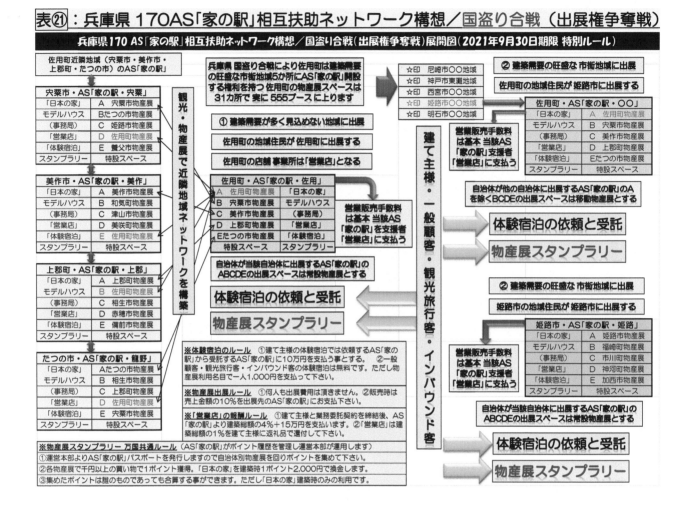

兵庫県170 AS「家の駅」相互扶助ネットワーク構想／国盗り合戦（出展権争奪戦）展開図（2021年9月30日期限 特別ルール）

表㉒：AS「家の駅」で「日本の家」建築での売り上げと支払先

AS「家の駅」が建て主様から 1,600 万円の建築依頼を受けてのお金の流れ	
施工業者への代行支払	13,330,000
AS「家の駅」の当初売上（A）	2,670,000
①支援者「営業店」への支払	150,000
②AS「家の駅」の出展元自治体「故郷創生基金」に寄付（●印 AS「家の駅」）	320,000
③建て主様の自治体「故郷創生基金」に寄付（●印・★印 AS「家の駅」）	160,000
④建て主様への返戻金	160,000
⑤時代おくれのスマートハウス実行委員会本部組織にロイヤリティ支払い	640,000
AS「家の駅」の実質売上（B）	1,240,000

　表㉒における キーポイント は「日本の家」建築の都度、建築総額の2％と1％の「故郷創生基金」がどの自治体に積み立てられるかという事です。

　建築の都度、総額の3％が「故郷創生基金」として積み立てられますが、●印 AS「家の駅」は出展自治体が同じなので建築総額の3％が同自治体積み立てられ、★印 AS「家の駅」は出展元自治体の「故郷創生基金」に2％積立され、建築主様の出展先自治体の「故郷創生基金」に1％積立されます。

　この振り分け措置は、郡部山間部地域・過疎地をより活性化させるべきものとして、あらかじめ国盗り合戦（出展権争奪戦）で取り決めたものなのです。

表㉓：兵庫県自治体を例にした AS「家の駅」の売上と「故郷創生基金」の積立額

兵庫県自治体を例にした AS「家の駅」の実質売上（B）と「故郷創生基金」の積立額

			「日本の家」建築費を1600万円と仮定しAS「家の駅」のが年間100棟建築した場合			
●印・★印 AS「家の駅」		出展先自治体	AS「家の駅」固有番号	実質売上（B）100棟の建築	「故郷創生基金」		
					%	1棟建築	100棟の建築

事例① 佐用町　●印1・★印5の事例／佐用町（人口約1.6万人・郡部山間部地域）

●印・★印		出展先自治体	固有番号	実質売上（B）100棟の建築	%	1棟建築	100棟の建築
●		佐用町	28005	1億2,400万円	3	48万円	4,800万円
★		明石市	28097	1億2,400万円	2	32万円	3,200万円
★		尼崎市	28104	1億2,400万円	2	32万円	3,200万円
★		西宮市	28116	1億2,400万円	2	32万円	3,200万円
★		姫路市	28129	1億2,400万円	2	32万円	3,200万円
★		神戸市東灘区	28141	1億2,400万円	2	32万円	3,200万円
		佐用町・合計		7億4,400万円			2億800万円

事例② 播磨町　●印1・★印1の事例／播磨町（人口3.3万人・人口密度がやや高い地域）

●		播磨町	28020	1億2,400万円	3	48万円	4,800万円
★		神戸市北区	28162	1億2,400万円	2	32万円	3,200万円
		播磨町・合計		2億4,800万円			8,000万円

事例③ 宍粟市　●印2・★印3の事例／宍粟市（人口3.5万人・郡部山間部地域）

●		宍粟市	28021	1億2,400万円	3	48万円	4,800万円
●		宍粟市	28022	1億2,400万円	3	48万円	4,800万円
★		西宮市	28123	1億2,400万円	2	32万円	3,200万円
★		姫路市	28139	1億2,400万円	2	32万円	3,200万円
★		神戸市垂水区	28155	1億2,400万円	2	32万円	3,200万円
		宍粟市・合計		6億2,000万円			1億9,200万円

事例④ 小野市　●印3・★印2の事例／小野市（人口4.8万人・都会に隣接する地域）

●		小野市	28043	1億2,400万円	3	48万円	4,800万円
●		小野市	28044	1億2,400万円	3	48万円	4,800万円
●		小野市	28045	1億2,400万円	3	48万円	4,800万円
★		神戸市灘区	28146	1億2,400万円	2	32万円	3,200万円
★		神戸市西区	28170	1億2,400万円	2	32万円	3,200万円
		小野市・合計		6億2,000万円			2億800万円

事例⑤ 宝塚市　●印2・★印4の事例／宝塚市（人口22万人・大都会に隣接する中都市・人口密集地）

●		宝塚市	28081	1億2,400万円	3	48万円	4,800万円
●		宝塚市	28082	1億2,400万円	3	48万円	4,800万円
○	☆	（上郡町）	28083	0	1	16万円	1,600万円
○	☆	（香美町）	28084	0	1	16万円	1,600万円
○	☆	（福崎町）	28085	0	1	16万円	1,600万円
○	☆	（丹波篠山市）	28086	0	1	16万円	1,600万円
		宝塚市・合計		2億4,800万円			1億6,000万円

事例⑥ 姫路市　●印3・○☆印12の事例／姫路市（人口50万人・過疎地を有する中核都市）

●		姫路市	28126	1億2,400万円	3	48万円	4,800万円
●		姫路市	28127	1億2,400万円	3	48万円	4,800万円
●		姫路市	28128	1億2,400万円	3	48万円	4,800万円
○	☆12	（他の自治体）		0	1	16万円	1億9,200万円
		姫路市・合計		3億7,200万円			3億3,600万円

事例⑦ 一般都会　●印がなく○☆印ばかりの事例／（人口密集地・都会）

○	☆10	（他の自治体）		0	1	16万円	1億6,000万円
		一般都会・合計					1億6,000万円

※○☆印のAS「家の駅」に注意・実質売上はAS「家の駅」出展元自治体の事業者のものとなります

　兵庫県の 41 自治体を例に挙げていますが、**全国 47 都道府県には 1741 の自治体があ**
ります。全て地域環境が違いますので、●印 AS「家の駅」と★印 AS「家の駅」の数が違いま
すので、兵庫県を参考にして 7 つの組み合わせ事例で説明いたします。**何れの自治体も 7**
組の事例の何処かに該当すると考えられますので支援投資の参考にして下さい。

　表㉓から導き出された下表の AS「家の駅」の売上と「故郷創生基金」を対象人口で比較す
ると国盗り合戦（出展権争奪戦）の意味合いがよく分ると思います。

自治体	人口（人）	AS「家の駅」売上	一人当り	故郷創生基金	対象人数	一人当り
佐用町	16,000	74,400 万円	46,500 円	20,800 万円	120	1,733,333 円
播磨町	33,000	24,800 万円	7,515 円	8,000 万円	250	320,000 円
宍粟市	35,000	62,000 万円	17,714 円	19,200 万円	260	738,461 円
小野町	48,000	62,000 万円	12,916 円	20,800 万円	360	577,777 円
宝塚市	225,000	24,800 万円	1,102 円	16,000 万円	1,650	96,969 円
姫路市	530,000	37,200 万円	701 円	33,600 万円	3,750	100,000 円

　自治体によって財政状況や地域環境などによって一概に比較する訳には行かないのです
が郡部や山間部地域に配慮して**国盗り合戦（出展権争奪戦）を独自に演出**しています。
　特に、この遣り方にする事で郡部・山間部地域には「故郷創生基金」が多く行き渡り、少
子化や社会流出を少しでも改善できれば地域行政の負担の軽くなるのではないでしょうか。

　兵庫県の場合は人口 2 万人未満の自治体（Aゾーン）が佐用町を含めて 7 町あります。
その 7 町には、「日本の家」が順調に普及して行けばやがて**「故郷創生基金」が年間に 2 億円**
ほど積み立てられ、地域の少子化対策や教育支援に宛がわれる事からして対象者となる人
達に年間 150～200 万円を給付する事ができます。
　育児期間 5 年に分散させても 30～50 万円が 5 年間継続して貰えます。これに各自治
体から更なる支援を受ける事で、少子化に歯止めが掛けられるのではないでしょうか。

　表㉔1,2,3 の解説です。AS「家の駅」の運用はアズ計画の解説の項で詳細を述べています。
※●印の AS「家の駅」のＡＢＣＤＥ物産展スペースは固定です。近隣自治体とで調整して
　下さい。出展依頼には応じて下さい。
※他府県と隣接する●印の AS「家の駅」物産展スペースは広域で交流交易を図る為、隣接
　する自治体と出展先を交換しています。
※★印 AS「家の駅」物産展Ａスペースは固定ですが、物産展ＢＣＤＥ各スペースは半年ご
　と右寄りスペースに同じ数字の位置に移動して頂きます。地元の人達に万遍なく自治体
　物産展を巡って頂く為です。**遠方への移動が困難な人達にはマンネリ防止策です。**
※★印 AS「家の駅」の出展先及び物産展ＢＣＤＥ各スペースは暫定的なものです。
　自治体相互で話し合い、交換変更して下さい。
※兵庫県始め 47 都道府県での「国盗り合戦」は同時進行します。
　2021 年 9 月 30 日が特別ルールの期限です。
　それまでに●印、★印の AS「家の駅」出展先を確定させて下さい。

表㉔-1：兵庫県 170AS「家の駅」相互扶助ネットワーク構想／国盗り合戦（出展権争奪戦）

兵庫県170AS「家の駅」相互扶助ネットワーク・国盗り合戦（出展権争奪戦）

兵庫県170 AS「家の駅」相互扶助ネットワーク・物産展出展先及び自治体物産展ローテーション・2021/9/30

番号 AS家の駅	AS「家の駅」出展先地域	AS「家の駅」出展元自治体	物産展Aスペース（30ブース）	物産展Bスペース（15ブース）	物産展Cスペース（15ブース）	物産展Dスペース（15ブース）	物産展Eスペース（15ブース）
28001	神河町　全域	● 神河町①	固定 神河町①	固定 朝来市①	固定 多可町①	固定 市川町①	固定 福崎町①
28002	市川町　全域	● 市川町①	固定 市川町①	固定 朝来市②	固定 多可町②	固定 神河町①	固定 福崎町②
28003	新温泉町全域	● 新温泉町①	固定 新温泉町①	固定 香美町①	固定 養父市①	固定 豊岡市①	固定 岩美町①
28004	上郡町　全域	● 上郡町①	固定 上郡町①	固定 佐用町①	固定 相生市①	固定 赤穂市①	固定 備前市①
28005	佐用町　全域	● 佐用町①	固定 佐用町①	固定 宍粟市①	固定 上郡町①	固定 たつの市①	固定 美作市①
28006	香美町　全域	● 香美町①	固定 香美町①	固定 新温泉町①	固定 豊岡市②	固定 養父市②	固定 京丹後市①
28007	福崎町　全域	● 福崎町①	固定 福崎町①	固定 市川町②	固定 神河町②	固定 加西市①	固定 姫路市①
28008	多可町　全域	● 多可町①	固定 多可町①	固定 丹波市①	固定 西脇市①	固定 加西市②	固定 神河町②
28015	養父市　地域	● 養父市①	固定 養父市①	固定 朝来市③	固定 豊岡市③	固定 新温泉町②	固定 香美町②
28016	養父市　地域	● 養父市②	固定 養父市②	固定 朝来市④	固定 豊岡市④	固定 丹波市②	固定 篠山市①
28017	相生市　地域	● 相生市①	固定 相生市①	固定 赤穂市②	固定 上郡町②	固定 たつの市②	固定 太子町①
28018	相生市　地域	● 相生市②	固定 相生市②	固定 赤穂市③	固定 上郡町③	固定 たつの市③	固定 佐用町②
28019	朝来市　地域	● 朝来市①	固定 朝来市①	固定 神河町③	固定 豊岡市⑤	固定 丹波市③	固定 養父市③
28020	朝来市　地域	● 朝来市②	固定 朝来市②	固定 丹波市④	固定 豊岡市⑥	固定 養父市④	固定 福知山市①
28009	猪名川町　地域	● 猪名川町①	固定 猪名川町①	固定 篠山市②	固定 三田市①	固定 川西市①	固定 宝塚市①
28010	猪名川町　地域	● 猪名川町②	固定 猪名川町②	固定 三田市②	固定 宝塚市①	固定 川西市②	固定 能勢町①
28011	稲美町　全域	● 稲美町①	固定 稲美町①	固定 明石市①	固定 加古川市①	固定 小野市①	固定 三木市①
28012	太子町　地域	● 太子町①	固定 太子町①	固定 たつの市④	固定 姫路市①	固定 相生市②	固定 宍粟市②
28013	太子町　地域	● 太子町②	固定 太子町②	固定 たつの市⑤	固定 赤穂市④	固定 佐用町③	固定 上郡町④
28014	播磨町　全域	● 播磨町①	固定 播磨町①	固定 明石市②	固定 稲美町①	固定 加古川市②	固定 高砂市①
28021	宍粟市　地域	● 宍粟市①	固定 宍粟市①	固定 たつの市⑥	固定 姫路市②	固定 佐用町④	固定 養父市⑤
28022	宍粟市　地域	● 宍粟市②	固定 宍粟市②	固定 姫路市④	固定 上郡町⑤	固定 佐用町⑤	固定 神河町④
28023	西脇市　地域	● 西脇市①	固定 西脇市①	固定 多可町③	固定 丹波市⑤	固定 加東市①	固定 篠山市③
28024	西脇市　地域	● 西脇市②	固定 西脇市②	固定 多可町④	固定 加西市③	固定 加東市②	固定 小野市②
28025	篠山市　地域	● 篠山市①	固定 篠山市①	固定 丹波市⑥	固定 三田市③	固定 京丹波町①	固定 福知山市②
28026	篠山市　地域	● 篠山市②	固定 篠山市②	固定 丹波市⑦	固定 朝来市⑤	固定 猪名川町①	固定 南丹市①
28027	加東市　地域	● 加東市①	固定 加東市①	固定 西脇市②	固定 加西市④	固定 多可町⑤	固定 篠山市④
28028	加東市　地域	● 加東市②	固定 加東市②	固定 西脇市③	固定 加西市⑤	固定 小野市③	固定 三木市②
28029	淡路市　地域	● 淡路市①	固定 淡路市①	固定 洲本市①	固定 南あわじ①	固定 神戸市①	固定 鳴門市①
28030	淡路市　地域	● 淡路市②	固定 淡路市②	固定 洲本市②	固定 南あわじ②	固定 明石市③	固定 鳴門市②
28031	淡路市　地域	● 淡路市③	固定 淡路市③	固定 洲本市③	固定 南あわじ③	固定 明石市④	固定 鳴門市③
28032	洲本市　地域	● 洲本市①	固定 洲本市①	固定 南あわじ④	固定 淡路市①	固定 神戸市②	固定 鳴門市④
28033	洲本市　地域	● 洲本市②	固定 洲本市②	固定 南あわじ⑤	固定 淡路市②	固定 明石市⑤	固定 鳴門市⑤
28034	洲本市　地域	● 洲本市③	固定 洲本市③	固定 南あわじ⑥	固定 淡路市③	固定 明石市⑥	固定 鳴門市⑥
28035	加西市　地域	● 加西市①	固定 加西市①	固定 多可町⑥	固定 西脇市④	固定 加東市③	固定 小野市④
28036	加西市　地域	● 加西市②	固定 加西市②	固定 多可町⑦	固定 姫路市③	固定 福崎町③	固定 市川町③
28037	南あわじ　地域	● 南あわじ①	固定 南あわじ①	固定 洲本市④	固定 淡路市④	固定 神戸市③	固定 鳴門市⑦
28038	南あわじ　地域	● 南あわじ②	固定 南あわじ②	固定 洲本市⑤	固定 淡路市⑤	固定 明石市⑦	固定 鳴門市⑧
28039	南あわじ　地域	● 南あわじ③	固定 南あわじ③	固定 洲本市⑥	固定 淡路市⑥	固定 明石市⑧	固定 鳴門市⑨
28040	赤穂市　地域	● 赤穂市①	固定 赤穂市①	固定 相生市③	固定 たつの市⑦	固定 佐用町⑥	固定 上郡町⑥
28041	赤穂市　地域	● 赤穂市②	固定 赤穂市②	固定 相生市④	固定 たつの市⑧	固定 佐用町⑦	固定 備前市①
28042	赤穂市　地域	● 赤穂市③	固定 赤穂市③	固定 相生市⑤	固定 たつの市⑨	固定 上郡町⑦	固定 備前市②
28043	小野市　地域	● 小野市①	固定 小野市①	固定 加西市⑥	固定 加東市④	固定 西脇市⑤	固定 多可町⑧
28044	小野市　地域	● 小野市②	固定 小野市②	固定 加西市⑦	固定 加東市⑤	固定 三木市③	固定 加古川市③
28045	小野市　地域	● 小野市③	固定 小野市③	固定 西脇市⑥	固定 稲美町②	固定 三木市④	固定 加古川市④
28046	丹波市　地域	● 丹波市①	固定 丹波市①	固定 篠山市⑤	固定 朝来市⑥	固定 多可町⑨	固定 西脇市⑦
28047	丹波市　地域	● 丹波市②	固定 丹波市②	固定 篠山市⑥	固定 朝来市⑦	固定 多可町⑩	固定 福知山市③
28048	丹波市　地域	● 丹波市③	固定 丹波市③	固定 篠山市⑦	固定 養父市⑥	固定 西脇市⑧	固定 福知山市④
28049	丹波市　地域	● 丹波市④	固定 丹波市④	固定 篠山市⑧	固定 三田市④	固定 朝来市⑧	固定 養父市⑦
28050	たつの市　地域	● たつの市①	固定 たつの市①	固定 相生市⑥	固定 赤穂市⑤	固定 太子町②	固定 姫路市⑥
28051	たつの市　地域	● たつの市②	固定 たつの市②	固定 相生市⑦	固定 宍粟市③	固定 佐用町⑧	固定 上郡町⑧
28052	たつの市　地域	● たつの市③	固定 たつの市③	固定 相生市⑧	固定 宍粟市④	固定 佐用町⑨	固定 姫路市⑦
28053	たつの市　地域	● たつの市④	固定 たつの市④	固定 宍粟市⑤	固定 赤穂市⑥	固定 太子町③	固定 上郡町⑨
28054	三木市　地域	● 三木市①	固定 三木市①	固定 小野市⑤	固定 加古川市⑤	固定 加西市⑧	固定 稲美町③
28055	三木市　地域	● 三木市②	固定 三木市②	固定 小野市⑥	固定 加古川市⑥	固定 加東市⑥	固定 神戸市④

表㉔-2：兵庫県170AS「家の駅」相互扶助ネットワーク構想／国盗り合戦（出展権争奪戦）

番号 家の駅AS	AS「家の駅」出展先地域	AS「家の駅」出展元自治体	物産展 Aスペース（30ブース）	物産展 Bスペース（15ブース）	物産展 Cスペース（15ブース）	物産展 Dスペース（15ブース）	物産展 Eスペース（15ブース）
28056	三木市　地域	● 三木市③	固定 三木市③	固定 明石市⑨	固定 西脇市⑨	固定 加西市⑨	固定 稲美町④
28057	三木市　地域	● 三木市④	固定 三木市④	固定 小野市⑦	固定 加古川市⑦	固定 三田市⑤	固定 多可町⑪
28058	豊岡市　地域	● 豊岡市①	固定 豊岡市①	固定 香美町③	固定 新温泉町③	固定 養父市⑧	固定 京丹後市②
28059	豊岡市　地域	● 豊岡市②	固定 豊岡市②	固定 養父市⑨	固定 朝来市⑨	固定 新温泉町④	固定 与謝野町①
28060	豊岡市　地域	● 豊岡市③	固定 豊岡市③	固定 香美町④	固定 朝来市⑩	固定 養父市⑩	固定 福知山市⑤
28061	豊岡市　地域	☆ 新温泉町②	固定 新温泉町②	1 ①福崎町	41 ①朝来市	74 ①市川町	66 ①養父市
28062	高砂市　地域	● 高砂市①	固定 高砂市①	固定 姫路市⑧	固定 加古川市⑧	固定 稲美町⑤	固定 播磨町①
28063	高砂市　地域	● 高砂市②	固定 高砂市②	固定 姫路市⑨	固定 加古川市⑨	固定 明石市⑩	固定 播磨町②
28064	高砂市　地域	☆ 稲美町②	固定 稲美町②	2 ①神河町	51 ①相生市	22 ①佐用町	79 ①加東市
28065	芦屋市　地域	● 芦屋市①	固定 芦屋市①	固定 西宮市①	固定 神戸市⑤	固定 宝塚市③	固定 尼崎市①
28067	芦屋市　地域	☆ 市川町②	固定 市川町②	3 ①上郡町	35 ②佐用町	73 ②養父市	60 ②福崎町
28066	芦屋市　地域	☆ 養父市③	固定 養父市③	4 ①新温泉町	61 ②朝来市	39 ②神河町	75 ①多可町
28068	三田市　地域	● 三田市①	固定 三田市①	固定 猪名川町②	固定 加東市⑦	固定 宝塚市④	固定 篠山市⑨
28069	三田市　地域	● 三田市②	固定 三田市②	固定 西脇市⑩	固定 加東市⑧	固定 三木市⑤	固定 西宮市②
28070	三田市　地域	● 三田市③	固定 三田市③	固定 西脇市⑪	固定 篠山市⑩	固定 宝塚市⑤	固定 三木市⑥
28071	三田市　地域	☆ 篠山市③	固定 篠山市③	5 ②多可町	15 ③養父市	40 ②新温泉町	13 ①香美町
28072	川西市　地域	● 川西市①	固定 川西市①	固定 猪名川町③	固定 宝塚市⑥	固定 伊丹市①	固定 池田市①
28073	川西市　地域	● 川西市②	固定 川西市②	固定 猪名川町④	固定 宝塚市⑦	固定 伊丹市②	固定 箕面市①
28075	川西市　地域	☆ 猪名川町③	固定 猪名川町③	6 ②相生市	58 ②香美町	47 ③神河町	74 ③福崎町
28074	川西市　地域	☆ 加西市③	固定 加西市③	7 ②市川町	22 ①小野市	6 ③多可町	37 ②上郡町
28076	伊丹市　地域	● 伊丹市①	固定 伊丹市①	固定 尼崎市②	固定 西宮市③	固定 宝塚市⑧	固定 川西市③
28077	伊丹市　地域	● 伊丹市②	固定 伊丹市②	固定 尼崎市③	固定 川西市④	固定 宝塚市⑨	固定 *豊中市①*
28080	伊丹市　地域	☆ 神河町②	固定 神河町②	8 ③香美町	31 ④多可町	23 ①猪名川町	5 ④養父市
28078	伊丹市　地域	☆ 相生市③	固定 相生市③	9 ③朝来市	53 ③新温泉町	38 ①稲美町	40 ④市川町
28079	伊丹市　地域	☆ 西脇市③	固定 西脇市③	10 ④福崎町	14 ③相生市	41 ③佐用町	26 ①赤穂市
28081	宝塚市　地域	● 宝塚市①	固定 宝塚市①	固定 猪名川町⑤	固定 川西市⑤	固定 西宮市④	固定 伊丹市③
28082	宝塚市　地域	● 宝塚市②	固定 宝塚市②	固定 猪名川町⑥	固定 三田市⑥	固定 伊丹市④	固定 尼崎市④
28085	宝塚市　地域	☆ 上郡町②	固定 上郡町②	11 ②加東市	27 ④佐用町	20 ⑤福崎町	51 ①淡路市
28086	宝塚市　地域	☆ 香美町②	固定 香美町②	12 ⑤多可町	78 ④神河町	53 ②猪名川町	16 ②稲美町
28084	宝塚市　地域	☆ 福崎町②	固定 福崎町②	13 ⑤養父市	33 ④香美町	13 ③上郡町	61 ①加西市
28083	宝塚市　地域	☆ 篠山市④	固定 篠山市④	14 ④市川町	6 ①洲本市	32 ④朝来市	29 ④新温泉町
28087	加古川市　地域	● 加古川市①	固定 加古川市①	固定 高砂市②	固定 加西市⑩	固定 小野市⑧	固定 三木市⑦
28088	加古川市　地域	● 加古川市②	固定 加古川市②	固定 稲美町⑥	固定 播磨町③	固定 明石市⑪	固定 三木市⑧
28089	加古川市　地域	● 加古川市③	固定 加古川市③	固定 高砂市③	固定 播磨町④	固定 稲美町⑦	固定 小野市⑨
28093	加古川市　地域	☆ 神河町③	固定 神河町③	15 ⑤新温泉町	56 ⑥福崎町	25 ⑤香美町	4 ④上郡町
28092	加古川市　地域	☆ 福崎町③	固定 福崎町③	16 ⑤佐用町	21 ⑤市川町	69 ①西脇市	84 ③猪名川町
28091	加古川市　地域	☆ 朝来市③	固定 朝来市③	17 ③稲美町	64 ⑥養父市	5 ⑥新温泉町	10 ②加西市
28090	加古川市　地域	☆ 西脇市④	固定 西脇市④	18 ⑤上郡町	44 ⑥香美町	58 ⑥多可町	72 ⑤朝来市
28094	明石市　地域	● 明石市①	固定 明石市①	固定 播磨町⑤	固定 稲美町⑧	固定 加古川市⑩	固定 高砂市④
28095	明石市　地域	● 明石市②	固定 明石市②	固定 播磨町⑥	固定 稲美町⑨	固定 加古川市⑪	固定 神戸市⑥
28096	明石市　地域	● 明石市③	固定 明石市③	固定 三木市⑨	固定 神戸市⑦	固定 淡路市⑦	固定 洲本市⑦
28100	明石市　地域	☆ 佐用町②	固定 佐用町②	19 ⑦香美町	23 ⑥上郡町	35 ①播磨町	73 ①篠山市
28099	明石市　地域	☆ 市川町③	固定 市川町③	20 ⑤神河町	47 ①太子町	27 ④稲美町	53 ⑥佐用町
28101	明石市　地域	☆ 新温泉町③	固定 新温泉町③	21 ②淡路市	13 ④相生市	78 ⑦佐用町	36 ⑦多可町
28098	明石市　地域	☆ 多可町②	固定 多可町②	22 ⑦福崎町	75 ②西脇市	12 ⑥朝来市	9 ⑥市川町
28097	明石市　地域	☆ 加東市②	固定 加東市②	23 ⑦養父市	46 ⑦新温泉町	51 ①南あわじ	58 ⑦洲本市
28102	尼崎市　地域	● 尼崎市①	固定 尼崎市①	固定 西宮市⑤	固定 伊丹市⑤	固定 宝塚市⑩	固定 芦屋市①
28103	尼崎市　地域	● 尼崎市②	固定 尼崎市②	固定 西宮市⑥	固定 伊丹市⑥	固定 宝塚市⑪	固定 *豊中市②*
28111	尼崎市　地域	☆ 佐用町③	固定 佐用町③	24 ⑧多可町	59 ⑧福崎町	61 ②赤穂市	27 ⑧香美町
28110	尼崎市　地域	☆ 上郡町③	固定 上郡町③	25 ③加西市	5 ③西脇市	16 ⑧養父市	47 ⑥神河町
28113	尼崎市　地域	☆ 神河町④	固定 神河町④	26 ⑦朝来市	30 ⑧佐用町	64 ①宍粟市	1 ②小野市
28112	尼崎市　地域	☆ 新温泉町④	固定 新温泉町④	27 ⑦上郡町	62 ④猪名川町	54 ③加東市	41 ⑤稲美町
28105	尼崎市　地域	☆ 養父市④	固定 養父市④	28 ⑨香美町	19 ⑦市川町	4 ①丹波市	68 ③淡路市
28104	尼崎市　地域	☆ 相生市④	固定 相生市④	29 ③洲本市	65 ②南あわじ	56 ⑧新温泉町	22 ②播磨町
28107	尼崎市　地域	☆ 朝来市④	固定 朝来市④	30 ⑤相生市	12 ③小野市	31 ④西脇市	78 ①たつの市
28108	尼崎市　地域	☆ 猪名川町④	固定 猪名川町④	31 ⑨新温泉町	40 ⑦神河町	84 ③三木市	25 ①豊岡市
28109	尼崎市　地域	☆ 稲美町③	固定 稲美町③	32 ②宍粟市	20 ⑨養父市	66 ②篠山市	35 ⑩新温泉町
28106	尼崎市　地域	☆ 南あわじ④	固定 南あわじ④	33 ⑧市川町	76 ②丹波市	33 ⑥稲美町	12 ⑨福崎町

表㉔-3：兵庫県 170AS「家の駅」相互扶助ネットワーク構想／国盗り合戦（出展権争奪戦）

家の駅AS番号	AS「家の駅」出展先地域		AS「家の駅」出展元自治体	物産展Aスペース（30ブース）	物産展Bスペース（15ブース）		物産展Cスペース（15ブース）		物産展Dスペース（15ブース）		物産展Eスペース（15ブース）	
28114	西宮市	地域	● 西宮市①	固定 西宮市①	固定	尼崎市⑤	固定	伊丹市⑦	固定	宝塚市⑫	固定	芦屋市②
28115	西宮市	地域	● 西宮市②	固定 西宮市②	固定	尼崎市⑥	固定	伊丹市⑧	固定	宝塚市⑬	固定	芦屋市③
28124	西宮市	地域	☆ 佐用町④	固定 佐用町④	34	③宍粟市	32	⑤猪名川町	65	⑧上郡町	82	③赤穂市
28123	西宮市	地域	☆ 上郡町④	固定 上郡町④	35	⑩香美町	54	⑤西脇市	19	⑧朝来市	85	⑥相生市
28121	西宮市	地域	☆ 市川町④	固定 市川町④	36	⑩養父市	16	⑩福崎町	83	③篠山市	31	⑧神河町
28125	西宮市	地域	☆ 香美町③	固定 香美町③	37	⑨多可町	84	④洲本市	46	⑨市川町	69	④小野市
28122	西宮市	地域	☆ 福崎町④	固定 福崎町④	38	④加東市	26	③播磨町	62	⑦稲美町	19	④宍粟市
28120	西宮市	地域	☆ 多可町③	固定 多可町③	39	⑨佐用町	45	③丹波市	18	⑥西脇市	3	⑤宍粟市
28119	西宮市	地域	☆ 猪名川町⑤	固定 猪名川町⑤	40	⑧稲美町	85	⑨上郡町	29	④淡路市	48	③南あわじ
28118	西宮市	地域	☆ 宍粟市③	固定 宍粟市③	41	④加西市	49	⑤洲本市	50	⑪香美町	54	⑩佐用町
28117	西宮市	地域	☆ 淡路市④	固定 淡路市④	42	⑨神河町	70	⑨朝来市	81	②たつの市	8	⑩多可町
28116	西宮市	地域	☆ 洲本市④	固定 洲本市④	43	⑥猪名川町	55	④赤穂市	10	⑪福崎町	63	②三木市
28126	姫路市夢前地域		● 姫路市①	固定 姫路市①	固定	福崎町④	固定	市川町④	固定	宍粟市⑥	固定	神河町⑤
28127	姫路市林田地域		● 姫路市②	固定 姫路市②	固定	宍粟市⑦	固定	太子町④	固定	たつの市⑩	固定	福崎町⑤
28128	姫路市香寺地域		● 姫路市③	固定 姫路市③	固定	福崎町⑥	固定	市川町⑤	固定	神河町⑥	固定	加西市⑪
28138	姫路市	地域	☆ 佐用町⑤	固定 佐用町⑤	44	②太子町	29	⑫福崎町	3	⑤加西市	2	⑦相生市
28140	姫路市	地域	☆ 神河町⑤	固定 神河町⑤	45	②加東市	36	⑪多可町	52	⑩上郡町	24	⑦猪名川町
28135	姫路市	地域	☆ 市川町⑤	固定 市川町⑤	46	⑫香美町	43	⑦西脇市	11	⑥宍粟市	52	⑤小野市
28137	姫路市	地域	☆ 上郡町⑤	固定 上郡町⑤	47	④篠山市	66	⑩市川町	63	④南あわじ	42	⑨稲美町
28139	姫路市	地域	☆ 香美町⑤	固定 香美町⑤	48	⑪養父市	4	⑤赤穂市	49	⑩朝来市	7	④丹波市
28136	姫路市	地域	☆ 福崎町⑤	固定 福崎町⑤	49	⑥小野市	80	⑧相生市	9	⑥加西市	57	⑪市川町
28134	姫路市	地域	☆ 多可町④	固定 多可町④	50	⑤淡路市	37	④播磨町	42	⑪佐用町	21	③三木市
28131	姫路市	地域	☆ 養父市⑤	固定 養父市⑤	51	⑩神河町	18	③たつの市	85	⑥洲本市	67	②豊岡市
28129	姫路市	地域	☆ 相生市⑤	固定 相生市⑤	52	⑦宍粟市	81	⑤南あわじ	45	⑫市川町	28	⑤篠山市
28132	姫路市	地域	☆ 朝来市⑤	固定 朝来市⑤	53	⑩稲美町	11	⑫佐用町	8	③豊岡市	39	⑨相生市
28133	姫路市	地域	☆ 宍粟市④	固定 宍粟市④	54	⑦加西市	79	⑪新温泉町	59	⑬福崎町	65	⑥赤穂市
28130	姫路市	地域	☆ 赤穂市④	固定 赤穂市④	55	⑧猪名川町	67	⑥加東市	24	⑬香美町	32	⑧西脇市
28142	神戸東灘	地域	☆ 佐用町⑥	固定 佐用町⑥	56	⑩相生市	42	⑥南あわじ	55	⑥淡路市	71	⑫新温泉町
28144	神戸東灘	地域	☆ 神河町⑥	固定 神河町⑥	57	⑦小野市	38	⑪上郡町	2	③太子町	17	⑥篠山市
28141	神戸東灘	地域	☆ 加東市④	固定 加東市④	58	⑧宍粟市	10	⑤丹波市	72	⑫養父市	77	④たつの市
28143	神戸東灘	地域	☆ 香美町⑤	固定 香美町⑤	59	⑬市川町	57	⑫多可町	28	③三木市	23	⑦洲本市
28146	神戸灘	地域	☆ 丹波市⑤	固定 丹波市⑤	60	⑨猪名川町	39	④赤穂市	48	⑤神河町	38	⑦加東市
28145	神戸灘	地域	☆ 小野市④	固定 小野市④	61	⑬佐用町	3	⑪朝来市	60	⑥南あわじ	14	⑫上郡町
28147	神戸兵庫	地域	☆ 新温泉町⑤	固定 新温泉町⑤	62	⑤たつの市	72	⑭香美町	7	⑪相生市	34	⑨宍粟市
28149	神戸長田	地域	☆ 福崎町⑥	固定 福崎町⑥	63	④太子町	9	⑤三木市	44	⑪稲美町	80	⑦淡路市
28148	神戸長田	地域	☆ 赤穂市⑤	固定 赤穂市⑤	64	⑦篠山市	52	⑥神河町	37	⑧小野市	45	⑥丹波市
28150	神戸須磨	地域	☆ 豊岡市④	固定 豊岡市④	65	⑬上郡町	82	⑦加西市	17	⑬多可町	11	⑫朝来市
28151	神戸須磨	地域	☆ 養父市⑥	固定 養父市⑥	66	⑨西脇市	25	⑧洲本市	43	⑩宍粟市	83	⑭佐用町
28153	神戸須磨	地域	☆ 上郡町⑥	固定 上郡町⑥	67	⑥三木市	68	⑬養父市	71	⑧赤穂市	55	⑩猪名川町
28152	神戸須磨	地域	☆ 南あわじ⑤	固定 南あわじ⑤	68	⑭福崎町	50	⑤豊岡市	1	⑬神河町	20	④豊岡市
28158	神戸垂水	地域	☆ 太子町③	固定 太子町③	69	⑫稲美町	69	⑤加東市	70	⑥たつの市	59	⑮香美町
28156	神戸垂水	地域	☆ 宍粟市⑤	固定 宍粟市⑤	70	⑧南あわじ	8	⑭市川町	21	⑩西脇市	49	③三木市
28157	神戸垂水	地域	☆ 市川町⑥	固定 市川町⑥	71	⑬朝来市	60	⑧篠山市	34	⑮福崎町	18	⑭神河町
28154	神戸垂水	地域	☆ 西脇市⑤	固定 西脇市⑤	72	⑬新温泉町	24	⑪猪名川町	67	⑧淡路市	76	⑧三木市
28155	神戸垂水	地域	☆ 三木市⑤	固定 三木市⑤	73	⑨赤穂市	77	⑨小野市	14	⑭上郡町	46	⑫相生市
28163	神戸北区	地域	☆ 香美町⑥	固定 香美町⑥	74	⑮神河町	2	⑨加東市	57	⑤太子町	50	⑥豊岡市
28160	神戸北区	地域	☆ 相生市⑥	固定 相生市⑥	75	⑨洲本市	73	⑬多可町	80	⑩加西市	81	⑭新温泉町
28159	神戸北区	地域	☆ 洲本市⑤	固定 洲本市⑤	76	⑦豊岡市	83	⑪宍粟市	30	⑯香美町	15	⑦丹波市
28162	神戸北区	地域	☆ 播磨町②	固定 播磨町②	77	⑨淡路市	17	⑮新温泉町	77	⑤篠山市	44	⑩小野市
28161	神戸北区	地域	☆ 多可町⑤	固定 多可町⑤	78	⑮佐用町	48	⑤播磨町	82	⑨南あわじ	64	⑮上郡町
28164	神戸中央	地域	☆ 朝来市⑥	固定 朝来市⑥	79	⑦たつの市	74	⑪西脇市	26	③相生市	43	⑪市川町
28169	神戸西区	地域	☆ 稲美町④	固定 稲美町④	80	②猪名川町	7	⑯神河町	76	⑭養父市	56	⑧たつの市
28168	神戸西区	地域	☆ たつの市⑤	固定 たつの市⑤	81	⑩加西市	34	⑧丹波市	68	⑯新温泉町	33	⑩加東市
28167	神戸西区	地域	☆ 淡路市⑤	固定 淡路市⑤	82	⑭朝来市	71	⑧豊岡市	79	⑩赤穂市	70	⑯福崎町
28170	神戸西区	地域	☆ 新温泉町⑥	固定 新温泉町⑥	83	⑩洲本市	28	⑩篠山市	15	⑯市川町	6	⑩南あわじ
28166	神戸西区	地域	☆ 加西市④	固定 加西市④	84	②太子町	63	⑯上郡町	75	⑩淡路市	62	⑫宍粟市
28165	神戸西区	地域	☆ 小野市⑤	固定 小野市⑤	85	⑫西脇市	1	⑭相生市	36	⑥播磨町	30	⑯佐用町

5、支援投資者は AS「家の駅」開設プロジェクトに支援投資する（実践編）

全国（47 都道府県）3,591AS「家の駅」相互扶助ネットワーク構想から
兵庫県 170AS「家の駅」相互扶助ネットワーク構想へ、そして
No,28001～No,28170 の 170AS「家の駅」開設プロジェクトへ

表㉕は 3,591 の AS「家の駅」開設プロジェクトの内で兵庫県 170 の AS「家の駅」から
ピックアップしての佐用町の事業者が佐用町に出展する No,28005 AS「家の駅」プロジ
ェクトを例にした支援者募集要項です。2021 年 9 月 30 日が特別ルールの期限です。
表㉕は今後、クラウドファンディング Web サイトを構築する予定ですので、Web サイ
ト様式に合わせた形で構成しています。
本誌巻末には全国 3,591 の AS「家の駅」プロジェクト一覧表がありますので参照の上、固
有番号 AS「家の駅」プロジェクトを指名して支援投資して頂きたいと思います

表㉕：AS「家の駅」開設プロジェクト（クラウドファンディング Web サイト版）

兵庫県 170AS「家の駅」国盗り合戦（出展権争奪戦）	現在の支援総額（　　　　　）
No,28005 AS「家の駅・佐用」プロジェクト 支援投資金 目標金額 6,000 万円・達成率（O）% AS「家の駅・佐用」運営者（佐用町地域住民／未定）	支援者数（　　　　　　　） 募集終了まで残り何日 プロジェクトを応援する メッセージで意見や質問を 送る
●AS「家の駅・佐用」の建物概要・・・本誌記載建物 ●資金の使い道・・・AS「家の駅・佐用」の開設資金	150,000 円の配当を受け とる権利
以下 AS「家の駅・佐用」運営者がアピールする 自治体によってアピール内容は異なる	リターンを選ぶ
★基本的にアズ計画の解説内容をチョイス、抜粋して支援 者にアピールする	10,000 円 このリターンを選択する
★地元をどのような街にしたいかをアピールする	物産展スタンプラリーと同
★支援者のメリットを解説する	様に 1 ポイント 2000 円に
★AS「家の駅」の運営事業は社会貢献事業だと訴える	換金できるポイントを 5P
★行政や税金に頼らず商売の力で世直しする事を切々と 訴えて協力を求める。何故、AS「家の駅・佐用」の運営 事業を遣る気になったかを訴える	差し上げます 支援者数／（　　　　）人
★行政や地元議員にも協力を求める	
★SNS を利用して地元に縁のある人達に協力して貰う運 動をしよう！　郷土愛が試される時です	以下同様に
★地元や地元を離れ都会で暮らす人達に支援を求める	20,000 円 このリターンを選択する
★写真など載せて観光立国を目指す・アピールする	物産展スタンプラリーと同
★物産展スタンプラリーや体験宿泊で旅行観光客やイン バウンド旅行観光客も呼び込める。地元が活況を帯びる	様に 1 ポイント 2000 円に 換金できるポイントを 10P

★物産展への出展者を募集し支援者にもなって貰う	差し上げます
★故郷創生基金で・・・少子化対策に乗り出す決意を語る・「住宅再生基金」で・我が町に新合掌村を誘致して町を盛り上げる	支援者数／（　　　　　）人
	40,000 円
	・・・・20P・・・・
★新合掌村を誘致して町を盛り上げる・・・其の為には敷地提供者が申し出てくれなければ事が進まない・・・地域住民皆で考えようではないか！	60,000 円
	・・・・30P・・・・
	80,000 円
★林業振興・モノつくり産業振興・企業誘致に関連して・・・言葉が良くないかも知れないが、広義の社会的弱者を救ってくれる新合掌村は地域や日本を救ってくれそうな気がする・・・と訴える	・・・・40P・・・・
	100,000 円
	このリターンを選択する
	※物産展スタンプラリーと同様に1ポイント2000円に換金できるポイントを50P 差し上げます
★地域活性化に熱心な人たちの協力を求める	
★地元の有名人・著名人・資産家・篤志家に協力を求める	
★家づくりに関わる職人さん達の協力を求める	支援者数／（　　　　　）人
★AS「家の駅・佐用」にはシステムクリエーター人材が必要なので募集する	※100,000 円単位で「営業店」と認定され建築行為が継続されると1回に付き150,000 円の還付を受けとる権利が付与されます
★AS「家の駅・佐用」開設に当り 200 坪位の土地提供者を募る（ショッピングセンター・郊外のコンビニ）	
★AS「家の駅・○○」開設に当り共存共栄できる施設に連携を呼びかける	
★ふるさと納税に変わるものとして「故郷創生基金」をアピールする	
★佐用町が関連する AS「家の駅」が墓にも力所あるので連携する事で・・・支援者に訴える	以下同様に
	200,000 円
	・・・・100P（　　　）人
	300,000 円
★AS「家の駅」運営予定者となった自分自身の感想ですが、今まで誰一人として経験した事のない新事業で新商売に不安がありましたが、内容をくまなく見てみると理路整然としているし全てにおいて理屈が通っている	・・・・150P（　　　）人
	500,000 円
	・・・・250P（　　　）人
	1,000,000 円
	・・・・500P（　　　）人
★お金をもらって開業できる？本当は疑ってみる所ですが、ノンリスクハイリターンのしくみが分って不安は払拭されました（運営者ご本人がこの様なコメントを掲載すれば盛り上がると思います）	2,000,000 円
	・・・・1000P（　　　）人
	3,000,000 円
	・・・・1500P（　　　）人
★地域特有の悩み事とか、抱えている問題点を解決する方法は？これしかないでしょう！	5,000,000 円
	・・・・2500P（　　　）人
	10,000,000 円
★地域行政の負担を軽減する為にも地域住民が力を合わせて地域住民皆運動に持っていく・・・これしか生き残る道はない！	・・・・5000P（　　　）人
	60,000,000 円
	・・・30000P（　　　）人

コーヒーブレイク② AS「家の駅」運営者がカギを握る

コーヒーブレイク・億万長者への道（儲けるとは信じる者と書く）

☆支援投資を生かすも殺すも AS「家の駅」運営者がカギを握る事になると書きました。

☆AS「家の駅」運営者は、最大で 200 万円付与されて起業家になれます。

☆多少建築の知識があれば、運営者となり AS「家の駅」の建築現場を管理監督するだけで「日本の家」の販売施工管理システムを完璧に習得できますので、全くリスクを負う事無くベンチャービジネスのオーナーになれるのです。

☆AS「家の駅」の運用で得られる利益は、コンビニの FC オーナーと比較すれば月とスッポンほどに差がでます。利益が出過ぎる事で「住宅再建基金」に寄付する羽目になってしまったわけです（笑い）。

☆しかし、規定により「住宅再建基金」に寄付したとしても 2,000 万円以上の純利益を上げられ、本人の報酬は 1,000 万円を軽く超えるでしょう。

☆FC（フランチャイズ）で AS「家の駅」の運営が上手く行く事自体が、支援投資者への安心感につながる事になる訳です。

☆だから、運営者となる人達が率先して支援投資者になる事をお勧めしたいのです。

★開発者でもある筆者だからこそ知り得る最高の支援投資テクニックを伝授したいと思います。私ならこの様にするし、親戚筋や親しい友人に推薦するという方法です。

①億万長者を目指せ‼・先ず 500 万円を段取りする。
　自己資金がなければ借り入れや親戚筋から借りる。そのうち 200 万円は本部から付与されるので支援投資後の還付金で借りた 300 万円は返済すればいい。

②支援投資は自身の AS「家の駅」や人気の高い AS「家の駅」に 20 万円、30 万円、50 万円単位で数カ所に分散させる事。
　約 2 年後には一巡目の配当があれば総額 750 万円を手にする事ができる。

③しかし注意が必要です。2,160 億円の募集が終了する前を見定めて、配当を受けた分から 20 万円、30 万円単位くらいで、順番に AS「家の駅」に再支援投資をする事です。
　その金額は恐らく 500 万円くらいは有効に再支援投資に回せるでしょう。

④そして再々支援投資には 300 万円くらい、以降 200 万円、100 万円と AS「家の駅」の穴を埋める形で支援投資をあきる事無く続ければ、合計支援投資金額は 1,600 万円になります。
　30 年後には約 14 億 4,000 万円と云う途方もないお金を手にする事ができます。

⑤その金額は建築行為がある都度貰えるもので、さらに有効活用する事ができます。

⑥気になる処では、借財した 500 万円或いは 300 万円は等価交換式による元金保証の還付金で返済する事ができるのですが、借財人の名義で継続させる事もできますので良く考えれば（恩義に報いる選択肢）良いかと思います。

⑦また、早期に元金保証の還付金を受け取りそれも再支援投資に回せば配当金は止まるところなしに増えていきます。

⑧要するに、支援投資の募集が終了する期限こそありますが、その期限の範囲内で要領よく再々支援投資を継続させる事です。

★ゲームの達人曰く／第三章の "支援者・虎の巻" を良く読まれる事をお勧めします。

誌上クラウドファンディングで 支援投資・AS「家の駅」運営 申込書

時代おくれのスマートハウス実行委員会宛　| kasei-1107@outlook.com |　送信用紙

ご記入の上、このページを写真に撮りEメールに添付してお送りください

私は"本気で日本を変えるトリセツ"の趣旨を理解し、誌上クラウドファンディング
に於いて、下記内容☑で送金を以って支援投資する事に同意いたします

・・・記・・・

☐　No, ＿＿＿＿＿　AS「家の駅」開設 Project に＿＿＿＿＿＿＿＿＿＿　円支援投資する
☐　No, ＿＿＿＿＿　AS「家の駅」開設 Project に＿＿＿＿＿＿＿＿＿＿　円支援投資する
☐　No, ＿＿＿＿＿　AS「家の駅」開設 Project に＿＿＿＿☐＿＿＿＿＿　円支援投資する
☐　No, ＿＿＿＿＿　AS「家の駅」開設 Project に＿＿＿＿☐＿＿＿＿＿　円支援投資する
☐　No, ＿＿＿＿＿　AS「家の駅」開設 Project に＿＿＿＿☐＿＿＿＿＿　円支援投資する
☐　No, ＿＿＿＿＿　AS「家の駅」開設 Project に＿＿＿＿☐＿＿＿＿＿　円支援投資する
☐　No, ＿＿＿＿＿　AS「家の駅」開設 Project に＿＿＿＿☐＿＿＿＿＿　円支援投資する

合計金額＿＿＿＿＿＿＿＿＿＿＿円を下記口座に振り込み致します

※ 振込口座・みなと銀行／赤穂支店／普通口座：3787703
口座名義人／時代おくれのスマートハウス実行委員会 代表 イシダヨシオ

お名前（個人の場合）：＿＿＿＿＿＿＿＿＿＿＿＿＿＿＿＿＿＿＿＿＿＿＿

企業名：＿＿＿＿＿＿＿＿＿＿＿＿＿＿＿　代表者：＿＿＿＿＿＿＿＿＿

住所：＿＿＿＿＿＿＿＿＿＿＿＿＿＿＿＿＿＿＿＿＿＿＿＿＿＿＿＿＿＿

連絡先（携帯）：＿＿＿＿＿＿　－　＿＿＿＿＿　－　＿＿＿＿＿＿＿

Eメール：＿＿＿＿＿＿＿＿＿＿＿＿＿＿＿＿＿＿＿＿＿＿＿＿＿＿＿

※支援投資入金確認後、受領書・支援投資証明書をEメールで送信いたします

- -

私は"本気で日本を変えるトリセツ"の趣旨を理解し、誌上クラウドファンディング
に於いて No, ＿＿＿＿＿＿＿ AS「家の駅」開設 Project の運営者に応募いたします
尚、面談・面接で不適格とされても異議の申し立ては致しません

※応募を戴きましたらご連絡差し上げます

お名前：＿＿＿＿＿＿＿＿＿＿＿　携帯：＿＿＿＿＿＿＿＿＿＿＿＿＿

住所：＿＿＿＿＿＿＿＿＿＿＿＿＿＿＿＿＿＿＿＿＿＿＿＿＿＿＿＿＿＿

Eメール：＿＿＿＿＿＿＿＿＿＿＿＿＿＿＿＿＿＿＿＿＿＿＿＿＿＿＿

第三章　アズ計画・1兆9,391億4,000万円争奪戦 "支援者・虎の巻"

アズ計画・新合掌村計画は "支援者あっての物種" です

誌上・Web サイトで支援投資金を募集する "究極の目的" は新合掌村を全国に
900 カ所のゴルフ場に創る事です。支援投資金で開設する AS「家の駅」は
新合掌村建設原資を創り出す "一つの手段" だとお考え下さい

支援投資金によって全国 3591 地域に AS「家の駅」が開設され、地域住民や国民の皆様が
「日本の家」を建てて頂く行為で、住生活関連事業者の皆様や参画者にも何らかの
メリットが生まれます。**そのうえ「故郷創生基金」や「住宅再建基金」が創生されて**
新合掌村建設計画が実現します

その事で、新しいモノづくり産業構造を構築し、潜在需要を喚起し内需拡大を図ります
そして、社会経済活動を活性化させ、経世済民へと導かれるものなのです
支援者から頂く支援投資金は問題を抱えた社会をイノベーションする
先行投資に当るものなのです

きれいごとで支援するなどと思わず！あまり肩肘張らず！
皆様方ご自身の "欲得の為に支援投資をするのだ" と割り切って支援を決断して下さい

その結果、今後 30 年間に新合掌村が全国各地域 900 カ所に誕生し
社会貢献を果たした事になります
未曾有で法外な報酬（配当）は当然の事だったと考えれば、良いのではないでしょうか！

誌上・Web サイトによって支援者となる事を決意し、アズ計画・新合掌村計画に参画し「営
業店」となり報酬（配当）を得られるチャンスは皆様には、**平等であって公平であるべきと**
の思いで一斉に公開したく今までにない形の誌上クラウドファンディングを刊行し
時期を見計らい Web サイト立ち上げる事を決断させて頂きました

支援者への配当のみにスポットを当てれば・・・
AS「家の駅」開設 3,591 プロジェクトで目標とする総支援金額は
3,591✕ 6,000 万円＝2,154 億 6,000 万円です（約 2,160 億円）

想定 30 年間の総配当金額は 3,591✕15 万円✕ 600 回✕ 6 回転として
1 兆 9,391 億 4,000 万円です

しかも今後 30 年以降も "家つくり・新合掌村計画" は未来永劫継続されます
支援者は配当金を永遠（子供や孫の代）に貰い続けます

表⑱の支援投資金参画者（個人・企業・団体／事業形態・ジャンル別）
の割当表や配当ルールを確認し千載一遇のチャンスを掴み取って下さい

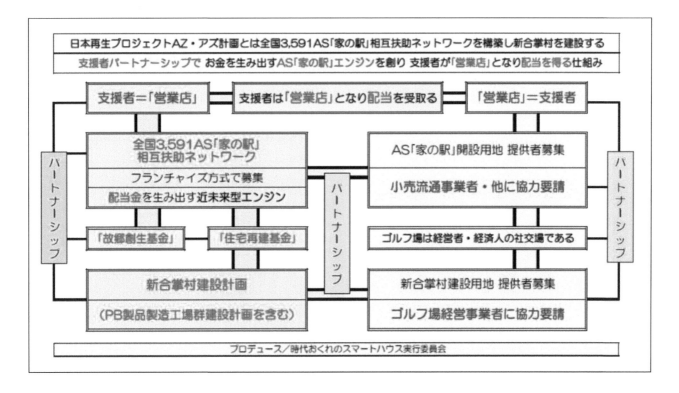

●上の表は解説編で提示した全国 3,591AS「家の駅」相互扶助ネットワーク構想プロジェクトイメージ編をアレンジし支援投資者の皆様に"究極の目的とその手段をより明確に"ご理解頂けるようにしたものです。

●アアズ計画の解説編の究極の目標として"日本再生プロジェクト AZ・アズ計画とは"表⑥、表⑩の項目は必ず目を通して下さい。これからすごい事が起こりそうだと思う気持ちにさせられる筈です。

●一カ所の AS「家の駅」が開設された頃がターニングポイントで、機が熟した頃合いと考えプレスリリースを掛け、ゴルフ場との交渉状況を逐次クラウドファンディング Web サイトにアップして行きます。複数のゴルフ場との交渉で機が熟せば、順次仮契約の話を実現させ新合掌村建設計画を実施に移します。

●如何でしょうか、この様に新合掌村が実現する展開に持ち込む事になれば、支援者の心に火が付き、堰を切ったかの如く支援投資金が急増する事が予測されます。

●そこで、一部の組織が独占する事や混乱を招いてはいけないのでアズ計画に関連・非関連関係なく各事業分野に適切に割り当て枠を設けて募集する事で、公平さと平等性を保ちたいと考えています。

★本誌を入手された皆様に於かれましては、該当する項目だけにとどまらず、全ての項目に目を通された上で、最善で最適な対応策を講じて下さい。

表⑱：支援投資金参画者（個人・企業・団体／事業形態・ジャンル別）の割当表

個人・企業・団体／事業形態・ジャンル（A〜Z）		％	金額(億)	AS「家の駅」
	総計（左から％、金額(億)、AS「家の駅」数）	100	2,160	3,600
A	クラウドファンディング 誌上・Web サイト運営事業者	0	0	0
B①	新合掌村建設用地提供者／ゴルフ場経営者（18H、27H）	14	302.4	504
B②	ゴルフ愛好家、ゴルフ会員権保有者	1	21.6	36
C①	AS「家の駅」開設用地提供者／②③④の小計	—	—	—
C②	小売流通事業者（大型商業施設とのコラボレーション）	15	324.0	540
C③	コンビニ（郊外で敷地に余裕があるコンビニ・隣接地も可）	2	43.2	72
C④	観光施設、道の駅、娯楽施設、街道沿い遊休地、公共施設	2	43.2	72
D	新合掌村への入村希望者・及び店舗、施設、工場等事業希望者	2	43.2	72
E	PB 製品製造工場群／加工機械設備・太陽光発電メーカー	2	43.2	72
F	3,591AS「家の駅」開設時・新合掌村建設時／事務機器事業者	1	21.6	36
G	3,591AS「家の駅」開設時／建築資材・建材・部材メーカー	1	21.6	36
H	3,591AS「家の駅」開設時／住宅設備機器・太陽光発電メーカー	1	21.6	36
I	3,591AS「家の駅」開設時／家具、什器備品関連事業者 他	1	21.6	36
J	3,591AS「家の駅」開設時／直営工事施工事業者・職人さん達	5	108.0	180
K	FC 契約で 3,591AS「家の駅」運営者を希望する人達	10	216.0	360
L	AS「家の駅」物産展への出展事業者	1	21.6	36
M	AS「家の駅」開設自治体／地域住民・著名人・芸能人・観光大使	5	108.0	180
N	不動産流通事業者、住宅販売施工事業者、総合建設事業者 他	5	108.0	180
O	「日本の家」建築予定者の皆様（直近・1、2 年〜5 年先含む）	5	108.0	180
P	大企業・中小企業／事業経営者（CSR 活動の一環）	10	216.0	360
Q	NPO 法人・社会的弱者支援・社会福祉関連・ボランティア団体	2	43.2	72
R	住宅ローン融資、会計士、行政書士、建築士、司法書士他	1	21.6	36
S	地域行政、議会議員、日本赤十字社・日本ユニセフ 他	3	64.8	108
T	脱サラ等で起業家を目指す人達、自立・社会更生・社会復帰 他	3	64.8	108
U	投資家、資産家、小口投資マニア、寄付金・義援金支援者 他	3	64.8	108
V	スタンプラリー、支援金のポイント還元／カード決済会社	1	21.6	36
W	地域おこし協力隊、インバウンド・外国人研修生	1	21.6	36
X	地元地域になくてはならない信用金庫	1	21.6	36
Y	ネット銀行・ネット通販・サービス業	1	21.6	36
Z	支援者を発掘し紹介するサイドビジネス・限定された支援者	1	21.6	36

※補足、各分野で割当金額が達成され、それ以上に支援金が増えたら、臨機応変に未到達分野へ割当を振り分け対応いたします。

☆事前確認！ 各項目（A〜Z）の解説に入る前に確認しておきたい事があります

★アズ計画はアルファベットのＡからＺまでを包括する"日本再生プロジェクトＡＺ"の事で、ＡＺでアズとなりアズ計画です。ＡＳ「家の駅」はアンテナショップハウスステーションズの事で、最初と最後の文字を取ってアズとなり"全国 3591AS「家の駅」相互扶助ネットワーク構想"はアズ計画そのものなのです。

★**配当金を受け取るタイミングはルールを良く知る事です。**
概要は**アズ計画・解説編の支援者募集**項目も確認して頂きます様お願いします。

★皆様方は該当する項目だけに止まらず、**全ての項目に目を通される事をお勧めします。**共通する事もあれば特筆すべき点も発見できます。**誰にでもチャンスがあり見逃せば後の祭りです**（初めての経験だからこそ "支援者・虎の巻" が役に立つのです）。

★配当に目が行きがちですが支援投資金は等価交換で必ず換金されますのでリスクを負う事はありません。

★さらに、支援投資金の等価交換で特筆すべきは、3,591AS「家の駅」開設や新合掌村建設・PB 製品製造工場群建設で用地提供者や加工機械メーカー及び「日本の家」に直接関係する事業者様には、支援金額にもよりますが取引決済時に「営業店」として配当を受け取る権利を確保した上で支援投資金を分割または一括還付する特別ルールを適用させて頂きます。**事業者別の解説を注視して下さい。**

①**支援投資金は 10 万円単位で「営業店」になれますとありますが、実際のところ支援投資金は 1 万円から受け付けます。**
1 万円から 10 万円未満の支援者が数名から数十名のグループを構成して頂き 10 万円単位にする事で G「営業店」として配当を受けられる様にしますのでご安心下さい。

②支援投資金は 10 万円単位で支援者は「営業店」となり支援して開設された AS「家の駅」から建築の都度受け取るのですが、**支援した順番に指名されるので注意が必要です。**

③裏を返せば、支援投資金額の集まっていない AS「家の駅」プロジェクトを支援すれば早い回数で指名されるという事です。6,000 万円の目標額なら 10 万円単位であれば 600 口ある訳ですから、**6,000 万円支援すれば、**当該 AS「家の駅」からは第一棟目から連続して 600 回の指名を受けて 600×15 万円で**9,000 万円の配当が入ります。**
それまで何年掛るか予則されませんが 30 年間には 9,000 万円が 6 回転して総合計 5 億 4,000 万円になります。

④考えを巡らせば、6,000 万円を全国 600 の地域の AS「家の駅」に 10 万円単位で支援投資したら600 の AS「家の駅」から第一棟目の指名が入り**最速で 9,000 万円を手にし、**30 年間に手にする **5 億 4,000 万円**の配当金は 30 年を待たず時期はぐっと早くなるでしょう。

⑤さらに、④の方法で早期に手にした配当金で、**再支援投資する事を 3,591AS「家の駅」が目標金額達成するまで繰り返し続ければ、**数学の達人かコンピュータに計算してもらわないと分りませんが、ものすごい数字になると思います。心が震え「投資」の醍醐味を味わえるはずです。

⑥配当を早く手にするには先手必勝だという事がお分かり頂けたと思います。3,591 のプロジェクトで目標とする総金額は 3,591X6,000 万円＝2,154 億 6,000 万円です。それによる 30 年間の総配当金額は 3,591X15 万円 X600 回 X6 回転＝1 兆 9,391 億 4,000 万円にも上ります。

この金額が必ず誰かの手に渡る訳です。支援投資により損失を生む事は絶対ありません。しかも、元手となる相当数の皆様の 2,154 億 6,000 万円は等価交換で必ず戻ります。支援金募集金額には限度がありますのでルール（下記表も再確認）を把握して大金を掴み取って下さい。

支援者＝「営業店」が建て主様が建築を依頼した AS「家の駅」から指名を受けて受領する営業販売手数料（報酬）の分配先と分配金額（円）（19 頁の表⑥でも確認の事）

建て主様が建築する建築総額　→　→　→	1,600 万円	2,000 万円	3,000 万円
「営業店」が受領する営業販売手数料（建築総額の 4％＋15 万円）	790,000	950,000	1,350,000
分配先 A／建築総額の 2％は AS「家の駅」地元の「故郷創生基金」に寄付	320,000	400,000	600,000
分配先 B／建築総額の 1％は「建て主様」地元の「故郷創生基金」に寄付	160,000	200,000	300,000
分配先 C／建築総額の 1％は「建て主様」に返礼品を贈呈する	160,000	200,000	300,000
分配先 D／定額 15 万円は「営業店」が実質報酬（配当）として受取る	150,000	150,000	150,000

★上記①〜⑥のルールを踏まえ、どんなメリットがあるか割当表の A〜Z ジャンル別に解説いたします。

☆支援投資金割当表を見る限り、支援者となり配当を得られるのは、ごく特定の人の為だけにあるのではなく地域住民や国民の皆様には、公平・平等に参画できるチャンスがある仕組みだとお分かり頂けた筈です。A〜Z の項目のすべてに目を通して下さい。

何処かの項目に "目が釘付け" になる筈です

A・クラウドファンディング 誌上＆Web サイト運営事業者

◎Web サイトにアップされる前の話にはなるのでしょうが、Web サイト運営者には他の事業者様には得られない特別良い思いをして頂けます。
3,591 のプロジェクト全体で 2,154 億 6,000 万円の目標金額ですが、6,000 万円を達成する都度 30 万円の手数料を支払うと云った取り決めで如何でしょうか。

◎特別良い思いと云うのは、通常得られる手数料が 3,591X30 万円＝10 億 7,730 万円ですが、その手数料は 3,591 のプロジェクトが達成する前に得られる事から、AS「家の駅」開設の都度得られた手数料をその都度、支援者となり順次支援投資に回せば、30 年間に 3,591X15 万円 X3 回 X6 回転＝96 億 9,570 万円の配当が得られます。

先手必勝、配当を受ける優先順位が高いので良い思いができるというものです。
しかも支援投資する 10 億 7,730 万円は必ず換金できます。

◎さらに、これは単純に 30 万円を支援投資するだけですが、30 万円による配当 45 万円を再支援に回し、それを反復継続すれば、カンピューターの計算ですが、恐らく 200 億円以上にはなるでしょう。しかも初期投資は Web サイト製作費は自前で 300 万円位で済みます。今時在り得ない話ですが、実践に基づく根拠のある数字は嘘を付きません。

◎勝手ながら、Web サイトの草案は時代おくれのスマートハウス実行委員会が創りました。本誌内容がそれに当たります。単純なサイト構成です。
クラウドファンディング構築専用サイトに準じなくても、ホームページ製作事業者や HP 専業スタッフを抱えておられる出版事業者様なら即座に対応できる筈です。

B①＆②新合掌村建設用地提供者／ゴルフ場経営事業者

◎ゴルフ場の棲み分けをして双方が利益を享受して頂く戦法を具現化させたいとの思いで、ゴルフ場を継続する経営者様をゴルフ場 B とし、新合掌村に転用するゴルフ場経営者様をゴルフ場 A とさせて頂くという事をアズ計画・新合掌村計画・解説編（P145～P148）で提案させて頂きました。
ゴルフ場経営者の皆様へのご提案（第四章 145～148 頁）は必見です！

◎2 つのグループに分けても確定するものでもなく、どちらを選択しても良いわけで、ゴルフ場Bが先鞭を切って下さい！と書いています。棲み分けが完了したらゴルフ場 A は新合掌村のオーナーとなり社会貢献事業で利益を享受します。ゴルフ場 B はゴルフ場の数が適正化し繁栄を極める事となるのではないでしょうか。

◎さらに双方には、6,000 万円の支援投資金で 30 年に亘っての報酬（配当）5 億 4,000 万円を受け続ける事ができるのです。
そして時代が変化しても、双方で均衡を保つ努力をすれば如何なる難局も乗り越える事ができます（新合掌村計画は 30 年を過ぎても未来永劫、継続して創り続けます）。

◎そう考えると、まさにゴルフ場は新合掌村に転用し続ける事で、日本の窮地を救い続ける救世主となる使命として、神様が創って下さったものなのかと思ってしまいます。
◎さらに、一歩進んで、実行委員会が勧める新合掌村計画とゴルフ場全体が企業パートナーとしてタッグを組んで、日本が抱える未曾有の難局を切り開きませんかという提案です。実践すれば有史に名を残す筈です。

◎双方がパートナーシップを発揮して連携、協定を取り交わせば一気に事が進み、他の支援者への励みとなり AS「家の駅」相互扶助ネットワーク構想・新合掌村計画は一気呵成に推し進める事ができます。

◎全ゴルフ場経営者が一堂に会し、提携を条件に事前打ち合わせを済ませ協定を交わせた上で、**第一号店が開設の目途が立った頃を見計らって**新合掌村建設計画を共同発表の形でプレスリリースしてみませんか？
事業柄、究極の目的を世間に知らしめることが肝要かと思います。

◎全ゴルフ場が参画し、提携し協定書を交わす事で、ゴルフ場経営者の皆様には道に逸れる事無く**ゴルフ場 A** か**ゴルフ場 B** か、自由の道を進むかの選択ができるのではないでしょうか。

ゴルフ場経営者の皆様へのご提案（第四章 145〜148 頁）は必見です！

◎特に**ゴルフ場 A** の場合、ゴルフ会員権所有者への配慮と云う面では、実行委員会が支援投資金を会員さん名義で譲り渡す事も厭いませんのでお申し付け下さい。
この事を新合掌村への転用条件に加えて頂ければ譲渡契約・実行もスムーズに運ぶのではないかと考えます。

◎また、**ゴルフ場経営で預託金の償還期限の問題も良く取り沙汰されています。**
経営を続けて行く上で相当な足かせになっているとも聞き及んでいます。
その辺も実行委員会がアズ計画の推進の為、潤沢な資金で会員さんに納得して頂ける手法を講じる事はやぶさかではありませんのでお申し付け下さい。

◎ゴルフ場は社交場でもあり、名だたる経営者も集いプレーする場所です。
この事がグリーン上で話題となり AS「家の駅」開設用地の提供者も案外と容易に見つかるかも知れません。また支援者にもなって頂ける事もあり得る話です。
55 頁の図にある様に AS「家の駅」開設用地提供者と新合掌村建設用地提供者はゴルフ場を運営する人とプレーする人達がグリーン上で繋がっているのです。

◎ゴルフ愛好家、ゴルフ会員権保有者の皆様にはゴルフ場経営者が**ゴルフ場 B** か**ゴルフ場 A** のどちらを選択しても異論を唱えないで頂きたいものです。
また、皆様が総意のもとゴルフ場存続か転用の為、支援投資金を出す提案をゴルフ場側に直言すれば WIN・WIN の関係は末永く続けられます。

◎ゴルフ愛好家、ゴルフ会員権保有者の皆様はゴルフを介してパートナーだから、**ゴルフ場全体が良くなる方向でご支援宜しくお願いいたします。**

C①AS「家の駅」開設用地提供者　②小売流通事業者（大型商業施設とのコラボ）

◎該当する大型商業施設とは、駐車スペースに余裕がある**ショッピングセンター**を始め**ショッピングモール、複合型商業施設、巨大ホームセンター、アウトレットモール、常設イベント会場の一角**等で **『AS「家の駅」とコラボしませんか？』**という事です。

◎少子高齢化時代を目の当たりにし消費が細ると共にネット通販にも押され、大型ショッピング施設は大変な過渡期を迎えつつあります。

出展先も飽和状態で意のままに行かず熾烈な競争を強いられています。
どうにも打開策がないのであれば、ココは発想の転換をされて如何でしょうか。

◎AS「家の駅」はアンテナショップ・物産展を併設した「日本の家」のモデルハウスです。
物産展は一般市場に流通する前の物産が展示即売され、いずれ流通社会で大化けする金の卵です。「日本の家」は日本の標準化住宅で何れ住宅市場を席巻する新モノづくり産業構造の大黒柱です。客寄せパンダの役目も兼ね備え、何れの小売流通商業施設ともバッティングしないのが最大の特徴です。

◎AS「家の駅」は物産展スタンプラリーや体験宿泊でインバウンドを始め今までとは異なった客層が来店されますので、相乗効果はアップすること請け合いです。
◎それと何よりも AS「家の駅」は新合掌村建設を現実のものとする「住宅再建基金」を生み出す重要な施設なのですから、そのパートナーとして世間に知らしめる絶好の機会だとも思います。
◎庶民の生活を支えておられる皆様方と「日本の家」を提供し新合掌村建設を計画する実行委員会とのコラボレーションはベストマッチングだと考えるのですが、如何でしょうか。
◎皆様方が AS「家の駅」開設用地として提供して頂けたら AS「家の駅」運営者や支援者の励みになります。敷地は建物と駐車スペースを合わせると約 200 坪（660 ㎡）くらいは必要です。駐車場を共用とすれば、その半分くらいです。
長期の事業用定期借地契約でお借りしたいと考えています。
◎また、街中で駐車スペースが不足の折は、多層階建の駐車場にしても採算は取れると思います。

●AS「家の駅」開設用地の提供を決断されましたら、パートナーとして同郷のよしみで当該自治体の AS「家の駅」への支援者となって頂きたいと思います。
支援者となり「営業店」としての役割（企業としての社会貢献に合致します）、即ち自治体に創設した「故郷創生基金」への寄付と建て主様へ返戻品を贈呈し手頂き、ご褒美として（10 万円単位で実質 15 万円）の配当を受け取って下さい。
小売流通事業者の皆様には、数字を読み解くのは得意ですから、これ以上申し上げる事はありません。

●ゴルフ場経営事業者様や他の皆様の計らいで、早々に AS「家の駅」の第一号店が開設し、新合掌村建設計画が動き出せば、世間はこれを受け入れ周知の事実となれば、AS「家の駅」開設用地を抱える事業者様は挙って“誘致合戦”を繰り広げ始めるのではないでしょうか。

●小売流通商業施設の先細りは、天地がひっくり返っても免れる事はありません。
先見の明を発揮され、固定観念・既成概念を打ち破り借金してでも新事業・新商売のアズ計画・新合掌村計画には参入すべきだと考えます。

二番煎じはなく、柳の下には 2 度と泥鰌は現れません

C①AS「家の駅」開設用地提供者　③コンビニ（郊外で敷地に余裕のあるコンビニ）

◎地域になくてはならないのがコンビニですが、企業方針に於いては採算が取れない過疎地域には出店を控えるでしょう。
　そこで、敷地が十分に確保できる地域では AS「家の駅」とコラボ すると、その相乗効果が如何なく発揮され出店への垣根を取り壊す事ができます。

◎とはいえ、過疎地ではコンビニだけでは経営が成り立ちませんので、AS「家の駅」の運営権も取得して併設店舗にする事で、地域になくてはならないコンビとしての社会的意義が達成されるのではないでしょうか。

◎コンビニも小売流通事業者と同じで少子高齢化時代のあおりを受けて先細りが懸念されています。業態を変化させたり異業種とのコラボなどは市街地では成せる業ですが、人口減少が加速化する郡部・山間部地域ではそれも通用しません。
　ココは AS「家の駅」とコラボレーションするのが得策だと考えますが如何でしょうか。

◎特にコンビニは FC 契約での店舗経営で厳しいものがあると聞きます。AS「家の駅」運営者も FC 契約で募集しますがその中身には雲泥の差があります。アズ計画・「解説編」を見れば驚かれる筈です。一部分を抜粋しますと・・・以下の①～⑤を見て下さい。

①AS「家の駅」運営者は自身が運営を予定する AS「家の駅」を建築し開設する前に業務委託契約を交わす事で本部から委託管理料として 100 万円を貰い受ける事ができる（支援者を募り事前の準備と 120 日の工事期間中の運営管理費に宛がう事ができます）。

②さらに、AS「家の駅」運営者となり 6 カ月以内にオープンに漕ぎ付けたら特別報奨金 100 万円を進呈します（7 カ月以内なら 80 万円、8 カ月以内なら 60 万円、9 カ月以内なら 40 万円、10 カ月以内なら 30 万円、11 カ月以内なら 20 万円、12 カ月以内なら 10 万円とします）。

③AS「家の駅」を開設するに際し費用は本部が全てを負担するので正味ゼロ円で事務局を運営できます。

④AS「家の駅」とのコラボを意志決定したら、未来永劫地域になくてはならない物の為に、借金してでも当該 AS「家の駅」開設プロジェクトに支援投資金を投入され安定経営を目指して頂きたいと思います。

⑤報酬（配当）は前述①～⑥（57～58 頁）を見て下さい。
　FC 契約でコンビニ経営していたら喉から手が出る程、実に美味しい提案話です。
　コンビニ本部は顧客満足第一主義を大義名分に別ブランド店舗や同じブランド店舗との間で熾烈な競争を課せます。
　一部の FC 経営者が疲労困憊して行く様は見るに堪えません。

★コンビニ業界は無慈悲で相互扶助精神はなく競争競合を強いられ勝ち組・負け組をつくりますが、AS「家の駅」は相互扶助の精神で共存共栄を図って全国 3,591AS「家の駅」相互扶助ネットワークを構築し負け組を創りません。

全くと言っていいくらい、商売の在り方がすべてに於いて真逆です。

★顧客の消費を促すだけが商売ではありません。商売をはき違えておられます。

★気の毒にお金は一方通行しています。

消費されたお金が行き場を失っている事に気付いていません。

★消費されたお金が次の消費を生む、即ちお金を還流させてさらにお金を生み出す仕組みが商売の原点で基本ではないでしょうか。

他に沢山代わりを務める人がいる以上、商売を究め社会貢献しているとは言い切れないのです。・・・はぐれ世直し仕掛人として、また・つまらぬ事を言ってしまいました・・・

★商売の原点を貫いて生まれたのがアズ計画であり、最初で最後！史上最強の儲け仕事で究極の"あ・き・な・い"と言っても過言ではないでしょう。

◎コンビニ本部もこの事に気付かれてFCコンビニ経営者にAS「家の駅」とのコラボを勧めて頂けたら有り難いところです。

◎新規や既存の店舗にも併設可能で、双方の敷地が少々離れていても問題はありません。
AS「家の駅」の持つ特異性はプラスになっても足を引っ張る事はありません。

◎AS「家の駅」とのコラボが巷で話題にでもなれば、敷地に余裕があるコンビニさんや借地を準備できるコンビニさんから誘致合戦が勃発する事になりかねません。

◎コンビニさんだけに止まらずAS「家の駅」開設用地提供者となり得る地主さんやC②・C④に掲げた事業者さんまで"このチャンスを逃す手はない"と誘致合戦に参戦して来られます。

C① AS「家の駅」開設用地提供者

C④観光施設、道の駅、娯楽施設、街道沿いの遊休地、公共施設

◎観光施設、道の駅、娯楽施設、公共施設を始め駐車スペースがあり地域の人々が集まれる場所であれば問題なくコラボレーションできます。
併設するメリットは非常に大きいと思います。

◎AS「家の駅」はアンテナショップ・物産展を併設した「日本の家」のモデルハウスです。
物産展は一般市場に流通する前の物産が展示即売され、いずれ流通社会で大化けする金の卵です。「日本の家」は日本の標準化住宅で何れ住宅市場を席巻する新モノづくり産業構造の大黒柱です。

◎郡部や山間部地域ではAS「家の駅」を迎え入れる事は、家内工業によるモノづくり産業を振興し、物産展スタンプラリー、体験宿泊で旅行観光客・インバウンドを地域に呼び込み地域活性化を図るまたとないチャンスです。このチャンスを逃す手はないです。

◎AS「家の駅」を誘致するぐらいの意気込みで参画して下さい。「故郷創生基金」に魅力を感じませんか？ 新合掌村建設には賛同しませんか？
地域創生や地域活性化を早期にやり遂げるチャンスです。

◎地域創生や地域活性化の一環で地元のAS「家の駅」プロジェクトに支援金を投資して地

域の為に未曾有の配当を手にして下さい。特にアズ計画は郡部や山間部地域の自治体が有利になる仕組みです。という事は、何処かの自治体が参画したとしたら、地元の地域住民が黙っていませんから追従せざるを得なくなるのです。

新合掌村建設が地元自治体のゴルフ場や山間部地域に計画されでもしたら、お尻に火が付き慌ててみても "後の祭り" にならないように先手必勝を願っています。

◎街道沿いの遊休地や工場の空き地、自治体の所有地、単なる無駄な空き地等も候補地となりますので、他の施設と連携して地元住民の為に、役立てるようにして頂けたら有り難いです。AS「家の駅」プロジェクトへの支援は地元地域への支援であり、それを投資と割り切れば、面白い展開にもっていけます。

D・新合掌村への入村希望者・及び店舗、施設、工房、工場 等 事業希望者

◎新合掌村入村希望者はアズ計画／新合掌村計画・解説編をよく読んでください。

◎解説編では・・・入村すれば、住居費や家賃、食事代にお金は掛りません。
　しかし "働かざる者食うべからず" が規則なので村内のお店、店舗、施設、工房、工場などで、どのような形態であれ働く事が義務付けられていますと記述しています。

◎したがって、身の回りの物を持って来るだけでお金は必要ないのです。
　商売に参画する場合でも、村営ですから店舗、施設、工房、工場は設備や什器備品はじめ原材料の仕入れも〇〇合掌村株式会社が段取りする事になっています。
　もちろん住む処は無償貸与です。3度の食事は支給されます。

◎働けば、給料が出ます。そのお金は新合掌村の店舗で消費して貰います。

◎地産地消し自給自足の社会を創るのでお金は必要なくなります。

貯金する必要もなくなります

◎新合掌村は「日本の家」を建て続ける限り増設され続け、未来永劫・永遠に不滅なのです。

◎ですからと言っては何ですが、AS「家の駅」プロジェクトに支援金を投資して、できるだけ早く新合掌村を全国に増やす為や自身の為にも社会貢献を事前に果して於いて戴けたら有り難い事です。

E・PB 製品製造工場群／加工機械設備メーカー・太陽光発電パネルメーカー

◎新合掌村を建設するユートピア構想は多くの人達に「日本の家」を建築して頂くことです。
　「住宅再建基金」財源を殖やすには「日本の家」の建築原価を低減させる事が必須です。

◎その為には、「日本の家」で使用される建築資材、特に木質系建材を製造直販しなければなりません。それが、アズ計画／新合掌村計画・解説編で述べた PB 製品製造工場群建設計画の下りです。

★『山から切り出した原木を一旦貯蔵する原木集積場が必要です。隣接して原木を製材する製材工場が必要となります。製材された材木は平衡含水率を下げる為の木材乾燥施設へと移動させます。製材された乾燥材はプレカット工場に送られて建築構造材に加工さ

れます。板材に加工する工場、造作材に加工する工場や合板工場、合掌パネル加工工場、木製建具加工工場などがフォークリフトで移動できる範囲内に整備されます。さらに隣接して畳工場、和紙工場、断熱材・プラスターボード加工工場、サイディングボード加工工場、外装建材製造工場、樹脂・アルミサッシ組立工場なども順次整備していきます』
★付け加えますが、仮設鋼管足場・フォークリフト・太陽光発電パネル等も含まれます。

◎そこで、必要不可欠なのが製造工場で活躍する木材加工機械で、それを製造販売しておられる加工機械設備メーカーさんという事になってくる訳です。
◎特に、新合掌村とPB製品製造工場群の電力をまかなうための太陽光発電設備の設置は900カ所に及び、電力需要と供給バランスを考えても相当な設備を必要とします。
屋根に設置するスペースは3,500棟の建物とPB製品製造工場群です。自給自足・地産地消を実現させます。
◎製造できない物に関しては、〇〇合掌村株式会社が販売店となり製造メーカーさんから直接仕入れてAS「家の駅」の建築現場に直送を掛けます。

◎通常なら、家づくりでは木材や建築資材建材販売店さんが主役であり、加工機械設備メーカーは脇役なのですが、今回ばかりは主役の座を射止めて頂きたいと思います。
◎今までの家づくりに何ら変化がなければ、今後少子高齢化の波や諸事情によって、ほとんどの加工機械設備メーカーさんは受難の時代を迎えます。
新たな設備投資はごく一部に限られて、老朽化した機械の買い替えやメンテナンスにシフトした経営を強いられる事になりかねません。

◎家づくりをイノベーションして新しいモノづくり産業構造を構築するアズ計画・新合掌計画はモノづくりをしておられる加工機械設備メーカー業界を活性化させます。
◎新合掌村計画のPB製品製造工場群で採用される加工機械設備メーカーさんはアズ計画に参画しパートナーとなれば、指定加工機械設備メーカーとして今後30年間に600〜900カ所で採用させて頂きます。
新合掌村は「日本の家」を建て続ける限り、未来永劫・永遠に不滅ですから継続して採用いたします。

◎加工機械設備メーカーさんはどのくらい存在するのか分りませんが、例えば、プレカット加工機械が1社に偏り600〜900台発注して、勢力図が極端に変わって問題になってはいけませんので、木材加工機械協会さんがあれば取りまとめて頂き、分野ごとに棲み分けして頂いても良いのではないでしょうか。
◎ゴルフ場経営事業者様と早い段階で連携し協定を交わし、AS「家の駅」開設用地提供者が現れたら、結構早い段階で新合掌村計画のPB製品製造工場群建設計画に着手する事になるでしょう。
◎実行委員会から事業計画を以って打診するかもしれませんので、対応して頂けます様お願いします。
◎事前に協議を重ねての事ですが、3,591AS「家の駅」プロジェクト全てが目標金額を達

成するまでにご支援頂きましたら、前書きで前述した通り、加工機械設備工事発注時に<mark>支援金は全額還付する特別ルール</mark>を採用させて頂きます。

お互いにメリットがある話ではないかと思うのですが、如何でしょうか。

◎加工機械設備工事を事前発注する事を支援条件にしますので、実際に発注し還付するまでには多少のタイムラグがありますが、悪い話ではないと思います。

PB 製品製造工場群建設計画は後の話だろうと、うかうかしていると<u>支援投資金割当表の勇猛果敢な事業者に持って行かれます</u>。

◎<u>この様に、長期に安定した経営と6,000万円を目標金額とするAS「家の駅」プロジェクトへの支援で、今後30年間で5億4000万円の高額配当を受け取る手段・方法は、今を於いて金輪際現れません。</u>他の事業者が参画する様子を見定めてからでも遅くはありませんが、<u>その時が来たら借金してでも参画すべきです。</u>

★日本再生プロジェクト AZ・アズ計画／新合掌村計画は新しいモノづくり産業を構築するもので、モノづくり技術で造ったものは製造直売が基本です。

<u>従いまして指定となりました加工機械設備メーカー様や太陽光発電パネルメーカー様との取引は、従来からの販売会社の介入を排除願います。</u>

しかし取引後のやり取りには関与する事はありませんのでご安心ください。

Ｆ・Ｇ・Ｈ・Ｉの3,591AS「家の駅」開設で建築に直接関わる事業者は下記表に注視下さい

全国3,591AS「家の駅」の開設時の建築に関われば
3,591AS「家の駅」が受託施工する「日本の家」の建築に繋がります

表㉖	3,591AS「家の駅」開設時の建築で事業者へ発注する金額（予算）		
	3,591AS「家の駅」の建築で発注する事業者（予算枠）	1棟の単価	600棟の合計	3600棟の合計
	業種によっては地域性を考慮して発注します→→→	（千円）	分散発注	独占発注
1	物産展スペースの陳列棚等ディスプレー関連	2,500	15億円	90億円
2	カーテン・ブラインド関連	600	3.6億円	21.6億円
3	家庭用・業務用空調機器	2,000	12億円	72億円
4	照明器具	1,000	6億円	36億円
5	体験宿泊・展示場の家具調度品	1,000	6億円	36億円
6	住宅設備機器（エコキュート、キッチン、バスなど）	2,000	12億円	72億円
7	太陽光発電設備	2,500	15億円	90億円
8	植栽・外構工事、屋上庭園工事	2,500	15億円	90億円
9	木質系建築建材	10,000	60億円	360億円
10	屋根・外壁等外装建材（材料）	2,000	12億円	72億円
11	アルミ・樹脂サッシ	1,500	9億円	54億円
12	事務所内事務機、パソコン・コピー複合機など	1,000	6億円	36億円
13	電化製品（冷蔵庫・洗濯機・テレビ・掃除機・レンジ）	300	1.8億円	10.8億円
14	1～13の合計金額（地元の施工業者への発注は除く）	28,900	173,4億円	1040,4億円

F・3,591AS「家の駅」開設時・新合掌村建設時／事務機器事業者

◎表㉖の No.12 が該当します。アズ計画に参画して 3,591AS「家の駅」開設建築時に納入する事で、今後 900 の新合掌村建設計画で建築される 900X3,500 棟の建築や PB 製品製造工場群建設計画の工場施設建築にも指定事業者として事務機器を納入する事ができます。

◎アズ計画を遂行させるために、そして事業を安定経営させるためにアズ計画参画をご決断下さい。

◎参画頂きましたら支援投資金額の還付は、AS「家の駅」開設時の建築工事発注時に発注金額の 10%を上乗せして、支援投資金額に至るまで AS「家の駅」建築の都度、償還させて頂きます。緊急の折は等価交換方式で換金する手段を併用させて頂きます。

◎支援者は「営業店」となりますので当然の権利として一般建築の都度、営業販売手終了を受領して「故郷創生基金」に寄付、建て主様には返礼品を贈呈し、実質報酬（配当）15 万円を受け取る事ができます。

G・3,591AS「家の駅」開設時／建築資材・建材・部材メーカー
H・3,591AS「家の駅」開設時／住宅設備機器・太陽光発電メーカー
I・3,591AS「家の駅」開設時／家具、什器備品関連事業者

◎表㉖の No.12 を除く工事関係者が該当すると思います。全国を完全に網羅する事業者様や地域性を考慮しなければばらない事業者様がおられるので、分割と一括発注に分けさせて頂きました。さらに細分化する事も考えなければならない業種もあります。

◎アズ計画に参画して 3,591AS「家の駅」開設建築時に事業参入する事で、今後 900 の新合掌村建設計画で建築される 900X3,500 棟の建築や PB 製品製造工場群建設計画の工場施設建築にも指定事業者として施工工事に参入する事ができます。

◎アズ計画をできるだけ早く遂行させるために、そして皆様方の事業を安定経営させるためにアズ計画参画をご決断下さい。AS「家の駅」の建設に携わる皆様方が早期に参画する事で起爆剤と成ります。パートナーとしてアズ計画を牽引して頂きたいのです。他の支援者への励みになると思います。

◎AS「家の駅」の建設が直接事業経営に関係する事からして、なりふり構わず自身や会社の欲得の為、さらには将来の安定経営の為、率先して参画すべきではないでしょうか。

◎と言いますのも、日本の家づくりを標準化する事で住宅産業界を制します。これは北米のツーバイフォー住宅を見れば火を見るより明らかです。競合が起こらず廉価で家を建てておられます。日本には標準化住宅がなかったのです。アズ計画は家づくりを超イノベーションして「日本の家」と云う標準化住宅を日常的に定着させる過程で、世直しをして経世済民を成し遂げようとしているのです。

◎参画するか、しないかは、運命の分かれ道と言っても過言ではありません。後悔先に立たずという事もあります。資料を読破され真剣に考えて頂きたいと思います。

◎住宅建築関係者の皆様が興味を持たず、あくまで傍観者の立場を貫かれるのであるならば、"因果応報"気付いた時は"蚊帳の外"となるのは必定！と思わざるを得ないと考えるのですが、如何でしょうか。

◎参画頂きましたら支援投資金額の還付は、AS「家の駅」開設時の建築工事発注時に発注金額の10%を上乗せして、支援投資金額に至るまでAS「家の駅」建築の都度、償還させて頂きます。緊急の折は等価交換方式で換金する手段を併用させて頂きます。
ただし、AS「家の駅」プロジェクト目標金額6,000万円のご支援となると発注金額の10%償還と云う訳にもいかないので別途協議させて頂きます。

◎支援者は「営業店」となりますので当然の権利として一般建築の都度、営業販売手終了を受領して「故郷創生基金」に寄付、建て主様には返礼品を贈呈し、実質報酬（配当）15万円を受け取る事ができます。

◎6,000万円の支援となれば当該AS「家の駅」からは第一棟目から連続して600回の指名を受けて600X15万円で9,000万円の配当が入ります。
それまで何年掛るか予則されませんが、30年間には9,000万円が6回転して総合計5億4,000万円になります。数字が教えてくれています。

◎商売上手の皆様なら、運転資金を少し回すとか借金してでも遣って見る価値があると思われるのではないでしょうか。二番煎じはありません
この様なノンリスクハイリターンのある投資話は、天地がひっくり返ろうとも二度と起こりません。千載一遇のチャンスです

Ｊ・3,591AS「家の駅」開設時／直営工事施工事業者・職人さん達

◎全国3,591のAS「家の駅」開設・建築工事では大工さん（「日本の家」の施工システムでは家掌さんと云います）を始め、地盤調査、建築確認申請、解体工事、仮設工事、基礎工事、給排水設備工事、電気設備工事、アルミ・樹脂サッシ工事、防水工事、左官タイル工事、屋根工事、外壁工事、塗装工事、樋・板金工事、内装工事、建具工事、畳工事、金物工事、植栽・外構工事などの事業者様に携わって頂く事になります。

◎アズ計画に参画頂く事で、時代おくれのスマートハウス実行委員会の認定事業者となって頂きます。そしてまず、地元のAS「家の駅」開設時の建築工事に携わって頂きます。その折、支援して頂いた支援投資金額は発注金額に10%を上乗せして支援投資金額に至るまで別のAS「家の駅」開設時の建築工事や「日本の家」の建築の都度、償還させて頂きます。

◎例えば、50万円を当該自治体管内のAS「家の駅」プロジェクトに支援したとして、目標金額を達成してAS「家の駅」が建設の運びとなり、100万円の工事を受注すればその10%までは支援金の一部を償還するという事です。この段階で支援金は40万円になっています。残りはAS「家の駅」が受注する「日本の家」の建築工事で同様の方法で償還さ

せて頂きます。さらに、等価交換方式もありますので、それを利用するか、そのままにしておくかは自由です。特別ルールを使えば早く償還できるとの思いで考えたものです。

◎業種によって受注金額がまちまちなので、異なった対応は取らせて頂きますのでご安心ください。

◎支援者になれば「営業店」ともなり、当然の権利として一般建築の都度、営業販売手数料を受領して「故郷創生基金」に寄付、建て主様には返礼品を贈呈し、実質報酬（配当）15万円を受取る事ができます。

◎AS「家の駅」が拡充してくると新規に受注が継続して得られ、仕事をこなす事で配当も得られる。建て主様からの直営工事で元請として工事に携われ何時もニコニコ現金決済、値切られる事なく世間相場で安定した受注が見込まれるはずです。

◎「日本の家」の建築には約 20 業種の業者が関係しています。3591AS「家の駅」で 20 業種の業者が 10 万円を支援して頂いたら 3,591×20×10 万円＝71 億 8,200 万円です。20 万円の支援では 143 億 6,400 万円にもなります。
ここまでして頂いたらアズ計画は完遂したのも同然です。全員の総意で投資したと考えれば、その配当は一律 10 万円では 646 億（一人では 90 万円）、一律 20 万円では 1,292 億です（一人では 180 万円です）。絶対に逃す手ではないです

◎これ即ち、AS「家の駅」が相互扶助ネットワークに依ってもたらされるものなのです（ちなみに表からは J・の割当金額は総額の 10％で 216 億円を限度としていますが、優位な立場である事から先手必勝で臨めば 20％位は獲得できるのではないかと思います）。

◎100 万円（200 万円）の支援金で仕事か切れずに受注ができ、30 年間に 900 万円（1800 万円）の配当が得られる事からして職人さんや工事関係事業者の皆様には投資と云うより仕事保険と考えて支援者になって頂く方が良いのかもしれません。
また直接「日本の家」の建築に携わる人達ならではの発想でできる事ですが、得られた配当をこまめに反復継続支援に回せば約 2 倍に増やす事が可能です。

◎元請事業者から下請けや孫請けで、顎で扱き使われる現状を打破し、自らの手で継続する直営仕事を勝ち取る。さらに掛けた支援（保険・投資）で将来の不安を吹っ飛ばす。ものづくり職人は日本の未来を創生する根幹を成すものでなければならない筈です。
勇気を以って一歩踏み出すチャンスが来ていると思います。
職人仲間が連携して頑張ろうではありませんか。

◎アズ計画は家つくりの職人さんの立場を世間の人達に認識して頂き、働く者としての地位を高めるために考え出したもので、その人達が日本の復興を支えなければ日本の再生はあり得ないのです。
国家は "国の家" と書き、家づくりこそが国造りの始まりでなければならないのです。

アズ計画・新合掌村計画は 理解ある "支援投資者" に続いて

"家づくりの職人さんあっての物種！" です

K・FC（フランチャイズ）契約で 3,591AS「家の駅」運営者を希望する人達

①フランチャイズ規定（P93 下段①）にある様に AS「家の駅」運営者は自身が運営を予定する AS「家の駅」を建築し開設する前に業務委託契約を交わす事で本部から委託管理料として 100 万円を貰い受ける事ができる（支援者を募ったりする事前の準備と 120 日の工事期間中の運営管理費に宛がう事ができます）。

②さらに（P93 下段②）、AS「家の駅」運営者となり 6 カ月以内にオープンに漕ぎ付けたら特別報奨金 100 万円を進呈します（7 カ月以内なら 80 万円、8 カ月以内なら 60 万円、9 カ月以内なら 40 万円、10 カ月以内なら 30 万円、11 カ月以内なら 20 万円、12 カ月以内なら 10 万円とします）。

③言うまでもなく、AS「家の駅」運営者となれば本 Web サイトを自身がプロジェクトの管理者として状況報告やサイトの更新、SNS を駆使し支援者獲得運動に邁進して頂かなければなりません（AS「家の駅」開設プロジェクト・P50、P51 参照の事）。

◎上記①②③の特別規定付き FC 契約で 3,591AS「家の駅」運営者が誕生します。
ノンリスクでハイリターンの新規ビジネスモデルだと思います。
支援投資金の集まり具合を見計らって応募に踏み切るか、これはいけるぞと思いクラウドファンディング Web サイトがアップされたら間髪入れずに応募するか、人それぞれですが、3,591AS「家の駅」運営者を目指す人達はそんなに悠長に構えていては困ります。

◎国盗り合戦は熾烈な戦いを強いられるのです。支援者となる人達はいち早く事情を呑み込み、AS「家の駅」運営者にも触手を伸ばすはずです。
この "支援者・虎の巻" は Web サイトがアップされたら誰でも自由に閲覧できるわけですから、この内容からして想像がつくのではないでしょうか。

◎3,591AS「家の駅」運営者を目指す人達はアズ計画を早く推進させるモチベーションが高く保たれ、自らが支援者となり支援者獲得に奔走しなければならないからです。

◎本部から委託管理料として 100 万円貰い、 AS「家の駅」運営者となり 6 カ月以内にオープンに漕ぎ付けたら特別報奨金 100 万円が貰えるのです。
AS「家の駅」運営者となったら支援者を募る訳で自身が身を以って率先して心意気を示さないと追従しようかと思っても尻込みしてしまいます。

◎オーナーとして自身の AS「家の駅」の開設が確定して 100 万円を他の AS「家の駅」プロジュエクトに支援すれば、支援者・「営業店」・AS「家の駅」オーナーとなり 3冠王 となります。通常の役どころで支援者は「営業店」となりますので当然の権利として一般建築の都度、営業販売手終了を受領して「故郷創生基金」に寄付、建て主様には返礼品を贈呈し、実質報酬（配当）15 万円を受け取る事ができます。

◎そして、100 万円に対する報酬（配当）は 30 年間に 900 万円です。
これが分かっていたら何処かで借金してでも遣るべきです。さらに 200 万円支援したら

総合計 2,700 万円です。オーナーとしての立場と知恵をいかんなく発揮し、配当を反復継続支援すれば 5,000 万円にはなります。

◎クラウドファンディング Web サイトが皆様の目に留まり "支援者・虎の巻" をくまなく閲覧するとしたら、タラレバノ話どころではなくなり一斉に支援者・「営業店」・AS「家の駅」運営者の 3冠王 を目指す事になるのではないかと想像されるところです。
ですから、一部の組織が独占する事や混乱を招いてはいけないので前述の支援者・割当表を掲載させて頂いたわけです。

◎なお、AS「家の駅」運営者は直接「日本の家」の建築とは関係しませんので支援投資金の還付における特別ルールの一括償還には該当しません。
換金を希望する場合は等価交換方式で還付を受けて下さい。

L・AS「家の駅」物産展への出展事業者

◎AS「家の駅」物産展への出展事業者さんにも参画して頂きたいと思います。
新合掌村でのモノづくり産業の活性化と連動し、地域のモノづくり産業を振興させ地域創生・地域経済活性化の担い手になって頂きたいのです。
◎新合掌村では "働かざる者食うべからず" の規律の元、入村者には何かしらの職に付いて頂きます。新合掌村内で、軽作業しかできない人達の為に、ご指導して差し上げて頂きたいのです。

◎新合掌村には伝統工芸・伝統技術等の研修所やモノつくり工房を創ります。
新合掌村で造ったものは AS「家の駅」物産展で販売して村民の収益にもしたいと考えています。もちろん技術を継承する為や伝統工芸を伝承する場にして頂いても結構です。
モノづくりを通じてお互い連携してアズ計画を推進さて行きたいと考えています。
◎後継者問題や伝統的な技術を守り絶やさない為に、支援投資金はそのための保険と考え、アズ計画に参画して頂けたら有り難い事です。必ず役立ち願いが叶う事でしょう。

M・AS「家の駅」開設自治体

地域住民・著名人・芸能人・観光大使・林業家・地元出身者・高校生

◎実行委員会目線ですが、AS「家の駅」運営者には地元自治体地域住民の為に奮闘する覚悟を以って AS「家の駅」の運営を担って頂きます。
◎国盗り合戦の出展権争奪戦で地元地域住民の支援があって AS「家の駅」運営に漕ぎ付けたわけですから、支援して頂いた当該自治体の地域住民の恩を報いる為、「営業店」となった支援者の皆様には建て主様の指名により営業販売手数料（建築金額の 4%＋15 万円）が支払われます。
◎「営業店」＝支援者は実質報酬の 15 万円は受け取ります。建築金額の 2%は当該自治体の「故郷創生基金」に寄付し、建築金額の 1%は建て主様在住の自治体の「故郷創生基金」

に寄付し、建築総額の 1％は建て主様に返礼品を贈呈します。

◎支援者が支援する事で「営業店」となりこれだけの大仕事をして社会に貢献する事に成る訳です。この繰り返しで新合掌村が日本の各地 900 カ所に建設され日本が再生されていく事になります。

◎地域は人口減少問題に苛まれています。まず「故郷創生基金」で立て直しを図りたいものです。解説編の兵庫県佐用町の事例では"還付対象者を 120 人とすれば、5 年後には 124 万円、7 年後は 190 万円にもなります"と書かれています。部分的に見れば誰が信用しますか？という話です。でも実践に基づく数字は嘘をつきません。

◎税金を遣うわけではありません。上手くしくみを利用した地域住民の勝利ではないでしょうか。しかもその延長で新合掌村が近隣に建設されたら、行政の負担は言葉に語り尽くせないほど軽減されます。

◎地域住民を始め著名人・芸能人・観光大使・林業家・地元出身者・高校生等々の皆様、国盗り合戦の出展権争奪戦に乗っかり地元に福利（幸福とお金）をもたらす AS「家の駅」プロジェクトへのご支援賜ります様、未確定の AS「家の駅」運営者に成り代わりよろしくお願い申し上げます。

Ｎ・不動産流通事業者、住宅販売施工事業者、総合建設事業者

●不動産流通事業者の皆様は、"日本の家づくりを標準化する事で住宅産業界を制する"という事をどの様に捉えるでしょうか？
今は言葉だけですが、"支援者・虎の巻"が閲覧され、支援投資金・割当表や具体的な支援のやり方が世の中にさらされ、AS「家の駅」が整備され「日本の家」が住宅市場を席巻する事にでもなれば、その流れ成り行きに従わざるを得なくなります。

◎顧客の家づくりに対し向き合う意識が 180 度変わります。
変わらなければおかしく感じる様になります。今までは建築地を見つけて、どこのメーカーかどこの住宅会社で建てようかと考えていたのが、これからは社会に役立つ「日本の家」を建てる為に、土地探しをする事になります。そして近くの AS「家の駅」を訪れ土地探しから人生相談をする事になって行くのではないでしょうか。

◎あちこち足を棒のようにして土地探しを強いられるよりは、人生駆け込み寺的 AS「家の駅」に来れば、不動産情報が手に取るように分かる様になれば顧客は大助かりでしょう。不動産仲介の在り方も自然と変わるのかも知れません。

◎おそらく、不動産仲介事業者の皆様は、標準化された「日本の家」に従わざるを得なくなります。
これは宿命とでもいうべきもので、流れに従い「日本の家」を建築条件付きにして土地を販売される様になるという事ではないでしょうか。

◎そうであるならば、今から意識の転換を計られてアズ計画に便乗し支援者となり、潤沢

な準備金を投資して、不動産投資では得られる事のない未曾有の利益(配当)を得られたら如何でしょうか。

● 住宅販売施工事業者の皆様は、 競争相手が多く熾烈な顧客獲得合戦を強いられていますが、AS「家の駅」が推し進める日本の標準化住宅「日本の家」が住宅市場を席巻すると、住宅建築需要が縮小した現状以上に厳しい環境となり生存競争にまで逼迫する事態が起こるとも限りません。これはもはや "自然に摂理" そのものです。

◎ 日本の家を標準化する事を推し進めなかったツケが回ってきてしまう事になってしまいます。まだ、計画段階だろうと高をくくっておられたら、クラウドファンディングWebサイトで "支援者・虎の巻" が閲覧され、支援投資金・割当表や具体的な支援のやり方が世の中にさらされ、AS「家の駅」が住宅市場を席巻し始めたら、平常心ではいられなくなる筈です。

◎ 戦後 60 年〜70 年続き常識と思われていた "家づくり" が突然、天地がひっくり返るくらい 180 度転換されるのです。それを目の当たりにして手を打とうとし、幾ら現状を維持し継続させようと考えても、もはや成す術はありません。
・・・残念ながら "後の祭り" です。

◎ 家づくりを選択するのは顧客・建て主様ですから、100%とは言いませんが、アズ計画や新合掌村計画を実現させる為に、社会的意義があり社会貢献でき、今までお目に掛る事のなかった「日本の家」を選択するのは、地域住民や国民として自然の成り行きだと思うのですが、いかが思われますか?

★ 先見の明がお有りの皆様方なら、先手を打つ千載一遇のチャンスです。
パートナーとしてアズ計画に参画して頂くのが最良の対処法だと断言いたします。
関連する仕事は裾広がりで拡大していきます。

★ 一つの考え方ですが、住宅販売施工会社の従業員の皆様が支援者=「営業店」となり地域に展開される AS「家の駅」の運営者となれば、今まで以上に隆盛を極める事になるのではないでしょうか。

◎ AS「家の駅」運営利益が入り地元の自治体には「故郷創生基金」が積み立てられ建て主様に恩返しができて配当金まで手に入ります。
CSR活動まで全うできる。この世の春を従業員一同満喫できる。

◎ さらに、何度も書き及んではいますが、AS「家の駅」運営者は最大 200 万円を貰い受けて高収益会社の経営を任され、支援金は内部留保金や設備投資資金などを流用する形で 5,000 万円を投資したら向こう 30 年間に 4 億 5,000 万円の配当が得られるのです。

◎ 普通なら、他の方が実際にやってみて成果があれば追従するのでしょうが、そこは、餅は餅屋で住宅販売施工会社の皆様なら率先し、追従者に規範を示す事なのではないでしょうか。

◎ 夢や幻ではありません。アズ計画のしくみを知り危機感を感じて真っ先に手中に収める

のは住宅販売施工会社の皆様に於いて他に誰がいますか。

反旗を翻し威勢を放っても70年の鬱積を解き放す流れには逆らえません。

敢えて申し上げますが、傍観者の立場を貫くなど愚の骨頂です。

● 総合建設事業者の皆様は、4号建築物であり軽微な建物には興味がないかも知れませんが、建築物で一番耐用年数が長いのは木造建築です。

社寺仏閣がその歴史で証明しています。ただ新建材で厚化粧された現代の木造建築は、それらとは違い耐久年数は18〜20年、使用年数は50〜60年でしょう。

◎ そこにいくと、「日本の家」は純木造建築物で木を露わにした社寺仏閣に酷似した構造躯体を持ち、300年は使い続けられる類い稀なもので日本の標準化住宅と成り得るものだと思います。

◎ したがって、建物としての利用範囲は際限なく広がる訳です。今まで鉄筋コンクリートや鉄骨構造を木造に置き換える事ができます。例えば学校や集合住宅などもそうです。

◎ アズ計画では「日本の家」が建て続けられる事で達成されますので、住宅に限らず建物種類が多くなれば建築棟数も増え達成年度が早まります。

そのあたりを鑑み、いろんな意味を考慮して、総合建設業界としてアズ計画・新合掌村計画に参画して頂ければ幸甚です。

★ 新合掌村建設計画では、まさに街づくりで総合的にプロデースする事業者様が必要になります。公共事業にも匹敵する新合掌村建設計画は日本にとっては掛替えのない重要案件ですので皆様方の力添えが必要になります。

◎ 決まり文句で恐縮ですが、アズ計画への参画はアズ計画を推進させるパートナーとなりますので日本再生プロジェクト参戦に意思表示として支援投資金によるところの参画をご決断下さい。

◎ 日本をブロックに分け、棲み分けを計り効率よく新合掌村建設計画に参画して頂ければありがたい事です。相互扶助精神が発揮されるところでもあります。

全国のゼネコンさんが一斉にアズ計画への参画を申し出て頂いたら、アズ計画は成功したのも同然で、それだけ国造りに影響を及ぼす力があるという事ではないでしょうか。

◎ 日本再生プロジュエクトＡＺ・アズ計画／新合掌村計画は、なんといっても土地と建物を支配できる不動産流通事業者、住宅販売事業者、総合建設事業者の土地建物三銃士に託さなければならないのではないでしょうか。

○・「日本の家」建築予定者の皆様（住宅に限らず、直近・1、2年〜5年先を含む）

これから家を建てる人達にとっては朗報です

◎ これから推薦する方法を逃す手はないと思います。

◎ 多くの人達は、家を建てるには頭金が必要になると教えられています。

家の価格の1割〜2割は貯金して頂かないと住宅メーカーさんの家は建てられません。

◎しかし、今までの常識、固定観念、既成概念は破棄して頂いて結構です。

◎クラウドファンディング Web サイトでアズ計画が周知の事実となり、支援者・虎の巻が閲覧され、支援投資金・割当表や具体的な支援のやり方が世の中にさらされ、AS「家の駅」が整備され「日本の家」が住宅市場を席巻し始める事が予測されたら、「日本の家」建築予定者の皆様は推薦する方法を実践される事で、この上ない優雅な生活を手にする事になります。タラレバの話ではなくなります。

★200万円～300万円の原資があれば話が早いのですが、手持ちがないなら、その位（土地取得費や建築金額に対して 200～300 万円を指しての表現です）のお金を親戚や親父からチョイ借りしてアズ計画に参画し AS「家の駅」プロジェクトに支援する事です。

◎この位の金額を、早く開設しそうな AS「家の駅」もしくは地元に開設される AS「家の駅」に支援すれば、支援者は「営業店」となり 10 万円単位で 15 万円の配当が貰えます。200万円なら向こう 30 年間に 1,800 万円、300 万円なら 2,700 万円の配当が貰えます。

◎お気付きだと思いますが、もし土地取得や建築資金を銀行融資で賄う予定であれば、配当金は借入金の返済に宛がう事ができるという訳です。
　35 年ローンを組んでも期間内に配当金のみで返済は完了します。凄い事です。

◎今時、常識では考えられない事が起こるのです。土地建物がタダ同然、手に入れる事ができるのです。ただしこの手法は、お分かりとは思いますが、全国 3,591 の AS「家の駅」が開設される前段階で支援されなければ意味がありません。

◎家づくりや住宅ローンの在り方が変わると思いませんか。
　家を建てる時、収入がなくても保証人を立てなくても支援投資金が保証してくれ、200～300 万円で家を持てるのです。もちろん該当する人達には限度がありますが、「日本の家」を建てる場合には住宅ローン融資会社は審査基準に何らかの変化が生まれ住宅ローンの在り方を再考する動きに喫金にはなると思います。

◎家を建てようと考えている皆様がアズ計画に参画する事を決意し支援者となれば、アズ計画の進行スピードは新幹線から飛行機並みに推進させる事ができます。

◎具体的に 3,591AS「家の駅」がプロジェクトで目標支援投資金額は 2,160 億円です。
　平均 250 万円を支援するとしたら 86,400 人が支援者になれば目標金額は達成されます。これは A～Z のどのジャンルにも当てはまる事で一極集中はよくありません。
　支援投資金・割当表はそのためのものです。

◎住宅ローンに返済に宛がうつもりなら、借入金額に応じて支援投資金額を選択すれば事済みますが、その事に乗じて支援投資金額を上乗せすれば際限なく儲ける事はできます。

◎さらに、特別ルールによる特典があります。
　実際に「日本の家」を建てる時には、申し出により支援された支援投資金を一括還付する事はやぶさかではありません。
　至極当然の事で、還付金を建築資金の頭金として遣えるという事に他なりません。

◎「営業店」となりますので、AS「家の駅」が「日本の家」を建築し、報酬を受ける都度「故郷創生基金」への寄付行為や建て主様への返礼品の贈呈などで地域社会への貢献を果たす事にも繋がります。

◎「日本の家」建築予定者の皆様とは申しましたが、**お気付きの様に途中で家づくりを断念して「日本の家」を建てなくても、報酬（配当）は同じように受け取る権利があります。**

◎将来 2,000 万円から 3,000 万円を残しておきたい方は 200 万円、300 万円を支援しておけば元金を合わせると目標の金額に成る訳です。
この事は、支援投資金割当表の全員の皆様にも言える事なのです。

◎親戚や、親父から借りてでも支援したら！という意味がお分かり頂けた事と思います。
参画する人が急増する事が考えられるので先手必勝、早い者勝ちは否めませんが、支援投資金・割当表を作りできるだけ偏りをなくす方法を講じているのです。

Ｐ・大企業・中小企業、事業経営者（CSR 活動の一環）

◎皆様方にとっては、商売を継続し繁栄を極め続けるには最高の投資話ではないでしょうか。潤沢な内部留保金がある事だし、日本再生プロジェクト AZ・アズ計画推進の為、CSR 活動の一環として支援する事にはだれが反対すると思いますか、議論の場に持ち込んでも参画に反対する人は皆無でしょう。

◎全国 3,591 地域に開設するうち、たった一つの AS「家の駅」プロジェクトに 6,000 万円くらい支援する商売気を見せて欲しいものです。
皆様方が金輪際、見る事の出来ない報酬も手にするではないですか。

◎**支援者、「営業店」、AS「家の駅」運営の 3 冠王を組み合わせ従業員に活躍の場を提供するのも一つの方法です。**先手を打っておかないと、脱サラされて貴重な人財を失う羽目になるかも知れません。

◎将来的にアズ計画に参画している企業様は、CSR 活動に積極的で信頼のおける優良企業様のレッテルが張られ、益々事業の発展が見込まれ、何事にも屈せず日本経済社会を牽引する大企業へと上り詰めていくものと思われます。

◎クラウドファンディング Web サイトでアズ計画が周知の事実となり、支援者・虎の巻が閲覧され、支援投資金・割当表や具体的な支援のやり方が世の中にさらされ、AS「家の駅」が整備され「日本の家」が住宅市場を席巻し始める事が予測されたら、**商売のやり方が 180 度変わります。**

◎先手必勝、早い者勝ちとはいうものの一企業や組織で独占されてもいけませんので支援投資金・割当表を作りましたので、ほどほどのご協力ご支援をお願いいたします。

Ｑ・NPO 法人・社会的弱者支援団体・社会福祉関連団体・ボランティア団体

◎皆様方は、**広義の意味での社会的弱者の方々を支援されておられます。**

ですから、我々に支援者になれと云うのはお門違いで、支援して欲しいのは我々の方だ！と思われるかもしれませんが、そこを、良く考えて頂きたいのです。

◎アズ計画に支援して頂く事を、皆様方が社会的弱者の方々を支援する原資を増やすためのものだと割り切って、地元の AS「家の駅」プロジェクトに支援金を投資して頂きたいと考える訳です。

◎そうする事で AS「家の駅」が稼働すれば地元に創設される「故郷創生基金」を生かす事もできるし配当があれば本来の支援資金として生かす事にもなり支援の幅が広がるというものです。

◎補助金や助成金を流用する事や借入が起こせるのであれば、積極的に投資すべきだと思います。皆様に支援される側も、それを望む事ではないでしょうか。
アズ計画自体が社会貢献事業なのですから、皆様とはパートナーとして連携して事に当れば、良い結果につながるのではないでしょうか。

◎ボランティア支援団体さんに於かれましては、準備金・軍資金・寄付金・義援金・助成金の類をアズ計画にご支援ください。投資と割り切って頂き、支援金を増やす事を考えて頂きたいのです。

◎アズ計画が政府や行政が管轄する事にでもなれば即座に参画する筈です。現状そうではないので"支援者・虎の巻"を検証されてパートナーとなって頂きたいと思います。

◎常識では考えられないほどの配当金が得られますので、その財源をボランティアに参集される人達への支援金（交通費や食事代、宿泊代）にして頂きたいのです。
その事でボランティア活動を目指す人達は、今までより気軽にボランティア活動に参加できるのではないでしょうか。

◎また、全国のボランティア支援団体関連の皆様が一致団結してアズ計画に参画して頂ければ新合掌村建設計画が推進させられます。新合掌村には、自然災害で住む処を無くした被災者の皆様を受け入れる本格的住居が一村に 2,500 棟建設されます。

◎それは仮設住宅ではなく什器備品が完備された本格的な住居です。永住も可能です。
朝昼晩の三食付きで働く場所も確保します。
全国に新合掌村 900 カ所創れば 150 万戸にもなります。

◎新合掌村に関してはアズ計画・新合掌村計画・解説編を見て下さい。
アズ計画は皆様方と同じ方向を向いています。パートナーとして参画頂き、一気に新合掌村計画を成し遂げましょう。

R・住宅ローン融資・損害保険・会計士・行政書士・土地家屋調査士・司法書士・建築士

◎アズ計画のアズ計画による新合掌村建設計画が実現して行く過程で何らかの関係が生まれる人達です。

◎パートナーとしてアズ計画に参画して頂ければ有り難い事です。参画する事でそれ相応のメリットがある事はクラウドファンディング Web サイトでアズ計画を知り支援者・

虎の巻を閲覧された人達ならお分かりになる筈です。AS「家の駅」が整備され「日本の家」が住宅市場を席巻する事にでもなれば、**その流れ成り行きに従わざるを得なくなります。**

◎**運命は変えられるが宿命には従わざるを得ません。**

◎当然距離を置いてお付き合いさせて頂きますと云う方も居られるとは思うのですが、アズ計画に参画して頂ければ、将来の事業経営はうまくいくのではないでしょうか。

◎支援投資金とは言え、これは ご自身の欲得と未来事業への投資 です。
　一般の投資とは違います。支援投資金は AS「家の駅」プロジェクトを達成させるために遣い、それは等価交換方式で換金されます。
　この事はクラウドファンディングの購入型と同じで世間では認知されています。

◎アズ計画による支援投資金に対する配当というものは、AS「家の駅」が「日本の家」を建てるという経済活動した収益より捻出されるもので、当初の支援金とは別次元・異質のものです。コンプライアンスは？という質問に対して抗弁させて頂きましたが、如何お受け取りになられるでしょうか。

◎**全国に AS「家の駅」が 3,591 開設され 3,591 の新規事業者が誕生します。**
　行政書士の先生や会計事務所のお世話にならなくてはなりません。
　「日本の家」が住宅市場を制する事から建築士さんや住宅ローン融資の件はじめ土地家屋調査士や司法書士の先生にもお世話になります。

◎また、工事保険や火災保険では損害保険会社さんにお世話にならなければなりません。
　考えるまでもなく皆様がパートナーとして重要な役割を果たしておられる事からして参画をお願いしているわけです。

Ｓ・地域行政、議会議員、ACジャパン、日本赤十字社、日本ユニセフ

◎税金による世直しは一方通行で歳出（消費）されたお金が行き場を失っている事に気付いていません。これでは、税収を増やすか歳出を減らすかしか方法がないのです。**未曾有の少子高齢化時代を迎え、最善と云える策を施す機会は消滅したのも同然でしょう。**

◎遣る事と言えば、返す必要のない？国債を発行して国民の脛をかじり続けるのが関の山なのです。国民の皆様も同じような事を考えているのではないでしょうか。
　もはや、あきらめムードが、巷でも漂っています。

◎案ずる事はありません。消費されたお金が次の消費を生む、即ちお金を還流させて、さらにお金を生み出す仕組みが商売の原点で基本ではないでしょうか。
　顧客の消費を促すだけが商売ではありません。

◎地産地消のモノづくりで新モノづくり産業構造を構築し潜在需要（日本の家の建築）を**喚起させ、内需を拡大し収益を再投資する事で収益を生み**、その収益を生み出す原動力を新しい街づくり（新合掌村）に求め続ける事で世直し（経世済民）を図る事ができます。

◎それがアズ計画（日本再生プロジェクトAZ）によるアズ計画（全国 3,591 AS「家の駅」

相互扶助ネットワーク構想）で新合掌村計画へと誘ってくれる訳です。

◎商売でお金を生む仕組みこそが「経世済民」への道標になると考えるのですが、如何でしょうか。

この道には専門家や学識経験者がいませんので自画自賛するしかしょうがないのです。

★この際ですから敢えて書かせて頂きますが、アズ計画により新合掌村を増やす事は日本にとっては、どんなメリットがあるのか？　と問われて答える内容ですが・・・

●住生活を豊かにする・経済が活性化する・儲ける人を増やす・人口を増やす・雇用を増やす・税収を増やす・歳出を減らす・格差をなくす・困窮者を無くす・年金制度を無くす・支援難民を無くす・住宅難民を無くす・議員定数を削減する・補助金政策を無くす・助成金制度を無くす・生活保護制度を無くす・災害被災者を救済する・行政の在り方を変える・・・ご要望とあれば、すべて理屈を付けて説明する事ができます。

★日本再生プロジェクトＡＺ・アズ計画／新合掌村計画は全てが逆転の発想・真逆の発想から生み出されたものです。

政治・経済・社会・福祉に生かすアイデア・提案の類は湯水の様に湧いてきます。

★これを突き詰めれば、・・・『国家即ち"家づくり"は、誰彼とはなし欲得のためにするものではなく、持続可能な消費経済活動で"経世済民"を成し遂げ、偉大な国家を形成させるためにするものだ。と国民の皆様に意識を変えて頂く事が大切です』・・・国家の威信をかけ"家づくり"を自在に上手く操る事で、それを可能にしていくのです。

★こんなにドラマチックでエキサイティングな事業・商売・投資・儲け話・夢物語は、地球上では二度と起きません。

◎ですから、アズ計画に乗っかって参画を決意して頂ければすべてが丸く収まるのです。

◎行政も第三セクター方式や外部委託方式でクラウドファンディング Web サイトの管理運営者になって頂けたらアズ計画の推進スピードが飛行機から音速ジェット機並みに超高速化されてアズ計画が３年前倒しになること請け合いです。

◎アズ計画は国盗り合戦による出展権争いなので各自治体がいち早くパートナーとなって参画して頂けるかも知れません。

なんといっても「故郷創生基金」は地元自治体に創設して行政の負担を軽減させる訳ですから、連携し協定する必要がある事からして、当然の措置ともいえるでしょう。

◎"AC ジャパンはこの活動を支援（応援）しています"でお馴染みの AC ジャパンさんには特に同じ方向を向くパートナーとしてアズ計画には参画して頂きたいと思います。

◎テレビコマーシャルで CSR 活動とは、大人気ないのではないでしょうか。

テレビコマーシャルするお金があれば、アズ計画に支援して、その配当を"この活動を支援（応援）しています"と言っておられる社会活動団体に支援して差し上げたら如何ですかと言いたいのですが。如何でしょうか？

◎名指しで申し訳ないとは思うのですが、AC ジャパンのコマーシャルが流れる度、「名だ

たる大手企業が "AC ジャパン" を隠れ蓑に CSR 活動を大仰に演出し、体裁を繕っている事に」ムカつく気持ちを抑えるのに苦労しています。

◎日本赤十字社、日本ユニセフさんにも一言、言わせて頂きたい事があります。
　特に日本ユニセフのテレビコマーシャルは国際的にみて、日本社会の CSR 活動取組みへの見識を損なうもので、自重して頂きたいと思います。
　国民におねだりするなどしたら、日本の恥を曝している様なものです。
◎国民からの寄付に頼らず、ＡＣジャパンに頼み込み、内部留保金を貯め込んでいる企業から、ほんの一部を CSR 活動の一環として支援して貰えば良いだけの事ではないのですか、と言いたい訳です。テレビコマーシャルするお金があれば、そのお金も国際的支援に回せばいいではないですか。目的とその手段が逆転しています。

◎それと、支援活動されている皆様にも共通したお願いですが、集めた支援金をアズ計画に参画し AS「家の駅」プロジェクトの支援者となり報酬（配当）を得て、本来必要とする支援金を増やせば良いではないですか。
　これこそ "渡りに船" でアズ計画を上手く利用して下さい。

Ｔ・脱サラ等で起業家を目指す人達、自立・更生・社会復帰を目指す皆様方

◎脱サラ等で起業家を目指す人達は、支援者、「営業店」、AS「家の駅」運営の 3 冠王を獲得する立場に一番近いのかも知れません。
　誰にも束縛される事なく自由奔放にチャレンジできます。
◎早期退職・脱サラして起業家を目指すなら、脇目を振らず一目散に地元自治体管轄の AS「家の駅」運営者に応募する事です。本部から委託管理料として 100 万円を貰い受ける事ができる。さらに、AS「家の駅」運営者となり 6 カ月以内にオープンに漕ぎ付けたら特別報奨金 100 万円が貰える。超簡単に一国一城の主になれます。

◎当然、退職金の一部は自身がオーナーとなる AS「家の駅」プロジェクトに支援投資する事で想像以上の報酬（配当）を手にする事ができる。
　500 万円の支援投資金なら向こう 30 年間に 15 万円が都合 300 回で合計 4,500 万円の配当です。1,000 万円なら 9,000 万円です。
◎クラウドファンディング Web サイトでアズ計画が周知の事実となり、支援者・虎の巻が閲覧され始めたら競争が激化する事も予想されます。
　AS「家の駅」プロジェクトは 3,591 限りですから正に、先手必勝です。何はともあれ支援者、「営業店」、AS「家の駅」運営の 3 冠王の同時取得をお勧めします。

◎自立・更生・社会復帰を目指す人達は事実、現代社会では居心地の悪いと云う思いをされておられる事でしょう。アズ計画の究極の目的でもある新合掌村建設計画では、居心地がよくて良い社会活動ができる環境を提供しますので、アズ計画をご支援ください。
◎今巷では、引きこもり問題がよく取り沙汰されています。人間同士、人を思いやる気持

ちや絆の希薄さ付き合い方の歪さが引き起こしているような気がします。

スマホさえあれば何とかなる社会が原因の一つでもある訳で、今後AIロボットの出現で人間がマニュアルロボット化し人間関係はますます閉ざされていきます。

そのような社会であって、アズ計画を遂行させる事が喫緊の課題だと云っても良いのではないでしょうか。

◎子供の自立を強く望む親御さんや更生、社会復帰を願う支援者・団体の皆様にはアズ計画究極の目的でもある新合掌村建設計画の早期実現を目指し、アズ計画に参画頂きご支援頂きます様お願いいたします。

◎既存社会では、目を見張るほどの対応・対策は成されていません。

問題だ！とは取り上げられ、人目にさらされますが、自助努力しなさいとか自己責任だ！と云った他人事感が漂っています。

◎ココは自ら（親御さんや支援者の皆様とともに）が立ち上がり自分達の事は自分達で新合掌村ユートピア構想を実現させましょう。アズ計画に乗っかれば必ず実現します。

しかも社会貢献した上に、法外ともいえる配当まで貰え至高の喜びを得られます。

Ｕ・投資家、資産家、小口投資マニア、寄付金・義援金支援者

◎クラウドファンディング誌上＆Webサイトによる支援者募集による支援投資金は、一般的に実社会で存在する寄付金・義援金や投資とは全く違います。

またクラファンサイトの寄付型や購入型あるいは投資型とも異なります。

ただ、認知度の高いクラファンサイトにあやかりたいが為に採用したまでです。

◎クラウドファンディング誌上＆Webサイトで集めた支援投資金は等価交換方式で実行委員会が還付いたします。クラファン購入型との関連はさて置いて、アズ計画による支援投資金に対する報酬（配当）というものは、AS「家の駅」が「日本の家」を建てるという経済活動した収益より捻出されるもので、当初の支援金を等価交換で還付する購入型のクラファンとは別次元・異質のものです。

◎アズ計画自体、今まで誰も経験した事のない手法で世直しを敢行させるもので、経験則が通用しません。投資という事に於いても全く未知の領域です。常識的に見ても150％の配当を向こう30年間に6回、50年なら10回得られるなど尋常ではありません。

しかし実践に基づき実証済みの数字は嘘を付きません。

皆様方には、これから起こり得るものとして捉えて頂きたいと思います。

◎商売・投資で言えば元金保証でノンリスク超ハイリターンです。

数字に強い皆様方ならご納得の上でアズ計画に参画頂けるのではないでしょうか。

◎皆様方以外に、これこそ本物の投資だ！と割り切った人達は、クラウドファンディング誌上＆Webサイトでアズ計画を知り支援者・虎の巻を見て、支援投資金・割当表や具体的な支援のやり方が世の中にさらされだけで、参画する気になって頂けるのではないでしょうか。

◎投資と考えれば、投資枠には限度があります。AS「家の駅」プロジェクトは 3,591 です。目標支援金額は 6 千万円 X3,591＝2,154 億 6 千万円です。全プロジェクトが達成したら終了です。数字だけ見ると大きな金額ですが、支援者となる対象者が"支援者・虎の巻"の面々から見ると小さな金額です。

◎大手企業なら内部留保金の一部を支援すれば、即完了です。もしもそうなれば、巻頭に挙げた配当の 1 兆 9391 億 4000 万円は独り占めできます。**自分で種を撒き自分で刈り取る訳で結構な話です。しかも、その様になれば、アズ計画の成功率は 100％です。**

◎実行委員会としては遣る事が同じ事からして、"支援者・虎の巻"にある様に公平であり平等であって欲しいとの思いから支援投資金・割当表を作ったのです。

Ⅴ・物産展スタンプラリー、ポイント還元、返礼品関連／カード決済会社

●AS「家の駅」では観光旅行で AS「家の駅」物産展を巡り「日本の家」に「体験宿泊」する。また「日本の家」を建てる時、観光旅行を兼ねて AS「家の駅」に「体験宿泊」する。こういった機会が多くなれば、それを有効活用して貰って「日本の家」を建てる時の足しにして貰う「物産展スタンプラリー制度」を考えています。

以下①〜⑤がルールの一部です。
①スタンプラリーに参加ご希望の方は AS「家の駅」で AS「家の駅」パスポート を発行します。
②スタンプラリーでポイントを得るには自治体物産展スペースで 1,000 円以上の買い物をして下さい。買い物金額もボーナスポイントとして換金（適用工事・商品）できます。
③スタンプラリーで得たポイントを譲渡する事や合算する事ができます。ただしポイントを換金できるのは「日本の家」の建て主様に限定されます。
④スタンプラリーで獲得したポイントは消滅する事はありません。誰かに受け継がれて「日本の家」の建て主様が換金しても、建築後に獲得したポイントも誰かに譲渡する事ができます。
⑤建て主様が自身の建築で換金できる上限を建築総額の 3％とします。ただし集めたポイントが多く 3％を超えてポイントを換金する方法として、同時期にポイントを換金しないで建築する建て主様に買い取って頂き換金する事ができます。（**各建て主様が 3％まで換金する枠があるからです**）

●クラウドファンディング誌上＆Web サイトで支援者が支援した金額は 2000 円で 1P となります。支援投資金額の多寡に拘らず換金を希望する場合、何れかの AS「家の駅」を通じて同時期にポイントを換金する予定のない「建て主様」に買って貰って換金する事ができます。（AS「家の駅」が負担するのではなく本部が負担します。**各、建て主様が 3％まで換金する枠があるため問題がありません**）

●支援者が「営業店」となればAS「家の駅」から建築総額の 4％＋15 万円を営業販売手数料として受領して下記表の様に A、B、C にそれぞれ分配する事になるのですが、分配先

<u>C／建築総額の１％は「建て主様」に返礼品を贈呈する項目の返礼品をギフトカードや商品券、あるいは流通事業者のポイントで宛がう計画でいます。</u>

◎<u>アズ計画全体を通じて獲得したポイントを還元・換金する為、ポイント管理・決済会社が必要です。</u>

建て主様が建築する建築総額（円）	16,000,000	20,000,000	30,000,000
「営業店」が受領する営業販売手数料（建築総額の４％＋15万円）	790,000 円	950,000 円	1,350,000円
分配先Ａ／建築総額の２％はAS「家の駅」地元の「故郷創生基金」に寄付	320,000 円	400,000 円	600,000 円
分配先Ｂ／建築総額の１％は「建て主様」地元の「故郷創生基金」に寄付	160,000 円	200,000 円	300,000 円
分配先Ｃ／建築総額の１％は「建て主様」に返礼品を贈呈する	160,000 円	200,000 円	300,000 円
分配先Ｄ／15万円は「営業店」が実質報酬として受け取る（使途は自由）	150,000 円	150,000 円	150,000 円

★<u>この返礼品の還付は「日本の家」建築の都度、建築総額の１％が建て主様に贈呈されます。建築金額が2000万円として年間10万棟建てられたら総額200億円となり、50万棟では総額1,000億円です。</u>
<u>建て主様としても、幾つかの返礼品の中から気に入った物を選びたいと思う事から、10種類位のポイント還元カードを準備したいと考えています。</u>

★<u>物産展スタンプラリーで発行する AS「家の駅」パスポートや支援者に発行するポイント還元とも合わせて統一したポイント還元カードにする事も必要かと考えています。</u>
★<u>そこで、アズ計画に参画しパートナーとしてご協力頂けるカード発行管理会社を提携先として選ばせて頂きます。ポイントカード市場、類を見ない新しい試みですので斬新な提案をして頂けるカード決済会社と提携したいと思います。</u>

★<u>アズ計画に参画すれば、支援投資金の元金は保証換金され、支援投資金に対して150％の配当が永遠に続くし、カードで提携すれば、コマーシャルを流す事なく、スマホやネットに関係なく、熾烈な戦いを回避して自動的に売上が達成できる。</u>
この世の春を謳歌<u>できます。逃す手はないと思います。</u>
★**<u>支援投資金・割当表の事業者を差し置いて、トップバッターを務めてテレビコマーシャルを流せば、世間の目は"支援者・虎の巻"に釘付けとなり一気呵成に目標金額を達成するのではないでしょうか。</u>**
★<u>しかも、新しいカードを発行する事は、そう言う事でしょ！新しいものを提案する時も同じですよ、タラレバノ話です。しかし、アズ計画はその常識をものの見事に打ち破るでしょう。</u>

★今は想像の域を出ませんが、家づくりを始めとする新モノづくり産業構造の構築は未来永劫継続され続けます。新合掌村建設計画が推進され、新合掌村が社会にとって必要不可欠なものになれば、マイナンバーカードをも凌駕する "なくてはならないカード" になっているかも知れません。

W・地域活性化伝道師・地域おこし協力隊・インバウンド、外国人研修者

◎内閣府から任命された地域活性化伝道師の皆様、地域創生や地域活性化の為に頑張っておられるのでしょうが、同じ志を持つパートナーとして地域住民の皆様にアズ計画への参画を勧めて頂く事ができませんでしょうか。また、皆様方が主体となってアズ計画への参画を決めて先導して頂ければ、それに越したことはありません。

◎地域おこし協力隊の制度が始まって約 5,000 人に上る人達が応募され、ご活躍の事と聞き及んではいますが、成果は如何ほどのものなのでしょうか。5,000 人×300 万円で 150 億円の税金投入で、個々ばらばらに活動しても点の成果は線や面には広がり切らず、歯がゆい思いがあるのではないでしょうか。
ここは連携し、一致団結して一つの方向に向き合いアズ計画に参画しませんか？

◎インバウンドとは訪日外国人または外国人旅行者と訳せばいいのでしょうか、大いにAS「家の駅」の体験宿泊や物産展スタンプラリーで楽しんで下さい。
スタンプラリーで獲得したポイントは、世界で困っている人達へのプレゼントとして AS「家の駅」に置き土産として預けて頂けたら有り難い事です。
もちろんアズ計画に参画する事もできますので支援者募集に応募して下さい。
◎外国人研修者や日本で就労している外国人の皆様もアズ計画への参画を希望します。
特に新合掌村では外国人研修生や外国人就労者のお力を借りなければならないと考えています。
パートナーとして皆様が、住まう処の一つが新合掌村ですから、温かく迎え入れます。

X・地元地域になくてはならない信用金庫

◎地域創生・地域経済活性化を推し進める原動力は地元に根差す信用金庫ではないかと思います。これからは、少子高齢化の波にのまれ貸金業務そのものが受難の時期を迎えます。信用金庫法とかが立ちはだかり難儀するでしょうが、都市銀行や地方銀行にない特性を生かし、地域社会を変えるアズ計画に便乗してこの難局を乗り切って下さい。

◎アズ計画は住生活産業界を制してモノづくり産業界を活性化させます。
AS「家の駅」は金の成る木です。地域住民が AS「家の駅」プロジェクトに参画し、企業家を目指し AS「家の駅」運営者に名乗り出る折にはご支援賜ります様にお願いいたします。
◎また、AS「家の駅」物産展へは、地元地域のモノづくり事業者が出展して起業家を目指す事になります。その折にも、地域になくてはならない信用金庫として、ご支援賜ります

様お願いいたします。

◎新合掌村建設計画では近隣地域住民が連携して取り組む令和時代の一大イベントとなりますので、ご支援ご協力賜わります様、重ねてお願いいたします。

◎**アズ計画が推進され AS「家の駅」がフル回転すれば「日本の家」が住宅市場を席巻する事になりかねません。**アズ計画に参画し住宅ローン提携を取り交わす事で、地元の AS「家の駅」から住宅ローンが持ち込まれる事になると思います。
アズ計画をご理解頂き、丁重なる審査をして頂きたいと思います。

Ｙ・ネット銀行・ネット通販・サービス業・ＩＴ企業

◎AS「家の駅」が受注する「日本の家」は Web サイトで申し込める様にしていますので、ネット銀行・ネット通販の皆様には、まさにビッグチャンスではないかと思います。

◎アズ計画が推進され AS「家の駅」がフル回転すれば「日本の家」が住宅市場を席巻する事になれば、流通・物流に変化が生じます。**その事を逸早く読み解くのが皆様方で、それをモノにし、世の中をリードして行くのも皆様方です。**

◎ネット業界では、きっと次の一手となる筈です。「日本の家」は日本の標準化住宅としてネット販売が可能となり販売を一手に引き受け、住宅ローン融資の審査が軽減される事から住宅ローンを一手に引き受け、物産展スタンプラリーで発行する AS「家の駅」パスポートや支援者に発行するポイント還元と建て主様に贈呈する返礼品カードをも合わせて統一したポイント還元カードの発行管理決済を一手に引き受ければ、もはや小売流通業界に君臨するジャイアントキングです。

◎お気付きだと思いますが、支援投資金の扱いもそうですが、全国 3,591 の AS「家の駅」が稼働すれば運営者と建て主様、運営者と施工業者などのお金のやり取りはネットバンキングで通じてされる事になります。もちろん一本化する事で作業効率は高まりますので、そこには手数料収入の目がある訳です。

◎さらに、**AS「家の駅」の物産展**は一般市場に流通する前の物産が日の目を見れば、ネット通販にも参戦する事にもなり、**今までにないスタイル**と云う事から、**ますます通販ビジネスが活況を帯びます。**

◎全く新しいしくみの構築が必要になる事から、アズ計画に適合する良い提案をして頂きました事業者様とパートナー提携を結びたいと考えていますので、ご支援賜りますことを切に希望致します。

◎支援投資金に対する配当等は、くどくど申し上げるまでもなく、皆様方の目にはアズ計画は"大吉"と映っている事でしょう。
アズ計画を早期に実現させる為にも参画せて下さいます様お願いいたします。

Ｚ・支援者を発掘し紹介するサイドビジネス（副業）・限定された支援者

●支援者を発掘し紹介する サイドビジネス は地域住民の皆様始め国民の皆様が全員参加できます。

◎全てのしくみを把握して自身の言葉で勧誘する訳ではなく、クラウドファンディング誌上＆Web サイトでアズ計画を知って貰い、"支援者・虎の巻" を見て貰う事で紹介ビジネスが成り立つ筈です。

◎支援者になって頂く候補者は「支援者・虎の巻」で支援投資金・割当表に掲載された A ～Z に該当する人達ですから闇雲に探さずとも皆様の身近に大勢の方がおられる訳で、意外と簡単に紹介ビジネスに繋げられるはずです。

◎勧める方法は人それぞれですが、外回りが中心の営業マンなら得意先やクライアントさんに進める事もできます。スマホ・SNS も戦略的武器になります。
良い表現ではありませんが、高額支援者狙いで的を絞ってアタックして下さい。

◎クラウドファンディング Web サイトの支援投資金・割当表で A～Z の項目ごとの割当金額の達成度合いを逐次更新しますので、その動向を鑑みてターゲットを絞り込めば確率は高くなります。

◎しかし、支援者を見つけても、紹介者を介せず支援者となれば紹介者のメリットが損なわれますので、簡単なルールを作りますので、そのルールに準じて参加して頂けたら良いかと思います。

◎しかしながら、AS「家の駅」プロジェクトが達成され AS「家の駅」の開設が佳境に入れば、世間では周知に事実なれば状況が変わりますので、早めの対応が必要です。

◎AS「家の駅」プロジェクト目標達成金額 6,000 万円に支援する支援者を紹介したら 30 万円です。3,591 のプロジェクトがありますので数口まとめて支援者となり投資したら大きなお金になります。

★支援者を発掘し紹介するサイドビジネス（副業）／紹介ルール
☆支援者自身が紹介者となる事はできません。
☆支援者と紹介者が同一組織の企業と個人の場合は認められません。
☆支援者は、紹介者を介して支援者となった場合は双方合意に上で紹介承認証を交わしておいて下さい。
☆紹介料は支援投資金額の 0.5％と致します。
☆紹介者には換金ポイントを紹介料としてお渡しします。
　1 ポイントは 2,000 円で換金できます。
☆紹介者が獲得した換金ポイントは支援者として支援投資に転用する事ができます。
☆ポイントの換金は支援者が支援した金額の換金方法と同じで、支援投資金額の多寡に拘らず換金を希望する場合、何れかの AS「家の駅」を通じて同時期にポイントを換金する予定のない「建て主様」に買って貰って換金（AS「家の駅」が負担するのではなく本部が負担します）する事ができます。

●限定された支援者と最後のまとめ
◎ 相続 と云うものの見方を変えて考えて見たらどうでしょうか。

20 年先 30 年先を考えて AS「家の駅」プロジェクトに投資しておけば、たくさん子供が居っても、皆様に良い思いをして頂けます。300 万円を子供三人の為に支援しておけば、2,700 万円となり一人当たり 900 万円以上を手渡す事になります。
将来相続税で悩む事もなくなり、つまらぬ争うごとも回避できるというものです。

◎生前贈与と云う面でも同じことが言えます。特にご子息が家を建てる時にはよく生前贈与するケースが多いですが、○・「日本の家」建築予定者の皆様（直近・1、2 年〜5 年先を含む）の項目で前述したように 200〜300 万円の贈与では贈与税もかからず、配当で得た金額は住宅ローンの返済に回しタダで土地建物を手にしたことになるのです。この手を逃すべきではないでしょう。

◎相続や贈与とも違いますが、将来の生活に不安を覚えながら小銭を貯めざるを得ないでおられる高齢者の皆様方には、新合掌村建設計画が将来への不安を払拭させてくれますので、早く実現させる為にも「支援投資しておいたら良いと思うよ」と家族の人達が「詐欺受難防止策の一環として」勧めて上げたら如何でしょうか。
グッドアイデアではないかと思うのですが！

◎ギャンブル愛好家の皆様には、偶には大勝ちするでしょ、その時一部を取っておいて支援投資に回せば、後々思い切った勝負ができる程に配当が受け取れますよ。

◎全国 3,591 の AS「家の駅」プロジェクトで集める支援投資金 2,160 億円は一般庶民から見ればすごく大きなお金ですが、企業の内部留保金 446 兆円や年金積立金 153 兆円など国レベル（国家予算 100 兆円）で見れば小さなお金に過ぎません。一人当たりに換算すると 1,728 円くらいです。30 年間で割れば 1 年 58 円です。

◎政府は、年金積立金を投資で増やそうともしています。
そのほんの一部、すずめの涙ほどの金額をアズ計画に支援して頂ければ、何の苦労もせずにアズ計画・新合掌村計画は完遂させられます。
さらに、年金積立金も増やせる事になります。これも三方良しではないでしょうか。
◎政府がその気になってくれたら、あっという間にアズ計画・新合掌村計画は完遂させられます。しかし、物事が顕在化して来ないと重い腰が上がらないので無理にとは申しませんが、世間で周知の事実となれば、何かしらのご支援をお願いします。

★世の中には、将来の不安に対してお金を残しておく、保険を掛けておく、内部留保金を貯めておく、基金として準備しておくなど個人、企業、政府行政機関によって様々ですが、要するに日本の政治・社会・経済・福祉等情勢が不安でたまらないわけですか？ネ！
◎しかし、政府は一向に困った素振りを見せておりません。そりゃそうでしょう、個人や企業は金持ちですから、返すつもりのない国債を発行し国民の脛をかじっておれば、日本は安泰だと高をくくっているのですから、何の心配もないわけです。
◎政治・統治で以って“経世済民”（世の中を良く治め、人々を苦しみから救う）を成し遂

げなくてはならないのに世間と民衆を切り捨て経済の二文字とした上、政治と経済を分断し、実体経済を市場（仮想）経済に祭り上げ、その市場経済に翻弄される経済人達を下請けにし、経済に介入し経済をもてあそび、本来 "人々を苦しみから救う" という大義を見失い、市場経済ありきの困惑社会に変貌させた。

◎世と民を切り捨てたとは、即ち世間の営みを、ほぼ無視した政治を遣っているわけです。

◎本来、"経世済民"（世の中を良く治め、人々を苦しみから救う）は秩序のある商売で成されるものです。"道徳なき商売（経済）は罪悪である" とは "経世済民" を成そうとした先人達の金言でもあるのです。

◎C①AS「家の駅」開設用地提供者③コンビニの項目欄でも記述しましたが、今まさに、全てに事業者とは言いませんが "道徳なき商売（経済）は罪悪である" に反した商いを平気でやっています。"三方良し" の金言では、"売り手良し、買い手良し" まではいいのですが "世間良し" ができていないと云えるでしょう。

従業員には低賃金で働かせ利益第一主義で内部留保金を貯め込む、ＣＳＲ活動はスズメの涙、どこにも "世間良し" が見受けられません。

◎ "世間良し" とは商いを通じて儲けたお金を世間に回す、即ち還流させる事なのです。
その事を現状認識でコンビニさんに当てはめたのですが・・・それが以下の記述です　。

★顧客の消費を促すだけが商売ではありません。商売をはき違えておられます。

★気の毒に、お金は一方通行しています。
消費されたお金が行き場を失っている事に、誰も気付いていません。

★消費されたお金が次の消費を生む、即ちお金を還流させてさらにお金を生み出す仕組みが商売の原点で基本ではないでしょうか。他に沢山代わりを務める人（同業他社が沢山いる事です）がいる以上、商売を究め社会貢献しているとは言い切れないのです。

商売の原点を貫いて生まれたのが "アズ計画" であり
最初で最後！ 史上最強の儲け仕事です
こんなに ドラマチック で・ ファンタスティック で・ エキサイティング な
事業・商売・投資の話は "最初で最後" 二度、三度 と起こるものではありません

支援投資金・割当表上記 Ａ～Ｚ までの個人・事業者様が、自身の欲得を満足させ
未来永劫 継続した会社経営事業の安定経営をもたらしてくれる
"日本再生プロジェクトＡＺ・アズ計画／新合掌村計画" に
順次、参画を決意しだしたら、誰一人として、よもや失敗するとは思わないでしょう
皆様方 善意の参画で 遣り遂げねば成らない "経世済民" は もはや手中に在り！です

時代おくれのスマートハウス実行委員会はただ今、代表一人で運営準備中です
「日本の家」の家づくりは厚化粧なしのスッピン、お金の流れも可視化しオープンです
全てにおいて明朗会計で支援投資金にしても使途不明金を出しません
社会貢献事業と認識し、奉仕活動に徹します（2019 年 12 月）

第四章　アズ計画（日本再生プロジェクトＡＺ）／新合掌村計画　解説編

支援者や運営者になるにはアズ計画の全容を知らずに応募する事はできません
メリット、デメリットを把握する必要があります
あくまでも、本気で日本を変えるトリセツですから簡単に済ます訳にはいきません
読むのを諦めたら、史上最大の儲け話から脱落してしまいます
知れば知るほど納得した上で参画したくなりますので
覚悟を以って、最後までお付き合い下さい・読み飛ばさないで下さい

また、誌上＆Ｗｅｂサイトクラウドファンディングで支援者は
元金保証の上９倍の高配当が得られる支援投資であると明言している以上
実践に裏付けされた実務的な数字を挙げて
理論的に説明しないと納得されるものではありません
計上している数字は「日本の家」の建築施工棟数と建築金額に由来しますので
経過年度の数字は「日本の家」の普及度合いによって前後する事をご承知おき下さい
計上した数字は比較的抑え目ですので実際のところは
達成年度を短縮させられるものと考えています

全国 3,591 AS「家の駅」相互扶助ネットワーク構想

全国 47 都道府県 AS「家の駅」相互扶助ネットワーク構想

新合掌村計画や地産地消・物流面から独自に "道州制" を考えて見ました

※関東州３都県の郡部山間部地域は他道府県同様「国盗り合戦」に参戦して頂きます。
　ただし３都県の人口密集地帯（**東京２３区・さいたま市・川崎市・横浜市／巻末国取り
　合戦資料の斜め字体に該当します**）は巻末表記の通り関東州３都県以外の AS「家の駅」
　運営者に出展権を明け渡して頂きます（関東州一極集中を是正するための措置です）。

※道州の代表地域で赤太字は州都、黒細字は副州都を表し州都・副州都地域内７カ所に地
　域交流センターを兼ねた交流交易拠点 AS「家の駅・道府県名」を出展します。
　個別に出展するかモール形式（総合 AS「家の駅」物産展示場）にするかは地域の事情で
　変わってきます。
※全国の AS「家の駅」の物産展で好評を博した出展物を道府県単位の物産展に出展して頂
　きます。
※人口密集地帯の 州都・副州都地域内に 地方交流交易センター AS「家の駅・道府県」を
　道府県の 商工観光・モノつくり情報発信基地とする事で、日本を始め世界のバイヤーの
　目に留まり、商機が広がると共にメジャーデビューが現実のものと成ります。

※47 都道府県「国盗り合戦」戦略的出展権争い&

人口格差を考慮したアズ計画独自の道州制へ移行します

表㉗は代表地域に出展する AS「家の駅・道府県名」道府県物産展となります

表㉗：新合掌村計画や地産地消・物流面から独自に道州制を考えて見ました

道州名称	代表地域	代表地域に出展する AS「家の駅・道府県名」道府県物産展						
北海道	札幌市	北海道（543万人）						
東日本州 （10県） 2280万人	千葉市	千葉県①	茨城県①	岩手県①	福島県①	栃木県①	秋田県①	山形県①
	仙台市	宮城県①	青森県①	秋田県②	山形県②	岩手県②	福島県②	新潟県②
	新潟市	新潟県①	秋田県③	山形県③	岩手県③	青森県②	栃木県②	茨城県②
関東州 （3都県） 2958万人	さいたま市	北海道・東日本10県連合・中部10県連合・関西10府県連合・西日本13県連合						
	東京23区	北海道・東日本10県連合・中部10県連合・関西10府県連合・西日本13県連合						
	横浜市	北海道・東日本10県連合・中部10県連合・関西10府県連合・西日本13県連合						
中部州 （10県） 2301万人	名古屋市	愛知県①	三重県①	岐阜県①	福井県①	石川県②	富山県①	長野県②
	静岡市	静岡県①	山梨県①	三重県②	愛知県②	群馬県①	福井県②	岐阜県②
	長野市	長野県①	富山県②	山梨県②	群馬県②	静岡県②	三重県③	石川県③
	金沢市	石川県①	福井県③	富山県③	岐阜県③	長野県③	山梨県③	群馬県③
関西州 （10府県） 2507万人	大阪市	大阪府①	京都府②	滋賀県①	奈良県①	和歌山①	香川県①	徳島県①
	神戸市	兵庫県①	岡山県②	鳥取県①	徳島県②	香川県②	奈良県②	和歌山②
	京都市	京都府①	滋賀県②	奈良県③	和歌山③	大阪府②	鳥取県②	岡山県③
	岡山市	岡山県①	兵庫県②	鳥取県③	徳島県③	香川県③	滋賀県③	京都府③
西日本州 （13県） 2163万人	福岡市	福岡県①	佐賀県①	長崎県①	大分県①	山口県①	島根県①	鹿児島
	熊本市	熊本県①	鹿児島②	宮崎県②	山口県②	大分県②	愛媛県①	高知県①
	広島市	広島県①	愛媛県②	高知県③	島根県②	宮崎県②	佐賀県②	長崎県②

※沖縄県は福岡市・熊本市・広島市に出展

Ⅰ、AS「家の駅」について

1、AS「家の駅」の概要

●日本人は古来より、物（農林水産加工品他）を作って売って生活の糧としていた。
また物を作る場所で働いて報酬を得て生活の糧とした。これを繰り返し継続して地域は
発展し成り立っていた。地域住民が協力して"結のしくみ"で造っていた家つくりもモ
ノつくりの一つであった筈です。AS「家の駅」は、地域住民モノつくりの象徴の様なもの
であり、地域になくてはならないものとして地域再生復興・地域創生・地域活性化には
必要不可欠な存在になって行くのではないでしょうか。

●実行委員会では、特別ルール（2021 年 9 月 30 日が応募期限です）による国盗り合戦
（出展権争い）を生かす上で「家の駅」を家つくりに限らず「地場産業モノつくり」を情

報発信するアンテナショップ（物産展・以降 AS と表記）を併用させた AS「家の駅」を地域住民が運営すると云う現実的な提案をさせて頂く事にしました。

参考資料① AS「家の駅」基本となる設備

AS「家の駅・佐用」を例に図面・延床面積 355 ㎡の概要（●印 AS「家の駅」共通）

AS 出展スペース 208 ㎡（100 ブース）		事務所スペース 35 ㎡	「日本の家」モデルハウス 112 ㎡
A 佐用町物産展スペース	30 ブース	家の駅事務局の事務室	シェアー可能 4LDK 居宅タイプ
B 宍粟市物産展スペース	15 ブース	出展スペースの事務室	5 層スキップフロアー 至福の館
C 上郡町物産展スペース	15 ブース	トイレ洗面、シャワー	「体験宿泊」可能な設備を施す
D たつの物産展スペース	15 ブース	事務局の宿泊スペース	リビング お茶接待コーナー
E 美作市物産展スペース	15 ブース	在庫管理スペース	洋室を仕上げ打合せ室に利用
特設物産展スペース	10 ブース	出展スペース玄関	モデルハウス玄関は独立さす

★AS「家の駅」とは「日本の家」モデルハウスに AS 出展スペースを併設し事務所も兼ね備えた地域になくてはならない物つくりの拠点となるものです。

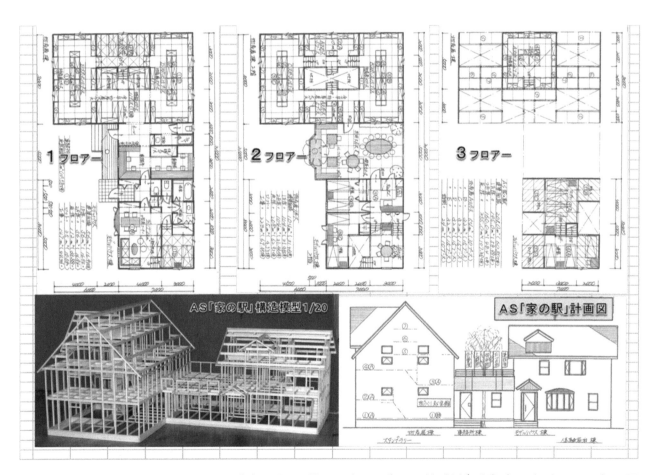

※上記立面図・平面図は AS「家の駅・佐用」をモデルに筆者が手書きしたものです。写真は図面に基づき 1/20 のスケールで製作した構造模型です。

AS「家の駅」タイプ別構成比率と AS「家の駅」タイプ別支援金の目標金額は**参考資料①**を見て下さい。

参考資料② AS「家の駅」タイプ別構成比率と AS「家の駅」タイプ別支援金の目標金額

AS「家の駅」の物産展棟（アンテナショップ）は同じ間取りとするが
「日本の家」モデルハウス棟は地域性を考慮して各種タイプ別（用途別）で構成する

郡部・山間部地域に開設する AS「家の駅」			建築需要旺盛な市街地に開設する AS「家の駅」		
用途タイプ	構成比率	支援目標金額	用途タイプ	構成比率	支援目標金額
住宅・居宅	85%	6,000万円	住宅・居宅	70%	6,000万円
二世帯住宅	3%	6,500万円	二世帯住宅	5%	6,500万円
シェアハウス	2%	6,500万円	シェアハウス	5%	6,500万円
ペンション風	5%	7,000万円	二階建て連棟借家	5%	6,500万円
店舗併用住宅	5%	6,500万円	店舗併用住宅	15%	6,500万円
代表事務局併設		＋500万円	都道府県支部併設		＋500万円

2、AS「家の駅」の開設用地（約200坪）の提供をお願いします（シェア・コラボ）

★AS「家の駅」開設地は郊外の幹線道路沿いが良いでしょう。
また敷地に余裕のある観光施設、ショッピングセンター、レジャー施設、コンビニ、道の駅等人が多く集まる場所が最適です。当然、借地で OK です。
従来の住宅展示場にありがちな人口密集地域に造る必要は無いと思います。
地域住民全員の総力で情報を共有したらすぐに見つかるのではないでしょうか。
自治体や公共施設の空き地・遊休地を無償で提供して貰えば尚更良いでしょう。

●昨今、郊外であれ市街地でも複合型のショッピング施設が斜陽化？とでも言いますか衰退の一途をたどっている風に見受けられます。
少子高齢化やネット通販の影響か？さまざまな要因があると思いますが、**今後もこの傾向は続くものと思わなければならないでしょう。**

●そこで AS「家の駅」とシェア・コラボしませんか！AS「家の駅」は今までなかった新商売ですから如何なる業種業態ともバッティングする事はありません。
むしろ客寄せパンダになります。AS「家の駅」にしても既存店舗の集客力は魅力です。
お互いがメリットを共有できるのではないでしょうか。

●誰も経験した事のない新商売を取り込み、今まで想像もつかなかった相乗効果で地域を盛り上げる事に繋がります。是非、お申し出下さいます様、宜しくお願いいたします。

敷地をシェア・コラボしましょう！

●AS「家の駅」開設用地が先行して確定すれば起業家を目指す AS「家の駅」運営者候補にとっては勇気をもらう事に成ります。また AS「家の駅」運営候補者から敷地提供への打診がありましたら快く応じて頂けます様重ねてお願い申し上げます。

3、AS「家の駅」運営事業の概要／（AS「家の駅」運営者募集）

●AS「家の駅」（事務局）の開設と運営（フランチャイズ規定）

★まず、最初に AS「家の駅」の「日本の家」販売施工システムでは顧客と一括工事請負契約を結ぶものではなく**業務委託契約を結び施主直営施工を代行する役目**を担います。

従って建設業法や宅建業法には一切抵触致しません

直営施工代行業で建築コンサルタントに近い職種になります

★時代おくれのスマートハウス実行委員会本部と**入会誓約書を交す事で** AS「家の駅」**事務局として認定**されます。

★AS「家の駅」を開設するに際し費用は本部が全てを負担するので**正味ゼロ円**で AS「家の駅」**事務局を運営**できます。

★AS「家の駅」を運営するに当たっては**入会金や年会費などは一切不要である。**

★AS「家の駅」の運営は顧客建築時に本部へ**規定のロイヤリティを支払う事で継続させる事ができる。**

★AS「家の駅」は相互扶助の精神で全国でネットワークされていますので絶対沈む事はありません。

●**フランチャイズ規定（業務内容）**

①AS「家の駅」開設に当っては**本部から委託されて** AS「家の駅」建築全てを代行する。

②当該 AS「家の駅」開設の**建築過程で「日本の家」販売施工システムを習得する事。**

③顧客から依頼を受けて**施工に関しては「日本の家」販売施工システムを順守する事。**

④「家の駅」に併設する AS（物産展）の運営に関しては「物産展・運営管理マニュアル」を**順守する事。**

⑤物産展スタンプラリー希望者には AS「家の駅」パスポートを発行しポイントの管理を行う事。

⑥建築の都度支援者「営業店」には既定の販売手数料を支払い、顧客への還付サービスを監督する事。

⑦他の AS「家の駅」に当該顧客の「体験宿泊」を依頼した時は**委託報酬料として 10 万円を支払う事。**

⑧旅行観光客やインバウンド客が「体験宿泊」を申し出た場合、別途規定に従い快く引き受ける事。

⑨設計サポートや不慣れな点は実行委員会本部が**全面的に支援（AS「家の駅」未整備地域を含む）**いたします。

●特に重要 新しいクラウドファンディング誌上＆Web サイトで応募して

AS「家の駅」運営者への特別規定

①フランチャイズ規定の①と②にある様に AS「家の駅」運営者は自身が運営を予定する AS「家の駅」を建築し開設する前に業務委託契約を交わす事で本部から委託管理料として 100 万円を貰い受ける事ができる（支援者を募ったり事前の準備と 120 日の工事期間中の運営管理費に宛がう事ができます）。

②さらに、AS「家の駅」運営者となり 6 カ月以内にオープンに漕ぎ付けたら特別報奨金 100 万円を進呈します（7 カ月以内なら**80 万円**、8 カ月以内なら**60 万円**、9 カ月以内なら**40 万円**、10 カ月以内なら**30 万円**、11 カ月以内なら**20 万円**、12 カ月以内なら**10 万円**とします）。

③言うまでもなく、AS「家の駅」運営者となれば本サイト自身プロジェクトの管理者として状況報告やサイトの更新、SNS を駆使し支援者獲得運動に邁進して頂かなければなりません。（AS「家の駅」開設プロジェクト・P50、P51 参照の事）

●AS「家の駅」運営者の応募は本サイトから申込み手順に従って頂きたいのですが、本部で面談する折、事務局に認定する基準として、**アズ計画・新合掌村計画への理解力と社会貢献事業への想い、また正義感が強く誠実であるか、金銭感覚はどうか、さらに事務局を統括する代表事務局や代表事務局を統括する都道府県支部を視野に活動できるか**などを選考基準に認定させて頂きますのでご了承ください。

4、AS「家の駅」運営事業の収益（アズ計画・新合掌村計画の指標となる）

参考資料③ FC・AS「家の駅」の開設・運営での年間販売見込みと収益シミュレーション

・・・FC はフランチャイズの事です・物産展での物販出展者の売上げは計上していません・・・

建築総額を 1,600 万円で算出「営業店」報酬/総額4％+15万		●印 郡部山間部地域 AS「家の駅」に該当（可能性を考慮して）（単位・円）		☆印 建築需要旺盛な地域 AS「家の駅」に該当			
1	年間販売施工棟数	12棟	24棟	48棟	72棟	96棟	110棟
2	事務局の売上@188万	22,560	45,120	90,240	135,360	180,480	206,800
3	「体験宿泊」受託報酬@10万	2,000	1,000	700	600	500	500
4	AS 販売手数料（10％）	4,000	4,000	4,000	5,000	6,000	6,000
5	AS「家の駅」売上（2〜4）	28,560	50,120	94,940	140,960	186,980	213,300
6	ロイヤリティA（4％=64万円）	7,680	15,360	30,720	46,080	61440	70,400
7	ロイヤリティB（3.4〜4.5％）	6,528	13,363	30,412	48,614	68,505	79,200
8	展示場用地（20年定期借地）	1,500	2,000	2,400	2,400	2,400	2,400
9	事務局 必要事務経費	1,500	1,550	1,650	1,750	1,850	1,900
10	駅長（事務局長）の報酬	7,000	8,000	9,000	10,000	11,000	12,000
11	システムクリエーター経費	0	4,000	12,000	19,200	26,880	31,360
12	サポート・パート人件費	3,000	4,500	5,000	6,000	5,000	5,000
13	アンテナショップ維持経費	600	600	600	600	600	600
14	「体験宿泊」委託経費@10万	100	500	1,000	1,500	2,000	2,500
15	年間必要経費/返済期間中	21,380	36,510	62,370	86,530	111,170	126,160
16	年間必要経費/返済終了後	20,228	34,513	62,062	89,064	118,235	134,960
17	営業利益（少ない方を採用）	7,180	13,610	32,570	51,896	68,745	78,340
18	住宅再建基金に寄付	3,810	7,660	21,420	39,140	55,990	65,590
19	改め営業利益	3,370	5,950	11,150	12,756	12,755	12,750
20	「営業店」への報酬金額	9,480	18,960	37,920	56,880	75,840	86,690
A	故郷創生基金（運営者地元）	3,840	7,680	15,360	23,040	30,720	35,200
B	故郷創生基金（建て主地元）	1,920	3,840	7,680	11,520	15,360	17,600
C	「建て主様」への返礼品	1,920	3,840	7,680	11,520	15,360	17,600
D	「営業店」正味報酬@15万円	1,800	3,600	7,200	10,800	14,400	15,500

★**参考資料③** FC・AS「家の駅」の開設・運営での年間販売見込みと収益表を解説します。

※2／AS「家の駅」事務局の売上げは「日本の家」建築時の「**実施計算書**」の本部と事務局の合計金額です。

※2／AS「家の駅」事務局売上には「営業店」に支払う**販売手数料を支払った後の金額を計上しています。**

※3／「体験宿泊」受託報酬は 全国 3,591AS「家の駅」から「体験宿泊」の依頼を受けて得られる金額です。

※4／AS 販売手数料は 各物産展スペースで販売された売上げの手数料金額（10％）を計上しています。

※6／本部経費（建築総額 1,600 万円の 4％で 64 万円）は AS「家の駅」開設時の建築費用（約 6,000 万円）返済期間中の FC のロイヤリティに相当します。

※7／本部経費（建築総額 1,600 万円の 3.4〜4.5％）は AS「家の駅」開設時の建築費用返済終了が年間建築棟数に応じて決められるもの（**参考資料④**で確認の事）で FC のロイヤリティに相当します。

※10／駅長（事務局長）とは AS「家の駅」事業運営者の事で システムクリエーター （施工代行業）も兼務します。

※11／システムクリエーター経費（**参考資料⑥**で確認の事）とは建て主様と**業務委託契約**を交わし直営工事の施工代行するシステムクリエーターの人件費用です。

※3と 14／「体験宿泊」の受託報酬と委託経費は相反し AS「家の駅」活性化の指標となるものです。

★特に重要！FC・AS「家の駅」の開設・運営で特にお金の流れを解説します

※17／営業利益（少ない方を採用）は・・・**参考資料④**／AS「家の駅」事務局 フランチャイズ契約／ロイヤリティ規定により**ロイヤリティ支払いが大きいケースを採用して算出しています。**

※18／住宅再建基金に寄付は・・・その営業利益に対して**参考資料⑤**／AS「家の駅」運営事業収益から「住宅再建基金」に**寄付する％（パーセント）割合規定**から「住宅再生基金」への寄付額を算定しています。

※19／改め営業利益は・・・17／営業利益から 18／「住宅再生基金」への寄付額を差し引いた金額です。

●営業利益に対して「住宅再生基金」への寄付額が相当な金額だと思うでしょうが、を差し引いても事業規模からして、**そこそこの利益を上げる仕組みです。**
何よりも「住宅再建基金」への寄付額の大きさに驚かされるのではないでしょうか。
さらに実行委員会本部が建築価格を年次的に低減させて捻出する「住宅再建基金」と合わさって究極の目的でもある「新合掌村計画」の建設資金となる訳です。

※20／「営業店」への報酬金額は・・・**参考資料⑦**／「営業店」が建て主様が建築を依頼した AS「家の駅」から指名を受けて受領する営業販売手数料（報酬）の分配先と分配金額（円）

から算出したもので ＡＢＣＤ に分配されます。さらに総括表から抜粋した **参考資料⑧** では 30 年先までの見通しを読み取る事ができます。

● この「営業店」への報酬こそが「アズ計画」の根幹を成すもので、お金を回転させて地域創生・地域活性化を実現させます。
　特に **「故郷創生基金」** は少子化問題や教育問題を解決する方向に寄与する筈です。

● 「営業店」への報酬金額は「日本の家」を建てる建て主様から建築費として頂いた営業販売経費（建築総額の４％＋15 万円）分をそのまま本サイトの支援者でもある「営業店」に報酬として支払うもので AS「家の駅」運営事業に於ける収益表には反映さず、全く別会計となります。

※ 補足 ／●印　郡部山間部地域 AS「家の駅」の運営者が危惧する処と云えば、そもそも建築需要がそんなにない地域なので安全に経営できるか？という問題ではないでしょうか。しばらく辛抱すれば **新合掌村の建設** が始まります。建設地は都会ではなく郡部山間部地域です。AS「家の駅」相互扶助ネットワークを駆使して建築工事は、本部主導で割振りしますので安心して下さい。・・・・・まだ不安ですか？　家を造る職人さんは建築現場の地元であっても発注先の AS「家の駅」は遠く離れていても問題ないという事です。

参考資料④／AS「家の駅」事務局　フランチャイズ契約／ロイヤリティ規定
　○　AS「家の駅」開設準備資金の返済期間中は建築総額の **4％** と規定する
　○　AS「家の駅」開設準備資金の返済が完了すれば前年度の成績でロイヤリティ％を仮決めして年度末に総建築棟数に該当するロイヤリティ％金額に応じて清算する

参考資料④年間棟数による建築総額に対するロイヤリティ金額（3.4～4.5％）表

棟数	総額%	棟数	総額%	棟数	総額%	棟数	総額%	棟数	総額%	棟数	総額%
20	3.40	34	3.68	48	3.96	62	4.12	76	4.26	90	4.40
21	3.42	35	3.70	49	3.98	63	4.13	77	4.27	91	4.41
22	3.44	36	3.72	50	4.00	64	4.14	78	4.28	92	4.42
23	3.46	37	3.74	51	4.01	65	4.15	79	4.29	93	4.43
24	3.48	38	3.76	52	4.02	66	4.16	80	4.30	94	4.44
25	3.50	39	3.78	53	4.03	67	4.17	81	4.31	95	4.45
26	3.52	40	3.80	54	4.04	68	4.18	82	4.32	96	4.46
27	3.54	41	3.82	55	4.05	69	4.19	83	4.33	97	4.47
28	3.56	42	3.84	56	4.06	70	4.20	84	4.34	98	4.48
29	3.58	43	3.86	57	4.07	71	4.21	85	4.35	99	4.49
30	3.60	44	3.88	58	4.08	72	4.22	86	4.36	100	4.50
31	3.62	45	3.90	59	4.09	73	4.23	87	4.37	101	4.50
32	3.64	46	3.92	60	4.10	74	4.24	88	4.38	102	4.50
33	3.66	47	3.94	61	4.11	75	4.25	89	4.39	103	4.50

参考資料⑤／AS「家の駅」運営事業収益から住宅再建基金に寄付する（％）割合規定

営業利益（万円）	～100	101～200	201～300	301～400	401～500
寄付する歩合%	50	51	52	53	54
営業利益（万円）	501～600	601～700	701～800	801～900	901～1000
寄付する歩合%	55	56	57	58	59
営業利益（万円）	1001～1100	1101～1200	1201～1300	1301～1400	1401～1500
寄付する歩合%	60	61	62	63	64
営業利益（万円）	1501～1600	1601～1700	1701～1800	1801～1900	1901～2000
寄付する歩合%	65	66	67	68	69
営業利益（万円）	2001～2100	2101～2200	2201～2300	2301～2400	2401～2500
寄付する歩合%	70	71	72	73	74
営業利益（万円）	2501～2600	2601～2700	2701～2800	2801～2900	2901～3000
寄付する歩合%	75	76	77	78	79
営業利益（万円）	3001～3100	3101～3200	3201～3300	3301～3400	3401～3500
寄付する歩合%	80	81	82	83	84
営業利益（万円）	3501～3600	3601～3700	3701～3800	3801～3900	3901～4000
寄付する歩合%	85	86	87	88	89
営業利益（万円）	4001～4100	4101～4200	4201～4300	4301～4400	4401～4500
寄付する歩合%	90	91	92	93	94
営業利益（万円）	4501～4600	4601～4700	4701～4800	4801～4900	4901～5000
寄付する歩合%	95	96	97	98	99
営業利益（万円）	5001～				
寄付する歩合%	100				

参考資料⑥／AS「家の駅」事務局が設定するシステムクリエーターの報酬規定

建築総金額に対してのシステムクリエーター報酬パーセント（2.5～1.0%）表

建築金額（万円）	%	報酬額（円）	建築金額（万円）	%	報酬額（円）	建築金額（万円）	%	報酬額（円）
1,000	2.5	250,000	1,600	2	320,000	2,500	1.6	400,000
1,100	2.5	275,000	1,700	1.95	331,500	2,750	1.5	412,500
1,200	2.4	288,000	1,800	1.9	342,000	3,000	1.4	420,000
1,300	2.3	299,000	1,900	1.85	351,500	3,500	1.3	455,000
1,400	2.2	308,000	2,000	1.8	360,000	4,000	1.2	480,000
1,500	2.1	315,000	2,250	1.7	382,500	5,000	1	500,000

参考資料⑦／「営業店」が建て主様が建築を依頼した AS「家の駅」から指名により受領

営業販売手数料（報酬）の分配先と分配金額（円）

建て主様が建築する建築総額（円）	16,000,000	20,000,000	30,000,000
「営業店」が受領する営業販売手数料（建築総額の 4％＋15 万円）	790,000 円	950,000 円	1,350,000 円
分配先 A／建築総額の 2％は AS「家の駅」地元の「故郷創生基金」に寄付	320,000 円	400,000 円	600,000 円
分配先 B／建築総額の 1％は「建て主様」地元の「故郷創生基金」に寄付	160,000 円	200,000 円	300,000 円
分配先 C／建築総額の 1％は「建て主様」に返礼品を贈呈する	160,000 円	200,000 円	300,000 円
分配先 D／15 万円は「営業店」が実質報酬として受け取る（使途は自由）	150,000 円	150,000 円	150,000 円

※「建て主様」は返礼品を指定する事ができ AS「家の駅」物産展の商品を指定する事もできます。
※「建て主様」は地元の「故郷創生基金」や「住宅再建基金」に寄付する事もできます。
※特別な返礼品を指定されたら「営業店」は他の営業店仲間から仕入れて贈呈すれば良い。
※「建て主様」はポイントとして受け取り、いつでも自由に換金する事ができます。

次頁参考資料⑧ 表B「営業店」が受領する営業販売手数料（表は 99 頁に掲載）
（建築総額 1,600 万円の 4％＋15 万円）の分配先と分配金額

※列 V（億）／建築総額の 3％を全国の「故郷創生基金」に寄付される年度別合計金額です。
※列 W（円）／最近の年間出生数が 100 万人くらいなので年度別に 100 万人に人達に支援できる平均金額を表しています（6 年後なら 100 万人の方に平均 176,900 円となります）。

※列 X（円）／ここを注意して見て欲しいのですが・・・兵庫県佐用町を例に挙げますが、同じ 6 年後で見てみると 1,664,000 円（10 年後には 1,924,000 円です）となります。この事は国盗り合戦（領有権争奪戦）で AS「家の駅」を 6 カ所に出展して得られた成果と云えるものであり、人口の少ない郡部や山間部地域に配慮した特別ルールの仕組みによってもたらされたものなのです。
※列 Y（億）／支援者が「営業店」となり、「営業店」として受け取れる正味の年度別報酬金額です。
※列 AB（億）／建て主様が建築毎に受け取る返礼品の年度別合計金額です。
※表Bは年度別に集計したもので総括表から抜粋しています。

参考資料⑧　表Ｂ「営業店」が受領する営業販売手数料

| 表B「営業店」が受領する営業販売手数料（建築総額1,600万円の4％＋15万円）の分配先と分配金額 ||||||||||

初年度とは全国3,591地域にAS『家の駅』を開設する初年度準備期間	年度別平均建築棟数 建築費1,600万円 全国3,591地域AS『家の駅』の一次建築総建築数	年度別合計建築棟数 建築費1,600万円 全国3,591地域AS『家の駅』の第二次〜第六次建築の追加建築棟数	年度別総合計建築棟数 建築費1,600万円 年度毎の総建築棟数（第一次〜第六次建築の合計建築棟数）	第一次建築からの増加率（％）	故郷創生基金・財源 建築毎に捻出され支援者「営業店」から寄付される（建築総額の3％）	近年出生数1年間100万人として1万世帯に支援する金額（単位円）	対1兵庫県.佐用町の例 1象6万1千2百人の世帯で年間試算しで受取る支援金額	支援者は「営業店」となる・「営業店」の年度別正味報酬総額（一棟15万円）	建て主様は建築毎に受け取れる返戻金（建築総額の1％）
列(単位) A(棟)	B(棟)	S(棟)	T(棟)	U	V(億)	W(円)	X(円)	Y(億)	AB(億)
備考		HJLNPR	BHJLNPR	T÷B	T×48万円	V÷100万	B列対象	T×15万円	T×16万円
初年度　0									
1年後　1	3,591		3,591	100	17	1,723	17,000	5	5
2年後　12	43,092		43,092	100	206	20,684	199,200	64	68
3年後　24	86,184	970	87,154	101.1	418	41,800	416,000	130	139
4年後　48	172,368	3,105	175,473	101.8	842	84,200	832,000	263	280
5年後　72	258,552	11,046	269,598	104.2	1,294	129,400	1,248,000	404	431
6年後　96	344,736	23,834	368,570	106.9	1,769	176,900	1,664,000	552	589
7年後　110	395,010	41,037	436,047	110.3	2,093	209,300	1,906,666	654	697
8年後　110	400,000	57,987	457,987	114.4	2,198	219,800	1,924,000	686	732
9年後　110	400,000	62,302	462,302	115.5	2,219	221,900	1,924,000	693	739
10年後　110	400,000	64,813	464,813	116.2	2,231	223,100	1,924,000	697	743
11〜15　550	2,000,000	352,492	2,352,492	117.6	11,291	1,129,100	9,620,000	3,528	3,763
16〜20　550	2,000,000	352,492	2,352,492	117.6	11,291	1,129,100	9,620,000	3,528	3,763
21〜25　550	2,000,000	352,492	2,352,492	117.6	11,291	1,129,100	9,620,000	3,528	3,763
25〜30　550	2,000,000	352,492	2,352,492	117.6	11,291	1,129,100	9,620,000	3,528	3,763

5、AS「家の駅」運営事業の実務（「日本の家」販売施工システム）

●「日本の家」の施工代行業

★AS「家の駅」でのモデルハウス棟は日本の標準化住宅を目指したもので、今まで日本の住宅市場に定着する事のなかった家つくりなのです。北米などでは標準化住宅と云えば異口同音に"ツーバイフォー工法によって建てられるツーバイフォー住宅（2Ｘ4住宅）と答えられるはずです。それは日本の半値ぐらいで建てられる家つくりなのです。日本にもその様な日本独自の標準化住宅があれば今よりもっと安く家が建てられるのに・・・との思いから「日本の家」を開発したのです。

★現在のところ、日本の家づくりは多くの人達が介在して大層に建てています。新たに開発した「日本の家」は AS「家の駅」に従事するシステムクリエーターがたった一人で家つくりのすべてに対応します。標準化住宅にする事で介在する人達を劇的に少なくて済むようにできるのです。当然の事の様に人的コストが下がります。

★さらに、家つくりを標準化する事で何から何までもが一元化され物的面でコスト削減ができます。ここでは余談になるかも知れませんが、実行委員会本部では建築価格を年次的に低減させて捻出する「住宅再建基金」を究極の目的でもある「新合掌村計画」の建設資金となる訳です。

●「日本の家」とはどんな家なのか（基本編）・・・基本は自由設計です

①「日本の家」は、日本の標準化住宅

建築現場と構造模型

　「日本の家」は、高品質・高性能・高耐久・高耐震・高気密・高断熱が担保された、**モノコック軸組合掌パネル工法**という構造躯体を限定し、外観意匠、内装、間取り、設備機器は自由に選択することのできる家づくりで、北米では標準化住宅といわれる 2×4 住宅に習った日本の標準化住宅を目指したものであります。

　すべてを設えた構造躯体は新建材で化粧しない木造打ち放し住宅ですから、安心・安全を言葉や数値で示すまでもなく、目視で確認することができます。

　世間に普及すれば、大量に建築・生産されることで、北米の 2×4 住宅同様、家づくりコストは右肩下がりで低減され続けることでしょう。

②「日本の家」は、とっても丈夫な家・長持ちする家

　木造住宅では、一番頑丈な**軸組パネル工法**（在来工法と 2×4 工法を合体させたイメージ）を採用していますので、特別な耐震設計をしなくても家中の壁が筋交として働きますので、耐震強度は通常の 2～3 倍です。

　木造打ち放しの造り方は、お寺や神社と同じ。家が長持ちすることは歴史が証明しています。

写真は「家の駅姫路」本館モデルハウス【2009 年 10 月竣工】

③「日本の家」は、新建材で化粧しない素っぴんの家

壁天井が自然素材で囲まれた家

　天井も壁も柱も梁も、家の骨格がむき出しの木造打ち放し仕上げ。標準仕様で、こんな一見粗野で野趣豊かな「家」。

　天井板を張り、壁にクロスを貼るなど内装に施される化粧は、耐震性からも、耐久性からも、気密断熱性からも、過剰な装飾でしかありません。

　「ロハスで DIY 風な」あるいは日本人好みの「木の佇まいを漂わせるような家」「過剰な装飾は要らない」そんな家を求める方に、オススメ！天井裏・屋根裏は隠さず、壁にビニールクロスは一切貼らない。

　新建材で厚塗りしていない素っぴんの家。それが「日本の家」です。

④「日本の家」は、本格木造・自然素材の健康住宅

　家に入ると木の香りに癒されます。森林浴をしているようで、朝とても気分よく目覚めます。化学物質の心配がない家ですので、成人の方ばかりでなく、高齢者の方、お子さんにとって安心・安全です。

家にいる時間の長い主婦や高齢者、**お子さんの健康面、特にシックハウス症候群やアレルギー、アトピー、結露によるカビ・ダニなどによって健康を害する不安から解消されます。** 素材が丸見えだから、隠された部位で家が傷み、腐り、ネズミやアリに侵され、雑菌が繁殖するということがありません。

写真は「家の駅姫路」別館モデルハウス【2011年11月竣工】

⑤「日本の家」は、自分好みに手を入れて楽しめる家

中二階のダイニングキッチン

インテリアや照明器具、カーテン、内装壁紙、レンガ、タイル、自然塗料、天然板貼で楽しみたいという方へ。

「日本の家」は、建てた時点では'白いキャンバス'です。 住まいはじめて壁に和紙を貼ったり、塗り壁にしたりということが日曜大工の感覚でできます。**カントリー調やプロヴァンス風や古民家民芸調など思いのままです。**

もちろんご希望なら建築時に、お好みの内装仕上げを施すこともいたします。

お子様やペットが壁を汚しても、サンダー掛けをすれば元通り、家は気を遣う飾り物ではなく、生活で使うものですから、どんどん暮らしを楽しんでください。

⑥「日本の家」は、多層構造（スキップフロアー）の家

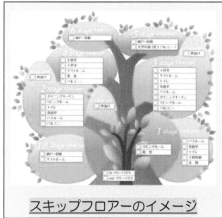

スキップフロアーのイメージ

同じ空間でも、床フロアー面積を約1.5倍に増やすスキップフロアー。一般住宅の半分程の高さの階段の登り下りは楽です。各フロアーとは絶妙の位置関係を生み、家族の息使いが感じられます。

風の通る家は、開放的で遊び心が生まれ、子供が大変に喜びます。狭小地では、隣家と接していても立ち位置がずれる為、目線を合わせなくて済みます。

毎日飽きることなく家族みんなで楽しめ、心の豊かさを味わえます。

⑦「日本の家」は、空間魔術で空間を100％生かす家

スキップフロアーの構造模型

空間魔術で5つのタイプに分類。無駄な空間を一切作らない家です。空間の利用は平面図では分かりづらいので、右の写真のように**構造模型**を製作します。

1/20のスケールで構造躯体を再現させます。構造模型を事前に確認することで、思い違いや収納スペースの確保といった過失を未然に防ぐことができます。

木造打ち放しの家なので、**構造模型が現場の主役（教科書）**にもなります。

⑧「日本の家」は、家族構成の変化に合わせて間取りが変化してくれる家
フレキシブル可変空間の備えつけられた家（可変空間を持つ家）です。

　同じ空間をスキップ構造で５割増の床面積利用に変え、人と物の収容力を増し、あらかじめ設えられた可変空間を家族構成の変わるたびに都度間仕切りを変化させられ、家族の住み方に合わせられるフレキシブルな家づくりは、「**日本の家**」をおいて他には見受けられません。

　フレキシブル機能住宅とは、どこでもドア、どこでも壁という、間仕切りを変える準備を建築時に施すことで、10年・20年・30年経過し家族の成長や変化に合わせて、**間仕切りの変更が費用を掛けずに DIY 感覚でできるのです。**

⑨「日本の家」は、吹き抜け空間が住み心地を豊かにしてくれる家

　リビングの吹き抜けとスキップフロアー中２階ダイニングキッチンの位置関係が絶妙です。3800mm とほどよい高さの吹き抜けはダイニングキッチンと一体感があり、明かりを取り込み開放的で心を豊かにしてくれます。

　家の中心でもあるリビング吹き抜けは２階へと風を通し、室内換気を満たしてくれ、家全体が呼吸します。

**　別荘で過ごす感覚が味わえます。**

⑩「日本の家」は、切妻屋根が特徴的な家

「家の駅姫路」本館モデルハウス

　切妻屋根は、壁体内換気から屋根換気、棟換気へと空気を誘導換気します。

　壁体内結露対策の生命線ともなっています。

**　切妻屋根は、３方切妻、４方切妻、入母屋造りやドーマーといった変化にも対応します。**

　法規上の北側斜線制限にも対応し易く、また北側の軒を低く押さえ屋根勾配をきつくすれば、隣地への日照も確保され易くなります。

　スキップフロアーにすることで室内の立ち位置に変化が生まれ、隣家住人と直接目線を合わさなくてすみます。

⑪「日本の家」は、木造２階建であれば用途を選ばない家

喫茶店・多目的店舗の施工例

　注文住宅以外に、戸建借家、賃貸住宅、分譲住宅、社宅、公営住宅、別荘、二世帯住宅、店舗住宅、店舗、事務所、公共住宅、集合住宅、子育て介護高齢者向住宅、ホームシェアー住宅等にも可能です。

**　フレキシブル住宅なので、用途の転用が容易です。**

　自然素材による木造打ち放しの家は、呼吸するので空き家放置しても損傷しません。**腐る要素を廃除した家なので、中古住宅でも価値が下がりません。**

アフターメンテナンスが不用（外装は別）なので、用途が限りなく広がります。

⑫「日本の家」は、日本で一番安く建てられて経済的な家

無駄なお金を掛けない家づくり

[1] まず「日本の家」の家づくりで最も重要なのは参考資料⑨「実施計算書」です。
一般の家づくりでの見積書に当たるものですが、実施計算書は生活実態価格とも言い、
「この金額で生活できるまでの工事が全て含まれています」という、実際に必要とする
原価を示しています。原価直営方式ですから日本一最安値で建築できます

[2] 「日本の家」の発想の原点は、昔ながらの「大工さんによる家づくり」です。

[3] 昔は元請けの住宅メーカーも工務店もなく、現場監督もいなかったのです。「日本の家」
は、大工さんが"家掌"（かしょう）として工事を采配します。

[4] 一括請負契約をする元請業者がいません。
つまり全ての建材や色々な職人さんの手配、契約、発注、検査、支払いはお客様が行
うことになります。これを施主の「直営施工」といいます。
お客様は元値で家を建てられます。ですから、キッチンやお風呂などにB級品を使っ
て安くするのではなく、きちんとしたメーカー品でも、直接買うから安いのです。
ココが重要です！・・・この「直営施工」は施主と「時代おくれのスマートハウス実
行委員会」事務局が業務委託契約書を交わすことで施工を代行いたします。

[5] 大工さん（家掌）だけで品質面は大丈夫なのか？
大工さんの腕次第で、良い家になったり悪い家になったりしないか？
その心配は「日本の家」が解決します
大工さんの熟練度に左右されず、非常に強固で機密性の高い家を作る工法です。
しかも、スピーディに建てられます。この工法の基本は昔からの在来工法ですから、
地元の大工さんもよけいな手間賃を請求することはありません。

[6] 建築費だけが安いのではなく、維持管理費も安上がりです。
「日本の家」では特殊な金物や建材を用いず、どこでも誰でも買える標準的な建材だけ
で組み上げますから、将来の維持補償が楽です。また、家の骨格が露出していますか
ら、これも維持補修や痛みの早期発見に有効です。

[7] 「日本の家」の家づくりは、一括請負工事ではなく直接施工です。
分離発注方式なので原則、瑕疵担保保険は掛けられません。
それに代わる策として、大工（家掌）、職人（職方）、本部、事務局が連携して、10年
保証の保証書を発行いたします。

参考資料⑨　「日本の家」の建築はココから始まる「実施計算書」（2019年5月時点）

姫路　太郎　邸　新築工事　実施計算書（8％税込）	2019年　5月　吉日

時代おくれのスマートハウス実行委員会

☆私は実施計算書を承認した上で住宅パックを購入、施工システムの実施を依頼します。

顧客プランNo. 2820116001-2

住所

氏名

建築地：姫路市〇〇町35-20　　　　（335 m3）

建物概略：建築面積（59㎡）1F床面積（56㎡）2階床面積（57㎡）延床面積（113㎡ 34.18坪）ロフト床面積（㎡）工事面積（139㎡ 42.04坪）

建築工期：提出日（　　）・承認依頼日（　　）・工期（90日・105日・120日）・解体着工（　　）・基礎着工（　　）・上棟（　　）・完成引渡（　　）

A	住宅パック（住宅キット＋施工システム）			B	施工パック	
1.	木工事			1.	家拏フレイマー工事　（家拏管理費を含む）	1,458,000
1	主要構造体	986,440		2.	地盤調査	21,600
2	プレカット加工	552,560		3.	仮設便所	16,200
3	米松KD材 造作材	178,250		4.	仮設足場	125,000
4	端柄材	331,200		5.	産業廃棄物処分費	86,400
5	針葉樹合板（28mm、12mm、9mm）	918,500		6.	基礎工事	956,000
6	断熱材（スタイロホーム 55mm、35mm）	265,800		7.	FRP防水工事	65,800
7	プラスターボード	25,600		8.	左官タイル工事	157,600
8	破風、鼻隠、軒裏化粧部材	298,500		9.	チャフウオール塗り壁工事	0
9	床材、巾木材	335,400		10.	屋根工事	358,900
10	階段材、ハシゴ、手すり、カウンター、棚材等加工材	159,800		11.	樋・板金工事	85,600
11	内外装パネリング材	0		12.	外壁工事	925,870
2.	アルミサッシ（ベランダ手すり笠木含む）	944,000		13.	塗装工事	0
3.	タイル、ブリック	39,800		14.	内装和紙張工事	0
4.	輸入建材（フローリング、パネリング）	93,000		15.	内装工事（カーテン・ブラインド取付工事）	0
5.	トップライト	0		16.	製作木製建具工事	236,590
6.	既製木製建具　（ドア、クローゼット折戸）	335,800		17.	タタミ工事（縁付、坊主）	45,500
7.	和紙	0		18.	屋内、屋外電気設備工事　（空調機器を含ます）	558,790
8.	塗壁材料（チャフウォール）	0		19.	照明器具工事	0
9.	住宅設備機器（キッチン材工共）	555,400		20.	屋内、屋外給排下水、給湯設備工事	635,600
10.	住宅設備機器（ユニットバス材工共）	465,000		21.	合併浄化槽工事	0
11.	住宅設備機器（洗面化粧台　材のみ）	50,000		22.	アスファルト除去工事	0
12.	住宅設備機器（便器　材のみ）	100,000		23.	金物類（構造金物、釘、ボンド、換気口、雑貨）	287,900
13.	住宅設備機器（給湯器・エコキュート　材のみ）	285,000		24.	洗い工事	40,000
14.	住宅設備機器（　　　　　　）	0		25.	建築確認申請費用	345,000
15.	太陽光発電設備工事	0			1～22　施工パック　合計	6,406,350
16.	住宅キット販売経費（住宅キット×8％）	553,604		C	完成引渡　総計　（A＋B）	16,000,004
	住宅キット　小計	7,473,654		D	改め完成引渡　総計	16,000,000
17.	営業販売経費　　　C×4％＋150,000円	790,000		建築諸費用 1	上下水道引込工事、給水負担金	別途
18.	システムクリエイター経費　C×3％＋400,000円	880,000		2	土地取得関連費用	別途
19.	施工システム経費　C×5％-350,000円	450,000		3	新築表示保存登記費用	別途
	システム管理費　小計	2,120,000		4	住宅ローン借入諸費用	別途
	住宅パック　小計	9,593,654		5	新築火災保険料	別途

●「日本の家」とはどんな家なのか（建物編）・・・・基本は自由設計です

①「日本の家」・・・「ツリーハウス　天空の森」

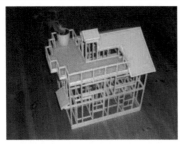  

「日本の家」スキップフロアー6層住宅はツリーハウスを彷彿とさせます。

　家の中央に神木があってその周りを通常の半分の短い階段で6層をスキップして登る、正にお城の天守閣を連想させます。

　その特性を生かし、ツリーハウスのリビング吹き抜け部分に本物の木を使った小ぶりのツリーハウスを創作する空間を設け、さらに天守屋上には庭園を創作する天空の森バルコニーを設えました。その家は「ツリーハウス　天空の森」と名付けました。

　正に家族と自然が共生する新しい住まい方をもたらしてくれる筈です。

　リビング吹き抜け部分に創るツリーハウスは高さ3.8mあります。家族の記憶、想い出、夢、希望などを年月掛けて創作してみて下さい。また、屋上の天空の森には庭園、菜園、植樹などで家族の憩いの場を演出してみて下さい。

　実行委員会ではいずれ、家族の思い出「ツリーハウス」と「天空の森」の創作につきましては賞金付きの創作コンテストを計画しています。写真はツリーハウス天空の森プランの構造模型です。ツリーハウス天空の森としては間口6m奥行き7mで比較的小さな家ですが魅力満載のプランです。

②「日本の家」・・・「ツリーハウス　地上の森」

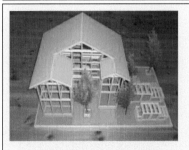

ツリーハウス　地上の森

地上の森のスキップイメージ

　「天空の森」は5ステージを屋上として利用するプランですが、「地上の森」は敷地内にアウターリビングとしてツリーハウスのスペースを持つ家です。

　狭小地であったり、周囲の建物の影になったり充分に採光・日照が取れない場合にコの字型建物配置で庭を確保することができます。

　外壁面積や出隅入隅が増えることで多少建築費が高く付きますが、それ以上の満足感を得られることを予見することができます。

　間口の狭い土地・旗竿地の様な閉鎖的な空間を開放的な空間に変えることができます。また、変化に富んだツリーハウス空間を楽しむことができます。

　多少なりとも安く買える土地に輝きを持たせる「地上の森」は売れ難い土地にとっては救世主になるかも知れません。

③「日本の家」・・・「ツリーハウス　至福の館」

ツリーハウス　至福の館

至福の館のスキップイメージ

　1ステージはリビングルーム、2ステージはダイニングキッチンといった間取りパターンとは異なる「至福の館」は小さな家でもLDKを広く取れる大満足のツリーハウスです。

　リビングルームは2ステージ、ダイニングキッチンは3ステージです。

　従って建築面積と同じ面積のLDKが取れるのです。

　1ステージにLDK・水回りを配置するプラン同じ面積のLDKでも2～3ステージに持ってくると建築面積は80％で済みます。

　要するに水回りに必要とする面積を建築面積から減らすことができるのです。

　これこそ空間魔術、ツリーハウスの真骨頂といえるのではないでしょうか。

　家族がLDKを家の中心として生活できるのでコンパクトで経済的なところから「至福の館」と名付けました。

④「日本の家」・・・「ツリーハウス　平屋一番館」

家つくりの理想は・・・・・そりゃ平屋建てでしょう！とよく言われます。

　しかしながら、その理想を建てられない現実が垣間見えてくるのです。

　土地が広くないので絶対無理！　平屋は坪単価が高くなり予算的に無理がある！など建てられる人が限定されてくるのです。

　その数々の難題を解消するのが平屋建て風二階建て、新企画商品の「平屋一番館」です。普段の生活、リビングルーム、ダイニングキッチン、その他水回りは一階フロアーで、就寝や来客時のゲストルームは2〜3層フロアーでいいのではないでしょうか！

　一般の平屋建て住宅の無駄な小屋裏空間を、スキップを使った2〜3層に生かす「平屋一番館」は平屋建ての常識を覆します。

　多くのプランは玄関からリビングに至る動線をバリアフリーにしていますので高齢者にも対応できて終の棲家に最適ではないでしょうか。

⑤「日本の家」・・・「ツリーハウス　45度の輝」

ツリーハウス　45度の輝

ツリーハウス　45度の輝（4区画）

　街並みを一変させる建物配置・新登場の「45度の輝」が見事に答えます。

　建物配置を道路または境界線に対して45度振ることで建物4面に光を当てます。隣の家からの視線も遠ざけます。敷地が倍になった錯覚さえ感じます。

　敷地利用計画、植栽計画も思いのまま、車庫位置も変化を持たせられます。借景も遠慮なく、隣家付き合いも楽にできます。土地は共用するという考え方が根付くのではないでしょうか。

　分譲地を初期段階で設計するケースや細長い土地、間口の狭い土地、三角地、旗竿地など設計に難儀するケースにご利用いただけます。

　参考資料の分譲地に計画したプランを始め参考になるプランを通販システムにアップしていきます。「日本の家」は基本的にフレキシブルな家だからこんなことも可能にさせるのです。

●「日本の家」とはどんな家なのか（施工事例編）・・・基本は自由設計です

　　「日本の家」施工事例・外観10点・内観10点（十分な施工実績が在ります）

「日本の家」／「ツリーハウス　45度の輝」構造模型

●「日本の家」の建築はココから始まる「実施計算書」

★**参考資料⑨**は一般の建築では「見積書」に当るものですが、施主直営工事を業務委託契約
　でその施工を AS「家の駅」に従事するシステムクリエーターが代行する為の全ての指標
　となるものです。

参考資料⑨ 「日本の家」の建築はココから始まる「実施計算書」（2019年5月時点）

姫路 太郎 邸 新築工事 実施計算書（8％税込） 2019年 5月 吉日

時代おくれのスマートハウス実行委員会

☆私は実施計算書を承認した上で住宅パックを購入、施工システムの実施を依頼します。

住所　　　氏名

- 顧客プランNo. 2820116001-2
- 建築概略：姫路市○○町35-20
- 建物概略：建築面積（59㎡）1F床面積（56㎡）2階床面積（57㎡）延床面積（113㎡）34.18坪 ロフト床面積（ ）㎡ 工事面積（139㎡）42.04坪（ ）
- 建築工期：提出日（ ）・承認依頼日（ ）・工期（90日・105日・120日）・解体着工（ ）・基礎着工（ ）・上棟（ ）・完成引渡（ ）
- (335 m3)

A 住宅パック（住宅キット＋施工システム）

	項目	金額
1.	木工事	
1	主要構造体	986,440
2	プレカット加工	552,560
3	米松KD材 造作材	178,250
4	端柄材	331,200
5	針葉樹合板（28mm、12mm、9mm）	918,500
6	断熱材（スタイロホーム 55mm、35mm）	265,800
7	プラスターボード	25,600
8	破風、鼻隠、軒裏化粧部材	298,500
9	床材、巾木類	335,400
10	階段材、ハンゴ、手すり、カウンター、棚材等加工材	159,800
11	内外装パネリング材	0
2.	アルミサッシ（ベランダ手すり笠木含む）	944,000
3.	タイル、ブリック	39,800
4.	輸入建材（フローリング、パネリング）	93,000
5.	トップライト	0
6.	既製木製建具（ドア、クローゼット折戸）	335,800
7.	和紙	0
8.	塗壁材料（チャフウォール）	0
9.	住宅設備機器（キッチン材工共）	555,400
10.	住宅設備機器（ユニットバス材工共）	465,000
11.	住宅設備機器（洗面化粧台 材のみ）	50,000
12.	住宅設備機器（便器 材のみ）	100,000
13.	住宅設備機器（給湯器・エコキュート 材のみ）	285,000
14.	住宅設備機器（ ）	0
15.	太陽光発電設置工事	0
16.	住宅キット販売経費（住宅キット×8%）	553,604
	住宅キット 小計	7,473,654
17.	営業販売経費 C×4%+150,000円	790,000
18.	システムクリエイター経費 C×3%+400,000円	880,000
19.	施工システム経費 C×5%-350,000円	450,000
	システム管理費 小計	2,120,000
	住宅パック 小計	9,593,654

B 施工パック

	項目	金額
1.	家掌フレイマー工事（家掌管理費を含む）	1,458,000
2.	地盤調査	21,600
3.	仮設便所	16,200
4.	仮設足場	125,000
5.	産業廃棄物処分費	86,400
6.	基礎工事	956,000
7.	FRP防水工事	65,800
8.	左官タイル工事	157,600
9.	チャフウォール塗り壁工事	0
10.	屋根工事	358,900
11.	樋・板金工事	85,600
12.	外壁工事	925,870
13.	塗装工事	0
14.	内装和紙張工事	0
15.	内装工事（カーテン・ブラインド取付工事）	0
16.	製作木製建具工事	236,590
17.	タタミ工事（縁付、坊主）	45,500
18.	屋内、屋外電気設備工事（空調機器など含む）	558,790
19.	照明器具工事	0
20.	屋内、屋外給排水、給排設備工事	635,600
21.	合併浄化槽工事	0
22.	アスファルト除去工事	0
23.	金物類（構造金物、釘、ボンド、換気口、雑貨）	287,900
24.	洗い工事	40,000
25.	建築確認申請費用	345,000
	1～22 施工パック 合計	6,406,350
C	完成引渡 総計（A+B）	16,000,004
D	改めて完成引渡 総計	16,000,000

建築諸費用

1	上下水道引込工事、給水負担金	別途
2	土地取得関連費用	別途
3	新築表示保存登記費用	別途
4	住宅ローン借入諸費用	別途
5	新築火災保険料	別途

※表の左側１６，１８，１９の合計がAS「家の駅」（事務局）が売り上げとなる金額（約188万円）です。

※表の左側１７の営業販売経費（建築総額の4％＋15万円）が支援者（営業店）に支払われます。

※表の左側１６，１７，１８，１９の金額を世の中に回しアズ計画・新合掌村計画を推進させる仕組みです。

※ただし、原価方式の建築工事ですが、住宅キットは価格を平準化できますが、地域により施工賃・手間賃等物価指数が変わる事がありますので全国共通と云う訳には行きません、その辺はご了承下さい。

★実施計算書の表の左側１６,１７,１８,１９の金額がどの様に流れるかは、全国３,５９１AS「家の駅」相互扶助ネットワーク構想プロジェクト・お金の流れ編で確認する事ができます

表⑥：全国３,５９１AS「家の駅」相互扶助ネットワーク構想・お金の流れ（５年後年間４５万棟を想定）

表⑥は第一章１９ページに大きな画像で掲載しています

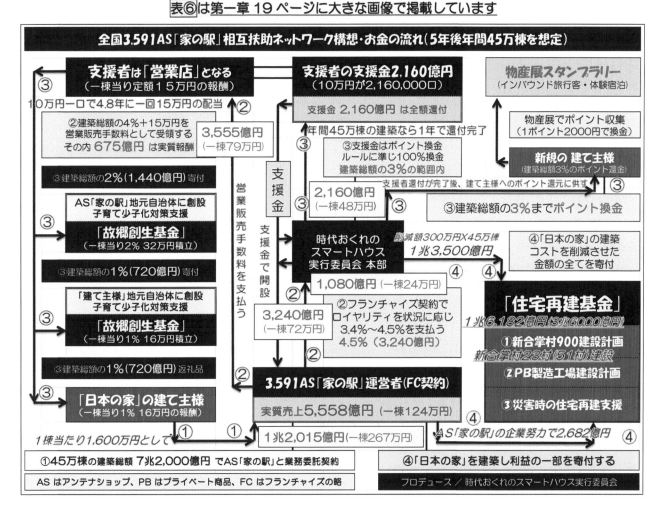

６、AS「家の駅」物産展（アンテナショップ）

★AS「家の駅」に併設されるアンテナショップ　自治体物産展に関して意義と効果

（アンテナショップの概要・出展条件／尚、出展先は　各都道府県サイトの表で確認の事）

①出展販売ブースへの出展希望者は当該自治体のAS「家の駅」運営者に申し出て下さい。

②物産展スペースは半年毎にローテーション通りに物産展スペースごと移動して頂きます

③当該自治体・商工団体主導で商工・観光・移住・定住促進コーナーを１ブース確保して下さい。

④自治体別の物産展スペース各出展販売ブースの　使用料は支払う必要ありません。

⑤出展品は第３者の意見を聞き自他ともに認め厳選を重ねた上で商品棚に値付けし陳列して下さい。

⑥出展販売ブースへの商品ディスプレーや商品値付けメンテナンスは**出展者ご自身**でお願いします。

⑦出展品は AS「家の駅」が**販売代行**します。在庫は**在庫管理スペース**でお預かりします。

⑧出展した商品が売れたら**販売代行手数料**として販売金額の **10%**をにお支払下さい。

⑨販売状況により、**月1回程度**は集金、商品の補充やメンテナンスにお越し下さい。

⑩物産展には**特設スペース**を設け、**嵩張る商品、新商品や売れ筋商品**を優先し展示します

⑪在庫商品の一部は AS「家の駅」で買い取りイベント企画で「建て主様」に進呈します。

⑫**注意！**地元特産の生鮮食料品や大きな商品は写真やカタログ販売にして下さい。

◎出展販売ブースの展示床面積と壁面積です（出展する商品はお互い譲り合って下さい）

（物産展スペースが 30 ブース・15 ブースならＡＢＣＤが混在する事となります）

Aブース／床面積４㎡占有で**壁面積8㎡**（壁面積幅4m 高さ2m）棚の奥行きは45㎝
Bブース／床面積３㎡占有で**壁面積6㎡**（壁面積幅3m 高さ2m）棚の奥行きは45㎝
Cブース／床面積２㎡占有で**壁面積4㎡**（壁面積幅2m 高さ2m）棚の奥行きは45㎝
Dブース／床面積１㎡占有で**壁面積2㎡**（壁面積幅1m 高さ2m）棚の奥行きは45㎝

※物産展スペースと出展ブースはそれぞれの AS「家の駅」計画平面図で確認できます

★物産展（アンテナショップ）に出展する製品・品物・モノ・商品・販売する物とは何を指すのか（一般市場に流通していないモノを優先します）

①地域に埋もれている物産品（民芸品・工芸品・木工品・陶芸品・加工品・手芸品・機械加工品・装飾品・調度品・芸術品・アクセサリー・農林水産加工品等、但し市場に広く流通している物は除く）

②後継者がいなく継承できない**伝統的モノつくり技術**（伝統製法による伝統工芸品の類）

③零細企業、家内工業で造るモノつくり物産品（販売店舗がなく流通させられない事情を抱えている）

④生活の知恵を生かした物つくり（家庭生活で家族をエンジョイする物・趣味嗜好をエンジョイさせる物・子供の育児教育に必要な物・家庭生活を楽しくさせる物・豊かな暮らしをエンジョイさせる物・子供の豊かな感性を引き出す物・家事労働を軽減させる物・モノつくりに興味を持ってもらう為の物・心のケアーをする物など生活雑貨商品や住生活関連アイデア商品の類）

⑤試作品のテスト販売の場として全国 3,591AS「家の駅」特設スペースを利用して頂けます（テスト販売・モニタリングですから無償で提供して下さい）。

流通市場バイヤーの目にも留まります

⑤日本の標準化住宅「日本の家」の建築で役立つ部材・建材・木製加工品・装飾品・自然素材加工品等（※**特に重要！**・・・評判が良く実行委員化本部に認定されたら「日本の家」指定商品として採用させて頂きます）

さらに、従来から日本の建築で使用されている木製品、外装部材、内装部材、住宅設備機器なども出展して頂きましたら家を建てる人達には大いに参考になるのではないかと考えます。

★物産展（アンテナショップ）は地域になくてはならないものにする

◎AS「家の駅」の〇〇町物産展スペースを〇〇町の情報発信基地と捉え物産品の出展販売のみならず地元生産の生鮮食料品のカタログ販売や観光案内、さらに〇〇町の出先機関として利用する。

◎物産展に出展した物産品が評判を呼ぶ事になれば、日本を始め世界のバイヤー達の目に留まる事となり市場流通社会への メジャーデビューを果たす道が開かれるのです 。

◎物産展に出展する事業者は個人であれ企業、組織、団体でもすべての皆様が「営業店」となる訳です。ですから本業と「営業店」との掛け持ちでまさに相乗効果が期待されるところです（この項目は支援投資して「営業店」になられた皆様が対象となります）。

◎「営業店」は個別ではなく仲間で連携し、グループや組織で顧客サービスを提案する方が「建て主様」の顧客満足度は高くなると考えられます（この項目は支援投資して「営業店」になられた皆様が対象となります）。

7、物産展スタンプラリーと体験宿泊

★物産展と「日本の家」が融合！スタンプラリー・体験宿泊で「家つくり」を楽しんで貰う
★体験宿泊とは
○「家の駅」展示場としての開館時間は午前１０時～午後 5 時なので空き時間を利用して「体験宿泊」を午後5時～翌日午前１０時迄とし多種多様な要望を受け入れる（食事の提供なし、基本自炊です）。

○新築需要の活発な地域の AS「家の駅」から、顧客が当該地域に家族旅行を兼ねて「日本の家」の見学と「体験宿泊」したいとの要望を受けて依頼があれば、「体験宿泊」の要請に応える事で依頼してきた AS「家の駅」から１０万円の報酬を得る事ができる。
魅力的な地域であれば全国からの「体験宿泊」要請は日増しに増えるでしょう。
年間５０件を受託したら５００万円の収益になります。

○顧客は、２泊の家族旅行で AS「家の駅」をはしごすれば宿泊代を浮かす事ができます（連泊の場合本部は半額を支援いたします）。

○「日本の家」を建てる人のみならず、一般の観光旅行客やインバウンド客もルームステイ・ホームステイで「体験宿泊」を経験してもらいます（ただし、予約制で家を建てる顧客を優先します）。

○核家族化が進む中、家族が集まってホームパーティーを開きたい、また親しい仲間が集まって地域の未来を語り合いたいと云った要望にも「体験宿泊」の一環として応えるようにいたします。

○「体験宿泊」は AS「家の駅」からの要請以外は宿泊代無料ですが、物産展施設使用料名目で利用料金（一人千円）を頂戴いたします（民泊新法には抵触致しません）。
利用された人達は口コミや SNS で広く世間・世界に拡散してくれます。

○弱小自治体にとって地域再生の望みは地域の物産品（「日本の家」も含まれます）を売る事と観光旅行インバウンド客が地元で消費行動を起こして貰う事に尽きます。
それをエンジョイするのが全国３,５９１カ所に整備するAS「家の駅」相互扶助ネットワー

<u>クという事になります</u>。

★<u>物産展スタンプラリーとは</u>

○<u>観光旅行で AS「家の駅」物産展を巡り「日本の家」に「体験宿泊」する。</u>
<u>また「日本の家」を建てる時、観光旅行を兼ねて AS「家の駅」に「体験宿泊」する。</u>
<u>こういった機会が多くなれば、それを有効活用して貰って「日本の家」を建てる時の足し</u>
<u>にして貰う</u>「物産展スタンプラリー制度」<u>を考えました。</u>

○<u>スタンプラリーとは AS「家の駅」を訪問し買い物するか**「体験宿泊」し買い物する**事で出</u>
<u>展自治体を5カ所廻った事になるのでスタンプを5つゲットしたという訳です。</u>
<u>集めたスタンプの P（ポイント）数で「日本の家」を新築する時に住宅関連工事や商品を</u>
<u>プレゼント致します。（**参考資料⑩**参照の事）。</u>

○<u>「家の駅」に併設したアンテナショップに自治体が出展する物産展を活性化させる一助に</u>
<u>なればとの事で、これもまた相乗効果が生まれる事にも繋がり AS「家の駅」相互扶助ネ</u>
<u>ットワークです。</u>

<u>参考資料⑩ AS スタンプラリー!! 自治体物産展を巡りポイントを集めて</u>
<u>住宅関連工事・商品をゲットしよう！</u>

獲得ポイント（P）	AS「家の駅」訪問数（目安）	P 還元金額	適用工事（自由選択）
兵庫県内外で 30P	AS「家の駅」6〜9 ヶ所	6 万円	AS「家の駅」物産展商品
兵庫県内外で 40P	AS「家の駅」8〜12 ヶ所	8 万円	カーテン・ブラインド工事
兵庫県内外で 50P	AS「家の駅」10〜15 ヶ所	10 万円	照明器具及び取付工事
兵庫県内外で 60P	AS「家の駅」12〜18 ヶ所	12 万円	和紙張り・塗り壁内装工事
兵庫県内外で 70P	AS「家の駅」14〜21 ヶ所	14 万円	レンガ・タイル内外装工事
兵庫県内外で 80P	AS「家の駅」16〜24 ヶ所	16 万円	エアコン等空調工事
兵庫県内外で 90P	AS「家の駅」18〜27 ヶ所	18 万円	太陽光発電設備工事
兵庫県内外で 100P	AS「家の駅」20〜30 ヶ所	20 万円	住宅設備機器 GU 工事
兵庫県内外で 200P	AS「家の駅」40〜60 ヶ所	40 万円	内外装グレードアップ工事
兵庫県内外で 300P	AS「家の駅」60〜90 ヶ所	60 万円	インテリア・装飾工事
兵庫県内外で 400P	AS「家の駅」80〜120 ヶ所	80 万円	「天空の森」屋上庭園工事
兵庫県内外で 500P	AS「家の駅」100 ヶ所以上	100 万円	室内ツリーハウス工事
特・兵庫県制覇 41P	AS「家の駅」25 ヶ所以上	10 万円（別口）	店舗等什器備品設備工事
☆ボーナスP（購入金額累計 20 万円で 5P）		1 万円（別口）	外構・植栽・造園工事
☆ボーナスP（購入金額累計 100 万円で 25P）		5 万円（別口）	※その他住生活関連商品で
☆ボーナスP（購入金額累計 500 万円で 125P）		25 万円（別口）	も構いません（**換金はダメ**）

※**スタンプラリーは本部が取扱う制度で** AS「家の駅」運営者の金銭負担にはなりません。
※1P は 2,000 円に相当します。
※<u>スタンプラリーは都道府県単位で工夫すれば**集客アップ**に繋がります。</u>

※条件①スタンプラリーに参加ご希望の方は AS「家の駅」で AS「家の駅」パスポートをお受け取り下さい。（その場で物産展スペース５カ所を回って所定の買い物をすれば 5P 獲得です）

※条件②スタンプラリーでポイントを得るには各自治体物産展スペースで 1,000 円以上の買い物をして下さい。
　買い物金額もボーナスポイントとして換金（適用工事・商品）できます。

※条件③スタンプラリーで得たポイントを譲渡する事や合算する事ができます。
　ただしポイントを換金できるのは「日本の家」の建て主様に限定されます。

※条件④スタンプラリーで獲得したポイントは消滅する事はありません。
　誰かに受け継がれて「日本の家」の建て主様が換金しても、建築後に獲得したポイントも誰かに譲渡する事ができます。

重要ポイント

※条件⑤建て主様が自身の建築で換金できる上限を建築総額の３％とします。
　ただし集めたポイントが多く ３％を超えてポイントを換金する方法として、同時期にポイントを換金しないで建築する建て主様に買い取って頂き換金する事ができます（ポイントを集めていない建て主様には建築総額の３％まで換金する枠があるからです）。

※条件⑥支援者が支援投資した金額は 2000 円で 1P となりポイントを換金する予定のない「建て主様」に買って貰って換金する事ができます（ポイントを集めていない建て主様には建築総額の３％まで換金する枠があるからです）。

◎条件⑤と条件⑥を守る事で、全建物で建築総額の３％の換金に応じても、その金額を上回るロイヤリティ収入（3.4％〜4.5％を確保）があれば 本事業自体破綻する事なく安全操業ができる訳です。

〇まず、このスタンプラリーで AS「家の駅」に出展する物販出展者に負担を強いる事はありません。

〇計画性を以って新築を考える。家つくりを思い立ったその日からスタンプラリーに参加して下さい。

〇新築時の為に装飾品や生活をエンジョイする生活雑貨や便利グッズなど買い求めながらスタンプラリーに参加して頂きポイントを換金（適用工事・商品）し、賢く家つくりを楽しんで下さい。

〇若いお二人がお付き合いをして結婚してもお二人のカードはそのまま継続されます。
　家を建てる時は合算して換金する事も出来るしさらに継続して集めたポイントを子供に受け継がせる事もできます。ポイントは消滅する事はありません（新築祝いのご祝儀とか、必ず誰かの役に立ちます）。

〇新築時の為なので基本は家族での行動ですが、家族の一員として個人行動でもポイントを獲得する事はできます。
　また両親に新築予定がなくてもご子息の為にポイントを集めて下さい。

○観光旅行の際には AS「家の駅」に体験宿泊し物産展巡りをすればまとめてポイントを集められます。また、別々の AS「家の駅」に「体験宿泊」をはしごすれば 10 ポイントゲットできるかも知れません。

◎インバウンド・旅行観光客が集めたポイントは災害時住宅損壊した人達にプレゼントして貰う事で、そのポイントは「住宅再建基金」と連動させ新合掌村仮住居建設や災害時の住宅再建資金に使われます。

◎「日本の家」の建て主様は、AS「家の駅」を巡るスタンプラリーでの特典の他に、「営業店」より建築総額の 1%（2000 万円の家なら 20 万円）相当の返礼品サービスを受ける事になります。「営業店」は建築総額の 4%＋15 万円（2000 万円なら 95 万円）の報酬から 2%（40 万円）を地元自治体に 1%（20 万円）を建て主様の自治体に創設する「故郷創生基金」に寄付する事が義務付けられています。「故郷創生基金」は地方に多く集まる仕組みなので各自治体で少子化対策・教育支援に遣って頂けます。

☆特に重要！「アンテナショップ物産展スタンプラリー」のしくみと観光面で町おこしする AS「家の駅」へ委託する「体験宿泊」を組み合わせれば、建て主様の心を射止め「日本の家」の受注に関しては向かうところ敵なし "天下無敵" 最強の AS「家の駅」相互扶助ネットワークとなります。

8、AS「家の駅」を地域になくてはならない AS「家の駅」にするには

◎郡部・山間部地域は近隣地域を巻き込み連携し広域のモノつくり情報発信基地にする。

○観光・旅行・インバウンド客・建て主様に「体験宿泊」観光旅行で地域に足を運んで頂き、地域の良さを知ってもらい、魅力を感じてもらう場を提供する。

◎おもてなしの心で、地方に眠る知られざる秘宝の山（モノつくり秘宝館）をご案内する。

○地元に居ながら、旅をしながら、地方を旅するお休み処（体験宿泊）としてご案内する。

◎観光・旅行のお供に全国 3591 カ所の AS「家の駅」相互扶助ネットワークを活用する。

○おもてなしの心（体験宿泊ルームシェアー）でインバウンドを地方に誘導する。

◎自治体物産展ローテーションで、遠くに行けない人には近場で地方を旅して買い物を楽しんで貰う。

○商品を世の中に知らしめる手段を持ち合わせていない人達の為、情報発信手段として利用して貰う。

◎生活で心の籠ったモノ創り精神で造られた物に触れ心の豊かさを享受する事ができる。

○生活モノつくり原点回帰！家を中心に家族が安心して楽しく豊かに暮らせる住生活環境を改善する。

◎AS「家の駅」物産展は、今まで経験した事ない手法で市場流通社会への橋渡し役を担う。

○地域住民の喜ぶ声が聞こえてきそうです。

◎インバウンド&観光客の喜ぶ声も聞こえてきそうです。

9、AS「家の駅」運営事業は破綻する事なく必ず成功する理由

○実行委員会本部に関して言えば、すべて支援投資金で運営する。

○支援投資金は等価交換するが、**換金はロイヤリティ収入の範囲内に収め 100％還元できる仕組みを作った。**

○さらに支援者には **10 万円の支援**で「営業店」になって貰い、支援投資金を等価交換する以外に「営業店」への報酬から一回に付き **15 万円の報酬**を受け取れる仕組みも作った。

○物産展スタンプラリーのポイント還元に同調し換金は建築の都度建築総額の 3％を限度とする為、ロイヤリティ収入の範囲内で収める事ができている。**当初は支援者に向けた換金で普及する頃は建て主様が換金する事が予測される事を踏まえてのしくみである。**

○全てのポイント換金を、家を建てる建て主様が 100％利用されても、それを上回るロイヤリティ収入が入るので何ら問題はない。

○**AS「家の駅」は実行委員会本部が支援投資金を運用して開設しますが、「故郷創設基金」や「住宅再建基金」は AS「家の駅」運営者の運用事業で二次的に生み出されるもので、支援者の支援投資金を流用するものではありません。**

○**「住宅再建基金」の額が尋常では考えられない金額になるのは AS「家の駅」運営者の運用事業で積み立てられますが、**それ以上に実行委員会本部が「日本の家」を日本の標準化住宅にする事で住宅市場を制し、一元管理する事で現実的、多角的な改革を重ね、建築価格を百万円単位で低減化させる事で捻出される金額が、大半を占めているという事を知って頂きたいと思います。

○まさに、アズ計画・新合掌村計画・AS「家の駅」運営事業は 支援者あっての物種 です。

○AS「家の駅」運営者に関して言えば、起業家となるが出資金はゼロ円で開設運営開始するまでに準備金 100 万円貰えるので無職であっても**何らリスクを負う事はない。**

○AS「家の駅」運営者は全国 3591AS「家の駅」相互扶助ネットワークで守られており決して赤字を出す事はない。
さらに建築需要が少ない地域の AS「家の駅」運営者には、新合掌村建設では建築受け手となって業績を上げて頂きますので何ら心配する事はありません。

○AS「家の駅」運営者は建て主様と一括請負工事契約を交わすわけではなく施主直営工事を、業務委託契約を交わし、施主に成り代わり施工を代行する**コンサル業務と云えます。**
したがって建築総額に対して定率定額で報酬を確実に手にする事ができ、そのお金を確実に分配運用する事が可能となる訳です。

○AS「家の駅」運営者は本部とフランチャイズ契約していますので、規律を守らなければ当然オーナーの交代もありうる事で、秩序を保って地域になくてはならない AS「家の駅」を目指して頑張れる訳です。

○AS「家の駅」運営者の運営事業で十分利益を上げたうえで「故郷創設基金」や「住宅再建基金」を創生・生み出し少子化対策や教育支援をし新合掌村を建設していくのです。この事業は営利を目的とした今時の事業ではなく、誰も経験した事がなく世界に類のない「社会貢献事業」と言っても過言ではないでしょう。

１０、AS「家の駅」運営者を目指す・千載一遇のビジネスチャンス・その方法

※フランチャイズ規定の一部ですが、まず確認して下さい。

①フランチャイズ規定の①と②にある様に AS「家の駅」運営者は自身が運営を予定する AS「家の駅」を建築し開設する前に業務委託契約を交わす事で実行委員会本部から委託管理料として 100 万円を貰い受ける事ができる（支援者を募ったり事前の準備と 120 日の工事期間中の運営管理費に宛がう事ができます）。

②さらに、AS「家の駅」運営者となり 6 カ月以内にオープンに漕ぎ付けたら特別報奨金 100 万円を進呈します（7 カ月以内なら 80 万円、8 カ月以内なら 60 万円、9 カ月以内なら 40 万円、10 カ月以内なら 30 万円、11 カ月以内なら 20 万円、12 カ月以内なら 10 万円とします）。

★AS「家の駅」を開設するに際し費用は実行委員会本部が全てを負担するので、正味ゼロ円で事務局を運営できます。

※以上①と②を踏まえて

●特別ルールによる「国盗り合戦」は期間限定で 2021 年 9 月 30 日までに AS「家の駅」出展地域を確定しなければならない決まりです。
期限が過ぎると一般ルールが適用され手付かずの空白地域には先行し実績を上げた他自治体地域住民や商売上手な強者共が群雄割拠し不条理極まりない乱世（自由競争社会）へと逆戻りし、参加を見送った弱小自治体の地域再生復興は水泡に帰す事でしょう。

●取り敢えず"生ビールと枝豆頂だい"と云った感じで「国盗り合戦」出展権争いに参戦する事をお勧めします。具体的には 3,591 ある AS「家の駅」プロジェクトで運営者未定欄に自身の名前を書き込む事です（P53・P149 からも申し込めます）。

●名前を書き込んだら下記戦術を参考にして本部と相談しながらじっくり考える事です。

◎まず、こんな事は出来ない筈だと思わない事です。この新事業・新商売"（AS「家の駅」運営事業）は破綻する事なく必ず成功する理由とは"できちっと認識して下さい。

◎AS「家の駅」運営者は全国 3,591AS「家の駅」相互扶助ネットワークに守られて運営するという事を忘れてはいけない。
ここで言う処の"相互扶助"の意味は非常に重いものがあります。

◎そして、地域住民のほとんどの人達（下記①〜⑦）に関連する事業だと認識する事です。

①AS「家の駅」で「日本の家」の建築に関わる人達（建築関連の職人さんや建築資材建材供給者・販売者、設計士さん、システムクリエーター、融資や保険関係、不動産仲介業などなどの人達）

②AS「家の駅」物産展でモノつくり出展事業者（地域住民の協力なしでは上手くいきません）

③3,591AS「家の駅」相互扶助ネットワーク構想に関連する事業者。

④地域創生や地域活性化を考えて活動している人達（行政の担当部署、商店街連合会、NPO 法人、町おこし団体、地域おこし協力隊、地域活性化伝道師、議会議員の皆様）

⑤地元出身で地域の発展を願う資産家、篤志家、文化人、有名人、著名人、芸能人の皆様

⑥AS「家の駅」出展用地（建物、駐車スペースで約 200 坪位・借地契約）を準備できる人達（地主さん、郊外のコンビニ、複合型のショッピングセンター、ショッピングモール、観光施設、レジャー施設、道の駅、公共施設、廃校後地等）。

⑦新合掌村建設用地（1 平方 Km／東京ドーム 21 個分）を提供してくれそうな関係者（究極の目的として我が地域に創るに越したことはないと地域住民にその旨をお知らせしておく）。

◎当然の事として上記①〜⑦で挙げた人達も AS「家の駅」運営候補者になります。

◎要するに、AS「家の駅」運営に関連する人達に声をかけ、クラウドファンディング誌上＆Web サイトを見て貰い支援者を募る。

◎さらに、地元を離れ都会で暮らす地元出身者にも SNS、同窓会名簿等で絶大なる支援（ふるさと納税を超える支援）をお願いする。

◎本サイトでの自身の AS「家の駅・〇〇」プロジェクトサイトには支援者を募る為の巧妙な仕掛けが必要なのです。巧妙と言っても特別な事でもなく、地元を愛する熱い気持ちをぶつけ、**特別ルールの危機感を共有し出展権争奪戦に勝利しようではありませんか。**

◎忘れてならないのは、AS「家の駅・〇〇」プロジェクトサイトは AS「家の駅」運営者が管理し更新する事になりますので実行委員会本部がアップしている情報をピックアップし、また他の地域の AS「家の駅・〇〇」プロジェクトと共有したりし、地元の実情も訴求し支援者を募って下さい。（AS「家の駅」開設プロジェクト・P50、P51 参照の事）

◎誰もが経験した事のない新事業・新商売なので・・・こんなことも考えられます。

★AS「家の駅」運営者が事業経営者なら新規事業として運営を目指すなら、自らが支援者となり内部留保金や設備投資名目での資金調達金を AS「家の駅・〇〇」プロジェクト分散して支援し、一足早く AS「家の駅」開業する。
もちろん支援投資金は等価交換で換金されるし「営業店」とも成り当然の権利として支援投資額の 150％の配当も得られる。これぞ一石三鳥の戦略ではないでしょうか。

★同じように個人であっても AS「家の駅・〇〇」プロジェクト目標金額を自分なりに調達すれば同じ結果を生みます。**仲間を集めグループで挑戦しても良いかも知れません。**

★同じように零細企業や家内企業が数十社連携し、グループで挑戦する方法もあります。

◎誰もが経験した事のない新事業・新商売なので、方法は際限なく出てくるものです。

◎実行委員会本部はアイデアの宝庫です。本部と相談する事をお勧めします。

11、クラウドファンディング誌上＆Web サイトで支援者募集

●支援者によって全国 3,591AS「家の駅」相互扶助ネットワークが構築される
●支援者によって地元自治体に「故郷創生基金」が創設される
●支援者によって「住宅再生基金」が創設され 新合掌村が創生される

支援者の概念
◎支援者は金銭的支援する事で AS「家の駅」が稼働する。AS「家の駅」を通じて顧客が家を

建てる。その行為で AS「家の駅」が利益を得る。利益の一部が支援者に換金され、一部が「営業店」となった支援者に営業販売手数料として戻る。

「営業店」は受け取ったお金の一部を「**故郷創生基金**」に寄付し一部を建て主様に返礼品として贈呈し、**自らも一部を報酬として受領する。**

AS「家の駅」は得た利益の大部分を「**住宅再建基金**」に寄付する・・・すべてが上手くいく「**故郷創生基金**」と「**住宅再建基金**」を捻出する新手の 錬金術 ともいえるものである。

● 等価交換型（支援金が戻る仕組み）と言われる部分に付いて

★「日本の家」が継続して建つ事が大前提とはなりますが支援投資金が等価交換されて換金されるという事は見方を変えれば元金が保証されるという事です。

★ 支援投資金を等価交換する手段は、一棟の建築行為に於いて実行委員会本部が換金行為をロイヤリティ収入の範囲内に収める事で 100％換金できる仕組みを作りました。

☆ **支援者が支援投資した金額は 2000 円で 1P となります。**支援投資金額の多寡に拘らず換金を希望する場合、何れかの AS「家の駅」を通じて同時期にポイントを換金する予定のない「建て主様」に買って貰って換金する事ができます。
（換金は AS「家の駅」が負担するのではなく実行委員会本部が負担します）

☆ ここが重要！ 各建て主様がポイントを建築金額の 3％の範囲まで換金する枠を有しているからです。AS「家の駅」では連携してポイントを換金する予定のない「建て主様」にその旨を伝え支援者への換金に協力して頂きます（単位の大きい金額でも複数の建て主様で対応していきます）。

● 投資配当型と言われる部分に付いて

★ さらに支援者には 10 万円単位の支援で「営業店」になって貰い（100 万円なら 10「営業店」となります）、支援投資金を等価交換する以外に「営業店」への報酬から一回に付き15 万円の実質報酬を受け取れる仕組みも作りました（**表 A 参照**）。

☆ 表 A から読み取れば、T 列は第一次建築から第六次建築までの総建築棟数です。「営業店」への正味報酬額は 15 万円なので年度ごとの総額が Y 列で累計総額が Z 列になります。ココが重要なポイントです！ AS「家の駅」プロジェクトでは目標支援金額が平均6,000 万円とすれば 3,591 プロジェクトでは総額約 2,160 億円です。**支援投資金2,160 億円は 10 万円が 216 万人となります。**AA 列の計算式は Z 列÷150,000÷2,160,000 で何年後に何回の還付（報酬）を受けられるかを知る事ができます。

☆ 列 AA（回）の数字は何年間に何回 10 万円単位の支援で 15 万円の還付（報酬）を受けられるかを表しています。あくまでも時期を示した確率で支援時期が早ければ 2～3年後であり、遅くとも 9 年後には確実に**貰える訳です。**

100 万円ご支援頂ければ、当然回数は 10 倍となります。

長い目で見れば 30 年後には 10 万円の支援金で 15 万円が 6 回で 90 万円となります。

100 万円の支援金なら 15 万円が 60 回で 900 万円に増える事になります。

☆支援金が１０万円までの小口の支援者が全体の２割を占めたとしたら還付（報酬）期間は短くなります。

参考資料⑪ 表Ａ 「営業店」が配当を受け取る回数

表Ａ 建て主様から建築依頼を受けたＡＳ「家の駅」より受領する営業販売手数料の内 正味報酬額								
（※支援者は１０万円単位の支援で「営業店」となり下表ＡＡ列の回数で報酬を受取る事ができる）								
初年度とは全国3591地域にＡＳ『家の駅』を開設する準備期間	ＡＳ『家の駅』の年度別平均建築棟数	全国3591地域ＡＳ『家の駅』の年度別一次建築総建築棟数建築費1600万円	年度別第二次～第六次建築の追加建築棟数	年度毎の総建築棟数建築費1600万円（第一次～第六次建築数の合計建築棟数）年度別総建築棟数	第一次建築からの増加率（％）	なる支援者は「営業店」と別「正味報酬総額年度（一棟15万円）	支援者は「営業店」となる「営業店」の累計正味報酬総額（一棟15万円）	支援者が「営業店」として15万円報酬を受けられる回数	建て主様は建築毎に受け取れる返戻金（建築総額の1％）
列(単位)	Ａ(棟)	Ｂ(棟)	Ｓ(棟)	Ｔ(棟)	Ｕ	Ｙ(億)	Ｚ(億)	ＡＡ(回)	ＡＢ(億)
備考			HJLNPR	BHJLNPR	T÷B	T×15万円	Y累計	Z列	T×16万円
初年度	0								
1年後	1	3,591		3,591	100	5			5
2年後	12	43,092		43,092	100	64	70	0.02	68
3年後	24	86,184	970	87,154	101.1	130	200	0.07	139
4年後	48	172,368	3,105	175,473	101.8	263	463	0.15	280
5年後	72	258,552	11,046	269,598	104.2	404	867	0.29	431
6年後	96	344,736	23,834	368,570	106.9	552	1,419	0.47	589
7年後	110	395,010	41,037	436,047	110.3	654	2,073	0.69	697
8年後	110	400,000	57,987	457,987	114.4	686	2,759	0.92	732
9年後	110	400,000	62,302	462,302	115.5	693	3,452	1.15	739
10年後	110	400,000	64,813	464,813	116.2	697	4,149	1.38	743
11～15	550	2,000,000	352,492	2,352,492	117.6	3,528	7,677	2.56	3,763
16～20	550	2,000,000	352,492	2,352,492	117.6	3,528	7,677	3.73	3,763
21～25	550	2,000,000	352,492	2,352,492	117.6	3,528	7,677	4.91	3,763
25～30	550	2,000,000	352,492	2,352,492	117.6	3,528	7,677	6.08	3,763

★支援金額１０万円に対し「日本の家」が建築される毎に「営業店」となった支援者に１５万円が報酬として得られる事からして、前例がなく比較対照する事ができませんが、これを今までとは違う配当と見れば、まさに**支援元金保証の上、高配当が得られること**からして、既成概念を覆し前代未聞のノンリスクハイリターン**新種の投資型クラウドファンディング**であると言っても過言ではないと思うのですが、皆様はどの様にお考えになられるでしょうか。

※支援者は支援投資金で得たポイントや「営業店」として受け取る報酬も換金するか「故郷創生基金」や「住宅再建基金」に寄付するかは自由に選択してください（寄付を選択した場合は建築の都度建築総額の 3％に見合った金額で寄付金額相当額になるまで実行委員会本部が供出いたします）。

●支援者は１０万円の支援で「営業店」となる

◎支援者は 10 万円単位の支援で「営業店」となり AS「家の駅」での建築行為の都度、建築総額の 4％＋15 万円を営業販売手数料として受け取り配分表に基づき分配しなければならない。

◎ 重要！注意！ ・・・特定の「営業店」は毎回営業販売手数料を受け取れるわけではありません／解説しますと、10 万円支援した人が 500 人とすれば支援総額 5,000 万円で AS「家の駅」が開設され 500 人が全員「営業店」となります。その AS「家の駅」が 500 棟の建築を 7 年で達成したとしたら、支援した順序により 500 人の「営業店」全員が 7 年間の間に AS「家の駅」から指名を受け 15 万円の還付（実質報酬）を受けられる事に成る訳です（50 万円支援したら５「営業店」で 15 万円が５回という事です）。

参考資料⑫ 表 B 「営業店」が受領する営業販売手数料
（建築総額 1,600 万円の 4％＋15 万円）の分配先と分配金額

初年度とは全国3591地域にAS『家の駅』を開設する準備期間	AS『家の駅』の年度別平均建築棟数 建築費1600万円	全国3591地域AS『家の駅』の年度別合計建築棟数 建築費1600万円	第二次〜第六次建築の年度別追加建築棟数	年度毎の総建築棟数 建築費1600万円（第一次〜第六次建築）の合計建築棟数	第一次建築からの増加率（％）	建築毎に捻出され支援者「営業店」から寄付される故郷創生基金・財源（建築総額の3％）	近年出生数1年間100万人として100万世帯に支援する金額（単位円）	兵庫県佐用町の例1万6千人20人に対し1世帯で年間に受試支援取算金額	支援者は「営業店」となる年度別正味報酬総額（一棟15万円）	建て主様は建築総額毎に受け取れる返戻金（建築総額の1％）
列（単位）	A（棟）	B（棟）	S（棟）	T（棟）	U	V（億）	W（円）	X（円）	Y（億）	AB（億）
備考			HJLNPR	BHJLNPR	T÷B	T×48万円	V÷100万	B列対象	T×15万円	T×16万円
初年度	O									
1 年後	1	3,591		3,591	100	17	1,723	17,000	5	5
2 年後	12	43,092		43,092	100	206	20,684	199,200	64	68
3 年後	24	86,184	970	87,154	101.1	418	41,800	416,000	130	139
4 年後	48	172,368	3,105	175,473	101.8	842	84,200	832,000	263	280
5 年後	72	258,552	11,046	269,598	104.2	1,294	129,400	1,248,000	404	431
6 年後	96	344,736	23,834	368,570	106.9	1,769	176,900	1,664,000	552	589
7 年後	110	395,010	41,037	436,047	110.3	2,093	209,300	1,906,666	654	697
8 年後	110	400,000	57,987	457,987	114.4	2,198	219,800	1,924,000	686	732
9 年後	110	400,000	62,302	462,302	115.5	2,219	221,900	1,924,000	693	739
10 年後	110	400,000	64,813	464,813	116.2	2,231	223,100	1,924,000	697	743
11〜15	550	2,000,000	352,492	2,352,492	117.6	11,291	1,129,100	9,620,000	3,528	3,763
16〜20	550	2,000,000	352,492	2,352,492	117.6	11,291	1,129,100	9,620,000	3,528	3,763
21〜25	550	2,000,000	352,492	2,352,492	117.6	11,291	1,129,100	9,620,000	3,528	3,763
25〜30	550	2,000,000	352,492	2,352,492	117.6	11,291	1,129,100	9,620,000	3,528	3,763

参考資料⑫ 表 B の解説です。

※列 V（億）／建築総額の 3％を全国の「**故郷創生基金**」に寄付される年度別合計金額です。

※列 W（円）／最近の年間出生数が 100 万人くらいなので年度別に 100 万人に人達に支援できる平均金額を表しています（6 年後なら 100 万人の方に平均 176,900 円となります）。

※列 X（円）／ ここを注意して見て欲しいのですが ・・・兵庫県佐用町を例に挙げますが、同じ 6 年後で見てみると 1,664,000 円（全国平均の 9.4 倍）、さらに 10 年後には 1,924,000 円となります。この事は**国盗り合戦（領有権争奪戦）**で AS「家の駅」を 6 カ所に出展して得られた成果と云えるものであり、人口の少ない郡部や山間部地域に配

慮した特別ルールの仕組みによってもたらされたものなのです。

※列 Ｙ（億）／支援者が「営業店」となり、「営業店」として受け取れる正味の年度別報酬金額です。

※列 AB（億）／**建て主様が建築毎に受け取る返礼品の年度別合計金額です。**

※ 表B は年度別に集計したもので総括表から抜粋しています。

●誰しもが経験した事のない新事業・新商売だから支援者に縋るのです

①この様な新種の支援投資型クラウドファンディングはネット検索しても見つけられません、史上初です。

②誰しもが経験した事のない新事業・新商売だから、たどり着いた究極の選択です。

③その事で、アズ計画・新合掌村計画はでクラウドファンディング誌上＆WEB サイトを以って一人で動かせる仕組みに昇華しました。

④極めて大きなお金が動きますが、大手企業が手掛けるものでもありません。

⑤目指すものがあまりにも違うからです。

⑥営利目的の事業ではありません。

⑦社会貢献事業とも言えるかも知れません。

⑧借り入れを興しません。頓挫する事も破綻する事もありません。

⑨全国 3591AS「家の駅」運営者の誰一人として借金を抱えて商売しません。

⑩国民の皆様からの支援投資金でアズ計画・新合掌村計画を成就させて見せます。

⑪支援投資金は等価交換型で換金します。投資配当型で儲けて貰います。安心して下さい。

⑫事業推進させていく上で儲かる人は大勢いても**傷つく人、騙される人、損する人は一切出しません。**

⑬「故郷創生基金」と「住宅再建基金」は超少子高齢化時代を迎える日本にとってなくてはならない "打ち出の小槌" です。

●支援者になりませんか（この項目は**啓蒙編**で、実践編は支援者 "虎の巻" を見て下さい）

★今まで誰一人として経験した事のない新事業であり新商売なので戸惑いがあると思います。誰がどの様にして、どうしたら良いかを事例としピックアップしますので参考にして下さい。

◎「日本の家」を研究して 2～3 年先に建てる決心をした「建て主様」／準備した頭金があれば支援して見てはいかがですか、建築時にはポイント換金で戻ってくるし配当（報酬）も期待できます。

◎支援者が事業経営者なら／新規事業として運営を目指すなら、**自らが支援者となり内部留保金や設備投資名目での資金調達金を AS「家の駅・○○」プロジェクト分散して支援投資し、AS「家の駅」運営者となって一足早く AS「家の駅」開業する。**
勿論支援投資金は等価交換で換金されるし「営業店」とも成り当然の権利として支援投資額の 150％の配当も得られる。社会貢献を果たし一石三鳥の戦略ではないでしょうか。

◎同じように個人であっても AS「家の駅・○○」プロジェクト目標金額を自分なりに調達し支援投資すれば AS「家の駅」運営者となれば同じ結果を生みます。

仲間を集めグループで挑戦しても良いかも知れません。

◎個人で支援者となる場合／何人かが集まって支援投資金を 10 万円にすると「営業店」になり配当（報酬）を貰える権利が出来ますので挑戦してみては如何でしょうか（**経過を見て事後報告でも構いません**）。

◎同じように零細企業や家内企業が数十社連携し、グループで挑戦する方法もあります。

◎AS「家の駅」で「日本の家」の建築に関わる人達（建築関連の大工さん始め職人さんや建築資材建材供給者・販売者、設計士さん、システムクリエーター、融資や保険関係、不動産仲介業などなどの人達）／時代の変化をつかみ取り将来の社会経済活動を鑑みて支援者となり「営業店」となり営利活動するまたとないチャンスだと思うのですが、如何でしょうか（**支援者となり「営業店」となる事で、本部・AS「家の駅」の指定工事店・指定事業者となれば安定した受注・業務委託が望めます**）。

◎AS「家の駅」物産展でのモノつくり出展事業者の皆様／声を掛け合い挙って支援者になって下さい。

◎3,591AS「家の駅」相互扶助ネットワーク構想に関連する事業者（物産展のディスプレー、事務機器、家具、インテリア、空調設備、什器備品、外構・造園・住宅ローン・損害保険・行政書士・土地家屋調査士・会計士の皆様）／全国に 3,591 の起業家が誕生するのです。さらに AS「家の駅」では「日本の家」が建築されるのです。そこに商機があるのではないでしょうか。支援者となり「営業店」となり営利活動するまたとないチャンスだと思うのですが如何でしょうか（**支援者となる事で、本部・AS「家の駅」の指定工事店・指定事業者となれば安定した受注・業務委託が望めます**）。

◎地域創生や地域活性化を考えて活動している人達（行政の担当部署、商店街連合会、NPO法人、町おこし団体、地域おこし協力隊、地域活性化伝道師、議会議員の皆様）／地域行政の負担を軽減させる絶妙で巧妙な戦略に乗っかり支援する方向で協力してください。

◎地元出身で地元地域の発展を願う資産家、篤志家、文化人、有名人、著名人、芸能人の皆様／衰退していく地元を見捨てないで下さい。郷土愛で地元を救って下さい。

◎地元故郷を離れ都会で暮らす人達／郷土愛を以って支援者になってあげて下さい。云ってはいけないことかも知れませんが、ふるさと納税よりも「**故郷創生基金**」や**新合掌村**を創生させる生みの親ともなる支援者としての支援金を地元の皆様は期待しています。

◎AS「家の駅」出展用地（建物、駐車スペースで約 200 坪位・借地契約）を準備できる人達（地主さん、郊外のコンビニ、複合型のショッピングセンター、ショッピングモール、観光施設、レジャー施設、道の駅、公共施設、廃校後地等）／相互扶助の精神で支援者となり「営業店」となり、その延長で AS「家の駅」運営者となる選択肢もあります。
敷地をシェアして頂けませんか。必ず相乗効果が出ます。

◎新合掌村建設用地（1 平方 Km／東京ドーム 20 個分）を提供してくれそうな関係者の皆様／「**住宅再建基金**」の新合掌村の概要の表などで確認して下さい。
決して先の長い話ではありません。準備期間もいりますので早い時期からの計画が必要になります。取り敢えず支援者となって熟考願います。

◎新合掌村建設と PB 建築資材製造工場群に関わる事業者の皆様（都市計画総合プロデュース事業者や大規模な土木工事事業者、大規模上下水道設備事業者、新合掌村管理事業者様、林業関連事業者、プレカット加工機械メーカーなどの皆様／新合掌村では「日本の家」の建築は、その周辺地域の AS「家の駅」に建てて貰いますが、その周辺地域に「日本の家」の建築資材建材をプライベート商品として製品化する工場を建設します。
山から切り出した木材を製材加工して製品化し、二次・三次加工して「日本の家」に供給します。取り敢えず支援者となり「営業店」となって出方を伺って下さい。

◎将来に希望を持てず、地域行政に期待もできず、先行きの不安を抱きつつ やむを得ずタンス預金されておられる皆様／「故郷創生基金」や「住宅再建基金」そして新合掌村計画を見れば少し未来は開けてきたと見るべきではないでしょうか。
まさに朗報ではないでしょうか。支援者となって故郷を救って下さい、寄付する訳でもなくボランティアでもありません。必要な時には換金してお金は戻ります。

◎地域行政に携わる皆様／行政にとっては、税金を遣わずに地域創生や地域経済活性化させる AS「家の駅」相互扶助ネットワーク構想は歓迎される筈です。
異を唱える事はないでしょう。地元を想い、地域を愛する地域住民が立ち上がり AS「家の駅」相互扶助ネットワーク構想に参戦しようとしています。
そんな想いに応える為にも、一肌脱いで支援者になっては頂けませんでしょうか。
融資、寄付、補助金、助成金と云った制度の枠を超えた新しい運転資金の集め方で議会の承認を得るものでもなく支援金は必ず換金されますので非難を浴びるものでもありません。地域住民が住み良い街にする義務の一環として、意識改革され令和時代の第一歩を、勇気を以って歩を進めようではありませんか。地域住民の一員として地域住民の切なる願いを叶えて上げて下さい。地域住民は拍手喝采、敬意の念を抱く事でしょう。

◎誰もが経験した事のない新事業・新商売なので・・・事例は際限なく出てくるものです。
地域住民の誰でもが支援者になれる、そして「営業店」になる、さらに AS「家の駅」運営者になるという行為が・・・全て、仕事に生かされる事に繋がる訳です。
◎実行委員会本部はアイデアの宝庫です。本部と相談する事をお勧めします。

１２、「故郷創生基金」

●「故郷創生基金」は どうして生まれるのか

★表⑥で読み取って頂きたいのですが、「営業店」が建て主様が建築を依頼した AS「家の駅」から指名を受けて受領する営業販売手数料（報酬）から寄付されるもので、「故郷創生基金」は「日本の家」の建築の都度、確実に積み立てられていきます。
★一度の建築で積み立てられる「故郷創生基金」の金額は建築総額の３％です（２千万円の建築費で６０万円が基金に寄付されます）。
★ただし、規定により AS「家の駅」地元の「故郷創生基金」に寄付される金額が建築総額の

2％で、「建て主様」地元の「故郷創生基金」に寄付される金額が建築総額の１％です（**格差是正策を講じての事です**）。

★自治体に創設された「故郷創生基金」の財源は当該自治体の少子化対策として出産・育児・子育て・教育支援（現金還付という形）に遣われます。

表⑥：全国3,591AS「家の駅」相互扶助ネットワーク構想・お金の流れ（５年後年間45万棟を想定）

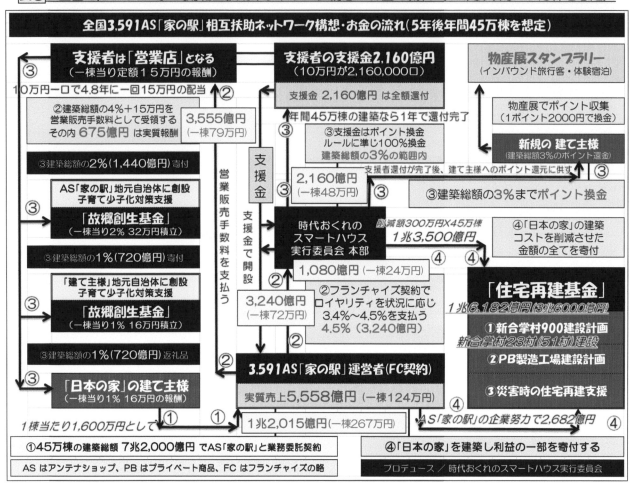

★なぜ二つの自治体に分かれて寄付するのかと云うと、**国盗り合戦（出展権争奪戦）**に意味があり、人口減少に歯止めが掛らず、もともと人口の少ない郡部や山間部地域の問題解決の為、市街地域よりも「故郷創生基金」が多く集まるように意図としてしたものなのです（**表C参照の事**）。

参考資料⑬ 表Cの解説

※「故郷創生基金」は建築が継続される限り必ず積み立てられるものです。

※**列VA**はAS「家の駅」出展元自治体に集められる「故郷創生基金」の年間総金額です。

※**列VB**は「建て主様」の自治体に集められる「故郷創生基金」の年間総金額です。

※**列VC**は日本中で集められる「故郷創生基金」の年間総金額です。

※**列W**は最近の年間出生数を100万人と見立てて100万人の人達が年間受け取れる金額を出しました。凄いと思うか、大したことないなと思うか、人それぞれですが、１０年後ですが２２万円貰えたらうれしいでしょう！全国平均だから有難味が薄いのではな

いでしょうか。

参考資料⑬　表C「故郷創生基金」への寄付額

表C「営業店」が受領する営業販売手数料（建築総額1,600万円の4％＋15万円）の内「故郷創生基金」への寄付額										
初年度とは全国3591地域にAS『家の駅』を開設する準備期間	AS『家の駅』の年度別平均建築費1600万円一次建築総建築棟数	全国3591地域AS『家の駅』の年度別合計建築費1600万円の追加建築棟数	年度毎の総建築棟数建築費1600万円の第二次～第七次建築の合計建築棟数	年度別総建築棟数年度毎の総建築棟数建築費1600万円（第一次～第七次建築の合計建築棟数）	第一次建築からの増加率（％）	AS『家の駅』出展元自治体へ寄付する（建築総額の2％）故郷創生基金・財源	「建て主様」の地元自治体へ寄付する（建築総額の1％）故郷創生基金・財源	年度毎の総建築棟数から捻出される（建築総額の3％）故郷創生基金・財源	近年出生数1年間常に支援する100万世の金額（単位円）	兵庫県佐用町の例口1万6千人に対し120人対象者（一世帯で2人）試し支援／受取る金額（円）
列(単位)	A(棟)	B(棟)	S(棟)	T(棟)	U	VA(億)	VB(億)	VC(億)	W(円)	X(円)
備考			HJLNPR	BHJLNPR	T÷B	TX32万円	TX16万円	VA+VB	V÷100万	B列対象
初年度	O									
1年後	1	3,591		3,591	100	11	6	17	1,723	17,000
2年後	12	43,092		43,092	100	137	69	206	20,684	199,200
3年後	24	86,184	970	87,154	101.1	278	140	418	41,800	416,000
4年後	48	172,368	3,105	175,473	101.8	561	281	842	84,200	832,000
5年後	72	258,552	11,046	269,598	104.2	862	431	1,294	129,400	1,248,000
6年後	96	344,736	23,834	368,570	106.9	1,179	589	1,769	176,900	1,664,000
7年後	110	395,010	41,037	436,047	110.3	1,395	697	2,093	209,300	1,906,666
8年後	110	400,000	57,987	457,987	114.4	1,465	732	2,198	219,800	1,924,000
9年後	110	400,000	62,302	462,302	115.5	1,479	739	2,219	221,900	1,924,000
10年後	110	400,000	64,813	464,813	116.2	1,487	743	2,231	223,100	1,924,000
11～15	550	2,000,000	352,492	2,352,492	117.6	7,527	3,763	11,291	1,129,100	9,620,000
16～20	550	2,000,000	352,492	2,352,492	117.6	7,527	3,763	11,291	1,129,100	9,620,000
21～25	550	2,000,000	352,492	2,352,492	117.6	7,527	3,763	11,291	1,129,100	9,620,000
25～30	550	2,000,000	352,492	2,352,492	117.6	7,527	3,763	11,291	1,129,100	9,620,000

※列Xは驚愕の数字です。この数字は人口1万6千人の兵庫県佐用町を例に挙げたものですが、支援対象者（年間の出生数から算出）を120人とすれば、5年後には124万円、7年後は190万円にもなります（就学までの育児期間に振り分ければ5年後には年間20万円、7年後には30万円くらいになります）。

※何故この様になるかと云えば、国盗り合戦で本部が描く思惑通りに出展権を獲得したからなのです。日本の平均の約9倍にもなります。
これで全国の地域間の格差を是正しようという試みが奏功した事になります。

★47都道府県で繰り広げられる国盗り合戦（出展権争奪戦）は"特別ルールにより2021年8月31日までにAS「家の駅」出展地域を確定しなければならない決まりです。
★期限が過ぎると一般ルールが適用されて、手付かず（そんな事はないと思いますが）の空白地域には先行し実績を上げた他自治体地域住民や商売上手な強者共が群雄割拠し不条理極まりない乱世（自由競争社会）へと逆戻りします。
★参加を見送った弱小自治体の地域再生復興は水泡に帰す事でしょう！と厳しい文言が随所に出てきますが 表C の驚愕の数字を見れば行動を起こさざるを得なくなるのではないでしょうか。

１３、「住宅再建基金」

●「住宅再建基金」は どうして生まれるのか

★「住宅再建基金」は建て主様が「日本の家」を選択し建築される事で創生されます。

★建築依頼を受けた AS「家の駅」運営者はその運営事業で利益を上げ、その大部分を「住宅再建基金」に寄付する事で基金が積み立てられます。

★さらに**実行委員会本部**が「日本の家」を日本の標準化住宅にする事で普及を促し住宅市場を制し、一元管理する事で現実的、多角的な改革を重ね、一棟当たりの建築価格を百万円単位で低減化させる事で「住宅再建基金」を創生・捻出させていきます。

★「住宅再建基金」の使い道の 一つ目は 、新合掌村建設と PB（プライベート）建築資材製造工場群建設に宛がいます・・・新合掌村では村内の「日本の家」の建築（一つの村には災害で家を失った人達が仮住居する2,500戸の住宅と社会生活に必要な建物1,000戸の建築）はその周辺地域の AS「家の駅」に建てて貰いますが、その周辺地域に「日本の家」の建築資材建材をプライベート商品として製品化する工場を建設します。

山から切り出した木材を製材加工して製品化し、二次・三次加工して「日本の家」の建築資材・建材として供給します。

二つ目は 、自然災害で家が損壊した被災者が、新合掌村に仮住居した後に、地元に帰り住宅を再建する際には建築資金の不足分を支援いたします（いずれの建築も「日本の家」で建てる事になります）。

◎**参考資料③**では、AS「家の駅」が建て主様から依頼を受けて「日本の家」の建築を代行する事で捻出される「住宅再建基金」がどのくらいの金額になるかを表しています。

参考資料③ FC・AS「家の駅」の開設・運営での年間販売見込みと収益シミュレーション
（「住宅再建基金」に関する項目を抜粋しています）

建築総額を 1,600 万円で算出「営業店」報酬/総額4％+15万		●印 郡部山間部地域 AS「家の駅」に該当（可能性を考慮して）					
				☆印 建築需要旺盛な地域 AS「家の駅」に該当			
1	年間販売施工棟数	12棟	24棟	48棟	72棟	96棟	110棟
2	事務局の売上＠188万	22,560	45,120	90,240	135,360	180,480	206,800
3	「体験宿泊」報酬＠10万	2,000	1,000	700	600	500	500
4	AS 販売手数料（10％）	4,000	4,000	4,000	5,000	6,000	6,000
5	AS「家の駅」売上（2〜4）	28,560	50,120	94,940	140,960	186,980	213,300
15	年間必要経費/返済期間中	21,380	36,510	62,370	86,530	111,170	126,160
16	年間必要経費/返済終了後	20,228	34,513	62,062	89,064	118,235	134,960
17	**営業利益**(少ない方採用)	7,180	13,610	32,570	51,896	68,745	78,340
18	住宅再建基金に寄付	3,810	7,660	21,420	39,140	55,990	65,590
19	改め営業利益	3,370	5,950	11,150	12,756	12,755	12,750

※行１８が住宅再建基金に寄付額です。その金額は**参考資料③／AS「家の駅」運営事業収益から住宅再　建基金に寄付する％（パーセント）割合規定**から算出されます。

※**参考資料③**の詳細は **AS「家の駅」運営事業の収益**（アズ計画・新合掌村計画の指標となる）参照の事

参考資料⑤／AS「家の駅」運営事業収益から住宅再建基金に寄付する（％）割合規定

営業利益（万円）	～100	101～200	201～300	301～400	401～500
寄付する歩合%	50	51	52	53	54
営業利益（万円）	501～600	601～700	701～800	801～900	901～1000
寄付する歩合%	55	56	57	58	59
営業利益（万円）	1001～1100	1101～1200	1201～1300	1301～1400	1401～1500
寄付する歩合%	60	61	62	63	64
営業利益（万円）	1501～1600	1601～1700	1701～1800	1801～1900	1901～2000
寄付する歩合%	65	66	67	68	69
営業利益（万円）	2001～2100	2101～2200	2201～2300	2301～2400	2401～2500
寄付する歩合%	70	71	72	73	74
営業利益（万円）	2501～2600	2601～2700	2701～2800	2801～2900	2901～3000
寄付する歩合%	75	76	77	78	79
営業利益（万円）	3001～3100	3101～3200	3201～3300	3301～3400	3401～3500
寄付する歩合%	80	81	82	83	84
営業利益（万円）	3501～3600	3601～3700	3701～3800	3801～3900	3901～4000
寄付する歩合%	85	86	87	88	89
営業利益（万円）	4001～4100	4101～4200	4201～4300	4301～4400	4401～4500
寄付する歩合%	90	91	92	93	94
営業利益（万円）	4501～4600	4601～4700	4701～4800	4801～4900	4901～5000
寄付する歩合%	95	96	97	98	99
営業利益（万円）	5001～				
寄付する歩合%	100				

◎**実行委員会本部**が「日本の家」を日本の標準化住宅にする事で普及を促し住宅市場を制し、一元管理する事で現実的、多角的な改革（プライベート商品化もその一つ）を重ね、一棟当たりの建築価格を年次的に二十万円から三百万円まで低減化させる事で「住宅再建基金」を創生・捻出させていきます。

◎**表Ｄ**では「日本の家」の建築行為で創生される「**住宅再生基金**」として AS「家の駅」が生み出す金額と**実行委員会本部**が捻出する金額、さらに「住宅再生基金」で建築（**第二次建築から第七次建築まで**）して、そこから生み出される AS「家の駅」が生み出す金額と本部が捻出する金額をまとめています。

参考資料⑭ 表D 総括表／「日本の家」の建築行為で創生される「住宅再生基金」
（第一次建築から第七次建築で捻出する総合計金額／財源）

『家の駅』を開設する 3591地域に全国AS 準備期間 初年度とは全国	AS『家の駅』の 建築棟数 年度別平均 建築費1,600万円	建築費1,600万円 全国3591『家の駅』 一次建築総建築数 年度別合計建築棟数	の増加で捻出する 金額（千円） 一棟当たり建築価格低減 （実行委員会本部）	財源（単位億円） 住宅再生基金・捻出する 本部が創生・	に寄付する金額（千円） 捻出し各AS『家の駅』が 住宅再生基金	再生基金・財源（単位億円） 創生・捻出した「住宅 全AS『家の駅』が	た住宅再生基金（単位億円） 第一次建築で捻出し・財源	の二次～第六次建築 建築費1,600万円 年度毎の総建築棟数 の追加建築棟数	（第一次～第六次建築） 建築費1,600万円 年度毎の総建築棟数 年度別総建築数	増加率（％） 第一次建築からの	る年度毎の住宅再生基の建築で創生・捻出す 第二次から第六次まで 金の追加財源	の合計財源る年度毎の住宅再生基 の建築で創生・捻出す 第一次から第六次まで
列(単位) A(棟)	B(棟)	C(千)	D(億)	E(千)	F(億)	G(億)	S(棟)	T(棟)	U	AC(億)	AD(億)
備考			B×C	別表より	B×E	D+F	HJLNPR	B+S	T÷B	IKMOQ	G+AC
初年度 0											
1年後 1	3,591	0	0	0	0	0		3,591	100		
2年後 12	43,092	200	86	3,810	136	222		43,092	100	0	222
3年後 24	86,184	500	430	7,660	275	705	970	87,154	101.1	5	710
4年後 48	172,368	1,000	1,723	21,420	769	2,494	3,105	175,473	101.8	31	2,525
5年後 72	258,552	1,500	3,878	39,140	1,405	5,283	11,046	269,598	104.2	165	5,458
6年後 96	344,736	2,000	6,894	55,990	2,010	8,904	23,834	368,570	106.9	476	9,380
7年後 110	395,010	2,500	9,875	65,590	2,355	12,230	41,037	436,047	110.3	1,025	13,255
8年後 110	400,000	2,600	10,400	65,000	2,334	12,734	57,987	457,987	114.4	1,507	14,241
9年後 110	400,000	2,700	10,800	65,000	2,334	13,134	62,302	462,302	115.5	1,681	14,815
10年後 110	400,000	2,800	11,200	65,000	2,334	13,534	64,813	464,813	116.2	1,825	15,359
11~15 550	2,000,000	3,000	60,000	325,000	11,670	71,670	352,492	2,352,492	117.6	10,570	82,240
16~20 550	2,000,000	3,000	60,000	325,000	11,670	71,670	352,492	2,352,492	117.6	10,570	82,240
21~25 550	2,000,000	3,000	60,000	325,000	11,670	71,670	352,492	2,352,492	117.6	10,570	82,240
25~30 550	2,000,000	3,000	60,000	325,000	11,670	71,670	352,492	2,352,492	117.6	10,570	82,240

※言葉にすると複雑な感じで分かり難いですが、**一度生まれた「住宅再生基金」は建築資金**となりエンドレスで**「住宅再生基金」を生み出し続ける**という事です。

※最初に確認して下さい 一棟当たりの建築総額を1,600万円と仮定して計算しています。2,000万円に設定すれば、全ての金額が1.25倍しなければなりません。しかし、風呂敷はで小さめで平均より低い金額で設定しています。

※列Aは、開設したAS「家の駅」が何年後に何棟建てるレベルに達したか？その指標です。普及度合いによっては三年後には、全AS「家の駅」が100棟建てるレベルになっている可能性がある。そうなればいいのですが、表Dでは確実に達成できると予測して棟数を低めに上げています。

※列Bは、列AにAS「家の駅」の数3,591を掛けたものでその年度の建築総数です。

※列Cは、本部が主導して、建築棟数が増加する事で建築価格を低減させる事の出来る金額です（2年後20万円、最終的に300万円削減します）。

※列Dは、建築棟数と提言額を掛けたもので本部が創生・捻出する年度ごとの「住宅再生基金」です。7年から以降は約1兆円を生み出すのです。

※列Eは、AS「家の駅」の開設・運営での年間販売見込みと収益シミュレーションから抜粋しAS「家の駅」の数3,591を掛けた物で、各年度の「住宅再生基金」への寄付金額です。

※列Fは、全国3,591のAS「家の駅」が創生・捻出した「住宅再生基金」の年度別総額です。

※列Gは、本部と3,591AS「家の駅」が創生・捻出した「住宅再生基金」の年度別総額です。

※列Sは、列Gの「住宅再生基金」で新合掌村を建設する際に「日本の家」を建築する棟数、

さらに建築する事で「住宅再生基金」が生まれ、それで新合掌村を建設する・・・この繰り返しを六次建築まで集計した追加の年度別建築棟数になります。

不思議な事だと思うでしょうが、本事業を推進させていくと現実のものとなるのです。

※列 T は、列 B の建築棟数と六次建築まで建築した建築棟数を合計した年度別総建築棟数になります。

※列 U は、追加で建築できる割合を出しています。

ココがこのしくみの摩訶不思議なところです

※列 AC は、列 G 初期の「住宅再生基金」で建築して生まれた追加の「住宅再生基金」となります。

※列 AD は、列 G と列 AC を合計したもので、全ての建築行為で創生・捻出される「住宅再生基金」・財源となり、新合掌村建設に向けての指標となる金額です。

3 年後には 900 億円を超えますので新合掌村はどこかの地域に生まれる？かも知れません。　　　　6～7 年後には財源が 1 兆円を超えるのです

さらに 10 年後には毎年 1.5 兆円が新合掌村建設に注ぎ込めるようになるのです！

参考資料⑮　表E　一次建築により捻出された「住宅再生基金」財源により第二次～第六次建築まで順次建築された棟数と「住宅再建基金」の捻出額、総建築棟数・増加率

表E 一次建築により捻出された「住宅再生基金」財源により第二次～第六次建築まで順次建築された棟数と「住宅再建基金」の捻出額、総建築棟数・増加率

初年度とは全国3591地域にAS『家の駅』を開設する準備期間	全国3591地域にAS『家の駅』の年度別平均建築棟数	一次建築総建築棟数	第一次建築で捻出した住宅再生基金・財源（単位:億円）	G財源により建築する第二次建築棟数（新・合掌村建設）建築費1600万円	第二次建築で創生する住宅再生基金	I財源により建築する第三次建築棟数（新・合掌村建設）建築費1600万円	第三次建築で創生する住宅再生基金	K財源により建築する第四次建築棟数（新・合掌村建設）建築費1600万円	第四次建築で創生する住宅再生基金	M財源により建築する第五次建築棟数 建築費1600万円	第五次建築で創生する住宅再生基金	O財源により建築する第六次建築棟数 建築費1600万円	年度毎の第二次～第六次建築の追加建築棟数	年度別総建築棟数（第一次～第六次建築の合計）建築費1600万円建築	第一次建築からの増加率（％）
列(単位)	A(棟)	B(棟)	G(億)	H(棟)	I(億)	J(棟)	K(億)	L(棟)	M(億)	N(棟)	O(億)	P(棟)	S(棟)	T(棟)	U
備考			D+F										HJLNP	B+S	T÷B
初年度	0														
1年後	1	3,591	0											3,591	100
2年後	12	43,092	222	一年のズレ										43,092	100
3年後	24	86,184	705	970	5	一年のズレ							970	87,154	101.1
4年後	48	172,368	2,494	3,084	31	21							3,105	175,473	101.8
5年後	72	258,552	5,283	10,911	163	135	2	一年のズレ					11,046	269,598	104.2
6年後	96	344,736	8,904	23,113	462	713	14	8					23,834	368,570	106.9
7年後	110	395,010	12,230	38,955	973	2,021	50	61	2	一年のズレ			41,037	436,047	110.3
8年後	110	400,000	12,734	53,505	1,391	4,256	110	218	6	8			57,987	457,987	114.4
9年後	110	400,000	13,134	55,710	1,504	6,085	164	481	13	26			62,302	462,302	115.5
10年後	110	400,000	13,534	57,460	1,608	6,580	184	717	31	56	2	一年のズレ	64,813	464,813	116.2
11～15	550	2,000,000	71,670	306,250	9,187	40,193	1,205	5,271	158	691	20	87	352,492	2,352,492	117.6
16～20	550	2,000,000	71,670	306,250	9,187	40,193	1,205	5,271	158	691	20	87	352,492	2,352,492	117.6
21～25	550	2,000,000	71,670	306,250	9,187	40,193	1,205	5,271	158	691	20	87	352,492	2,352,492	117.6
25～30	550	2,000,000	71,670	306,250	10,447	40,193	1,205	5,271	158	691	20	87	352,492	2,352,492	117.6

◎絵に描いた餅で終わらせる訳には行きませんので、何故「住宅再生基金」が生まれるのかを解説させて頂きました。

尚、第二次～第六次までの建築棟数と同時に創生される「住宅再生基金」に付いては 表E で確認して下さい。エンドレスで建築する事で財源が生まれる事が分る筈です。

◎注意して見て欲しいのですが、「住宅再生基金」が全部「日本の家」の建築に使われる訳ではありません。新合掌村建設は建築部門が70％で土地や造成その他の費用が30％の構成で計画していますので、「住宅再生基金」の70％を建築費用に宛がっています。

（建築以外ではお金を生みませんので厳格に数字を計上しています）

１４、社会福祉ユートピア構想・新合掌村計画

究極の目的！ 新合掌村

「住宅再建基金」で新合掌村を全国900の地域に建設します

地域毎に株式会社〇〇合掌村とネーミングし入村者全員で経済活動致します

「日本の家」PB（プライベート）製品製造工場群を建設して雇用を創生します

住居は無償貸与され三食付きで働く職場も生まれます・・・

"働かざる者食うべからず"が入村規定です・・・

入村者には・・・お金を必要としない生活環境を提供します

災害時受け入れる本格的住居2,500棟を含め3,500棟が建つ街を創ります

社会生活する機能を万全に整えます・・・その店舗・施設の運営者も募集します

診療所・保育所・スーパー・ヘリポート・介護施設・各種店舗・モノづくり工房・・・

当初15,000人が住居する"社会福祉ユートピア構想"です・・・

何れ一村に1.5〜2万人が暮らす町になります・・・

★広義の意味での社会的弱者の皆様には無条件で入村して頂きます

★自然災害や不可抗力で住宅を消失したら着のみ着のままで入村して頂きます

★年金受給生活者や生活保護受給者はそれぞれ受給資格を返納して頂きます

日本全体の人口減少に歯止めを掛けます

日本全国900の地域に 将来1,500万人が暮らす街づくりです

●新合掌村建設の財源は「住宅再生基金」です

まず「住宅再生基金」により建設される新合掌村の全体構想

参考資料⑯ 表Ｆ の解説

※列Ｔは、年度別の総建築棟数です。この建築から「住宅再建基金」が創生・捻出されます。

※列ＡＤは、全建築から捻出・創生される「住宅再建基金」で新合掌村の建設資金に宛がわれます。

※列ＡＥは、年度別に建設される新合掌村の数です。

◎新合掌村一村の建設費の内訳はと云いますと・・・

災害時の仮住居用住宅が 2,500 戸と村民が社会生活するのに必要な各種建物が 1,000 戸を合計した 3,500 戸の建築費用が **500 億円必要です**。さらに土地借用経費、造成費、都市計画経費、新合掌村管理組合、ＰＢ工場建設などに **200 億円**なので新合掌村一村当たりの建設費用を **700 億円と見立てています（参考資料⑰参照の事）。**

参考資料⑯　表Ｆ　全建築から創生される「住宅再建基金」で建設される「新合掌村」の概要

表Ｆ 全建築から捻出・創生される「住宅再建基金」で建設される「新合掌村」の概要（年度別建設数と建物構成）

3591地域にＡＳ『家の駅』を開設する準備期間	ＡＳ『家の駅』の建築年度別平均建築棟数1600万円	全国3591地域一次合掌建築ＡＳ『家の駅』建築費毎1600万円の一次建築総建棟数	年度毎の第二次〜第六次追加建築棟数	年度別総建築棟数	年度毎の総建築棟数建築費毎1600万円（第一次〜第六次建築）の合計建築棟数	第一次から第五次まで建築で創生する年度毎の住宅再建基金の合計財源	数建設予算700億円創生新合掌村年度別	建設予算700億円累計新合掌村創生数	一村/15000人「新・合掌村」累計入村者数	たりの地域住民人口新・合掌村」一村当（総人口1億2500万人）	人に対する総入村者率人口1億2500万総	一村/2500棟被災者新・合掌村」とする建物が仮住居する累計仮住居棟数	一村/3500棟総建物累計棟数新・合掌村」の
列(単位)	Ａ(棟)	Ｂ(棟)	Ｓ(棟)	Ｔ(棟)	ＡＤ(億)	ＡＥ(村)	ＡＦ(村)	ＡＧ(人)	ＡＨ(万人)	ＡＩ(%)	ＡＪ(棟)	ＡＫ(棟)
備考						(村)	(村)	ＡＦ×1.5万人	総人口÷ＡＦ	ＡＧ÷総人口	ＡＦ×2500	ＡＦ×3500
初年度	0											
1年後	1	3,591		3,591								
2年後	12	43,092		43,092	222							
3年後	24	86,184	970	87,154	710	1	1	15,000	12,500	0.001	2,500	3,500
4年後	48	172,368	3,105	175,473	2,525	3	4	60,000	3,125	0.048	10,000	14,000
5年後	72	258,552	11,046	269,598	5,458	8	12	180,000	1,041	0.144	30,000	42,000
6年後	96	344,736	23,834	368,570	9,380	14	26	390,000	480	0.312	65,000	91,000
7年後	110	395,010	41,037	436,047	13,255	19	45	675,000	277	0.54	112,500	157,500
8年後	110	400,000	57,987	457,987	14,241	20	65	975,000	192	0.78	162,500	227,500
9年後	110	400,000	62,302	462,302	14,815	21	86	1,290,000	145	1.032	215,000	301,000
10年後	110	400,000	64,813	464,813	15,359	22	108	1,620,000	115	1.296	270,000	378,000
11〜15	550	2,000,000	352,492	2,352,492	82,240	118	226	3,390,000	55	2.712	565,000	791,000
16〜20	550	2,000,000	352,492	2,352,492	82,240	117	343	5,145,000	36	4.116	857,000	1,200,500
21〜25	550	2,000,000	352,492	2,352,492	82,240	117	460	6,900,000	27	5.52	1,150,000	1,610,000
25〜30	550	2,000,000	352,492	2,352,492	82,240	118	578	8,670,000	22	6.936	1,445,000	2,023,000

※列ＡＦは、その年度に全国に作られる**新合掌村**の総数です。

※列ＡＧは、その年度に入村できる人数を表しています。

◎**新合掌村一村には別表　建物構成を計画し、当初 15,000 人が入村できるようにします。**
当初 2,500 戸の災害時用仮住居を建てますが何れ定住する事になり、周辺に建設したＰＢ製造工場が稼働すれば入所者人口が増え 15,000〜20,000 人が居住する街に変貌する事になる（**参考資料⑰参照の事）。**

※**列ＡＨ**は、**新合掌村**一村当りの地域住民数です。8 年後には人口 192 万人に**新合掌村**が一村建設される。10 年後には 115 万人に**新合掌村**が一村建設されます。30 年後には人口 22 万人の地域に入村者 20,000 人の**新合掌村**ができる事になります。
578 カ所の合掌村総人口は 1,156 万人（将来は 900 カ所の,1500 万人）にも膨れ上がっている事になります。さてその頃、日本の人口問題はどうなっているでしょう？

人口減少問題には歯止めがかかり、増加に転じているかも分りません

※**列ＡＩ**は、日本の人口に対して**新合掌村**入村者の割合です。9 年後には人口の 1％で、30 年後には約 7％の人達が**新合掌村**で生活していることになります。30 年後には日本

の総人口が１億人を割っているという統計も出ていますが、既定路線を変更して頂かなくてはなりません。

※列ＡＪは、**新合掌村に建築される災害時用仮入居住宅の年度時の累計戸数です。新合掌村一村に 2,500 戸建築しますので、5 年後には 30,000 戸、7 年後には 112,500 戸、30 年後には 1,445,000 戸と云う様に年々増えていきます。**

※列ＡＫは、**新合掌村**に建築される災害時用仮入居住宅を含めた建築物の年度時の累計戸数です。

◎災害と云えば記憶に新しいところで、熊本地震で住宅損壊に付いて見てみると**全壊が8,682 棟、半壊が 33,600 棟でした。さらに遡り東日本大震災では全壊 121,990 棟、半壊 282,900 棟でした。** そして阪神淡路大震災では、全壊 105,000 棟、半壊 144,000 棟、焼失 7,483 棟でした。他にも中越地震や台風、豪雨などで建物被害がありましたが、平成の 30 年間で 70 万棟以上もの住宅が被害にあった事になります（ちなみにプレハブ型仮設住宅はその都度合計二十数万棟建設されています）。

◎しかし、備えあれば憂いなし、３０年後には 1,445,000 戸の災害時用の仮設住宅ではなく本格的な仮住居が全国各地の新合掌村に建築されるのです。今後３０年間に平成時代と同じような災害が発生しても仮設住宅に住むまでもなく、**すぐさま近くの新合掌村に入居すれば、少しは心休まる日々を送れるのではないでしょうか。**
今後起こると言われている南海地震・東南海地震や首都直下型地震にも備える事ができます。被災時に入居先が決まっておれば、精神的な安堵感があり心は休まります。

★補足／１０年後以降の２０年間は一次建築で生まれる「住宅再建基金」で建設される**新合掌村を 470 村と計画していますが、第二次建築で創生される「住宅再建基金」で建設される新合掌村は計算上 470 村の 13%に当る 61 村建設される事になります。**

★同じように第三次建築では第二次建築の 61 村の 13%で **8 村**となり、第四次建築では **1 村**、３０年後には表から導かれた **578 村**に **70 村**を加えると**648 村**になります。
ちなみに 648 新合掌村が建設されると一村 1.5 万人でも 972 万人、2 万人なら 1,296 万人です。（将来は 900 カ所の 1,500 万人を想定）

★またその時代、人口 1.25 億人としたら 20 万人当たりに 1 カ所の割合で新合掌村ができている事になり、総人口の 10%強の人達が新合掌村で暮らす事になっています。

> にわか信じがたい事ですが数字で積み上げたものに嘘はありません

●新合掌村計画の全体構想には PB 製品製造工場群計画を含む

◎新合掌村の一部、その周辺地域に「日本の家」の建築資材建材をプライベート商品として**製品化する工場を建設します。** 山から切り出した原木を貯蔵する木材集積所、木材を乾燥させ製材加工して製品化する乾燥工場・製材工場、それを二次加工するプレカット工場、さらに三次加工して建築部材とする加工工場（屋根パネル、造作部材、針葉樹合板、洋式ドア、造り付け家具、フローリング、パネリング）等「日本の家」に供給する建材・

部材を製造します。

◎まず、木材に関連する加工製品はすべてプライベート商品化して「日本の家」のコストダウンに繋げ「住宅再建基金」を増やします。木材に続いて外装内装建材類や標準化してコストダウンが図れるものはすべてプライベート商品化していきます。

◎特に「日本の家」は日本の木材を使うべく純木造住宅を標準化しているので構造躯体を構成するアイテム数が限られています、そのため PB 化が容易なのです。

◎大規模な設備投資が必要な部材・建材は、新販売会社をつくり製造委託で PB 商品化を実現させます。

◎その事で、林業活性化が図れ、モノづくり産業を振興させ、次はバイオマス発電設備・太陽光発電施設で電力も賄います。さらに何処の自治体でも敬遠される産業廃棄物施設も造ります。町から遠く離れた場所なら上下水道設備も必要になるでしょう。
新合掌村になくてはならない物は作る予定です。

◎家つくりに関しては製造から AS「家の駅」の建築現場への出荷まですべてを賄います。
倉庫も不要、営業職・事務職・管理職・役員・営業所・流通会社・卸売会社・販売会社・広告宣伝費なども必要なくなり製造、即消費で在庫管理の必要もなく想像以上のコストダウンが可能となります。

◎新合掌村建設を順次進めて行く上で、建築価格のコストダウン（1,600 万円の建物一棟当り 300〜500 万円を目指します）は、「住宅再建基金」を増やす事に繋がり最重要課題と認識するからです。
これを成し遂げない限り新合掌村建設は予定通りには進められなくなります。

◎PB 製品工場群は新合掌村に隣接しているため、入村者には雇用先も生まれ、移住・定住者を増やす事にも繋がります。
何よりも新合掌村では地産地消、自給自足、自立を目指す地域社会を求めています。

◎新合掌村には PB 製品工場群の他にもモノづくりを通じて活躍する場が沢山あります。
それと連動して、どんな形であれ誰でも職に就ける環境が必要なのです。

★補足／PB 製品工場群では建築棟数の関係から木材プレカット工場の設備能力（標準1,600 万円の住宅を年間に何棟加工する能力があるか）で年間 1,500 棟（5 棟／日・125 棟／月）を基準にすれば年間 45 万棟を処理するには 300 の施設が必要になります。

★それを踏まえて 900 近い新合掌村の内、3 村に一カ所、人口 40 万人に一カ所と云う事になります（新合掌村は郡部や山間部地域に創られますので配送等を考えて総合的な調整は必要です）。

★補足／新合掌村の全体構想には PB 製品工場群計画を含むとしていますが、新合掌村とPB 製品工場群が存在する新合掌村建設では同時竣工を目指します。しかし「日本の家」の建設資材を安価に調達する事を優先したいと思いますので新合掌村全体構想では PB製品工場群を要する新合掌村計画を先行して建設する方向で考えています。

参考資料⑰ 新合掌村の建物構成・比率と建物数
（全ての建物は「日本の家」で全国の AS「家の駅」が建築します）

建物種別	建築棟数	建築単価	建築総額(万円)	入居者数	総入居者数
災害時用の平屋住居	2,500	950 万円	2,375,000	3	7,500
２階建住宅	150	1,500 万円	225,000	5	750
５連棟の２階建住宅（借家風）	250	3,000 万円	750,000	10	2,500
２階建店舗併用住宅	20	1,500 万円	30,000	3	60
ショッピングモール風店舗	100	800 万円	80,000		
単身若者向けシェアハウス	200	2,500 万円	500,000	10	2,000
独り暮し高齢者向シェアハウス	150	3,800 万円	570,000	15	2,250
二世帯住宅	30	2,000 万円	60,000	5	150
※社会生活に必要な施設	100	4,000 万円	400,000		
小計	3,500		4,990,000		15,210
新合掌村建設に伴う諸経費			2,010,000		
新合掌村建設総費用			7,000,000		

※社会生活に必要な施設とは／共同モノづくり工房（物産展との絡み）、保育所、診療所、喫茶店、レストラン、食堂、理容室、美容院、学校、モノづくり技術学校（「日本の家」の研修道場）、集会所、娯楽施設、ショッピングセンター、コンビニ、薬局、ホームセンター、高齢者施設、交番、郵便局、介護施設、防災医療ヘリポート等々

● なぜ新合掌村が必要なのか・新合掌村には誰が入村するのか

◎新合掌村では社会生活して行く上で地産地消、自給自足、自立を目指す地域社会を求めています。

◎今までの常識や既成概念を打ち破るまちづくりを目指す。
　働く場所を作る事で "働かざる者食うべからず" を入村者の合言葉とします。

◎新合掌村への入村者は事前に公開し募集を掛けます。
　参考資料⑰では基本的な建物構成・比率と建物数としていますが、入村者の皆様のキャリアに相応した建物構成を考えて村づくりを進めていきます。

◎新合掌村の建物の使用及び入居に関しては無償貸与で使用料や家賃は必要ありません。

◎都会への人口集中を是正する為にも、広い意味でのモノづくりに限定してではありますが市街地や都会からの移住者を受け入れます。

◎下記に該当する皆様に於かれましては、社会生活に必要な用途を備えた 3,500 棟の建物がありますので、ご自身のキャリアを生かせる、あるいは勉強し技術を習得して生かす事の出来る建物を選択する事ができます。

◎普通に生活できている人は、入村する事はできません。
　ただし社会生活に必要な施設には入村者希望者の中に該当する人がいない場合に於いては、申し出て店舗や施設を使用する事ができます。

◎言葉が不適切なところがあるかも知れませんが・・・

　　　広義の意味での社会的弱者の皆様には最優先で入村して頂きます

◎**新合掌村**には新合掌村管理事業者を置きますので、入村の手続き等は管理事業者を通して頂く事になります（**入村後は、入村者・規約書に従って頂く事になります**）。

★新合掌村に入村して頂く皆様とは

☆新合掌村管理事業者・管理人（新合掌村村長）／**新合掌村**への入村者を事前に公開し募集を掛け人選する事等、**新合掌村**の規約書に基づき管理して頂きます。

☆不可抗力や自然災害等で罹災し、住宅が損壊し住まう処を奪われた被災者の皆様／一時避難所に移られ落ち着いた時期に、近くの新合掌村に仮住居して下さい。**新合掌村には2,500棟の仮住居がありますので地域の仲間が離れ離れにならず1カ所で生活する事ができます**。そのまま**定住**しても良いし、時期が来て地元の復興の為にとの思いで、地元被災地で「日本の家」での再建を希望する際には、まず保険金や補助金を宛がって頂きますが、それでも不足する分については「**住宅再建基金**」で補いますので安心して下さい。

☆緊急避難者の皆様／ヘリポートを造りますので災害時避難以外で不慮の事故や緊急避難を要する時、広域避難場所、防災医療拠点として利用できるようにしています。

☆限界集落と云われている所で暮らす皆様／先祖代々から住み慣れた場所を離れるのはつらいでしょうが、山林整備育成及び田や畑の耕作地は新合掌村入村者や気概のある若者に委託し、挙って**新合掌村**に移住されませんか。

☆生活困窮者の皆様・生活保護を受けておられる皆様／モノつくりができる環境があります。軽作業で収入も得られる処が沢山できます。気兼ねなしに生活できる環境です。

☆住宅難民者／文字通り住む処がないと困っている人達は入村して下さい。働く場所もあります。

☆シングルマザー・ファーザー子育て世代の皆様／現在地で生活に難儀しているならば、思い切って入村を決意して下さい。保育所もあるし働き場所はすぐにでも見つかる筈です。AS「家の駅」で在宅業務が可能なシステムクリエーターの仕事にも就く事ができます。出産子育ての為に入村するのもOKです。

☆独り暮らしの高齢者の皆様／独り暮らし高齢者向けシェアハウスや平屋建ての小住宅がありますので安心して移り住んでください。
介護施設もあり生活には不自由しないと思います。

☆外国人研修生・起業家・移住者／林業活性化やモノつくり産業振興・物つくり技能学校などを利用して目的（主にモノづくり／「日本の家」を造る大工さんや職人さん）を果たす場となれば良いのではないでしょうか。**目的に合致した建物に移住して下さい**。

☆PB製品工場群があるのでキャリアを生かせる皆様／物つくり技能学校や共同モノづくり工房もありますので、技術を磨き職に就く事もできます。

☆ものづくり職人・手作り職人／AS「家の駅」物産展に出展する地域の物産品を創る人、技術を伝承する人、後継者を探す人達は連携して、物つくり技能学校や共同モノづくり工房を利用し村民の皆様に働き場所を提供して下さい。

☆<u>広義の意味での社会的弱者の皆様（身体に軽い障害をお持ちの人達、引きこもりがちな皆様、自称フリーターや自称ニートの皆様、現代社会に不平不満を持ち自暴自棄になっている皆様、就労先がなくやむを得ず生活保護を受けている皆様、生活保護が受けられずに困っている皆様、社会復帰・社会更生を目指している皆様、年金だけで生活できない皆様、）／**新合掌村には、少なからず軽作業を中心に働く場所があり、自立を目指す地域社会を求められ**　"働かざる者・食うべからず" と言う以上、PB 商品製造工場やモノづくり工房、物産展出展工房、村民の生活を支える各種店舗等、お金を稼ぎ生活する基盤があります。</u>

☆<u>「日本の家」の職人を目指す人達／物つくり技能学校や共同モノづくり工房、PB 商品製造工場がありますので専門技術を習得して、地元で活躍して下さい。</u>

●新合掌村の建設用地

◎<u>表F</u>でも分かる様に、3 年後には**新合掌村の開設資金が準備できます。ですが700 億円のプロジェクトは、そう簡単ではありません。**
<u>最低でも準備期間から着工まで2 年、工事期間が1 年掛ります。</u>

◎<u>新合掌村建設には、約30 万坪（1 万平方メートル／1 ㎢／1,000 メートル四方／東京ドーム21 個分）の土地が必要です。</u>
<u>一カ所にまとまれば良いのですが2 カ所に分かれても差し支えありません。</u>

◎**新合掌村建設とは別に PB（プライベート）建築資材製造工場群建設を収容する用地が必要です。**<u>小さい建物は新合掌村敷地内に建てますが規模の大きい工場は別の用地を準備しなければなりません。</u>

◎<u>余計な事かも知れませんが、578 地域（**参考資料⑯・F 表による。将来は 900 カ所**）に新合掌村ができるとその総面積は 950 ㎢で香川県の約半分の面積と同じです。</u>

★新合掌村の建設用地の提供をお願いします

☆**新たな街づくりをする為、市街地ではなく郡部や山間部地域に創生する必要があります。**
<u>「日本の家」家造りは林業を活性化させる役目を担っている為、荒廃しつつある山を守ると共に山から木を切り出し、その跡地を含めその周辺の地域に新合掌村を建設しPB（プライベート）建築資材製造工場群をも建設する事で**林業振興・産業振興**をも図る事ができるのではないかと考える所です。</u>

☆<u>日本には、**再生可能な森林資源を有する山間部地域が沢山あります。しかも手が付けられず荒廃し、自然災害時には凶器となり住民を脅かす厄介な物にされています。**</u>
<u>林業関係者や山村地域住民の皆様、どうか新合掌村を誘致する運動を興し手頂き、建設用地の提供をお考え頂けないでしょうか。無償貸与して頂ければありがたいのですが、そこは大人の話し合いで宜しくお願いいたします。</u>

☆<u>各自治体に於かれましても、国や都道府県、地方自治体が所有しておられる土地の有効活用をお考えであるならば、新合掌村と PB 建築資材製造工場群を誘致して頂きましたら幸甚です。</u>

★都市計画事業者・新合掌村管理事業者とは

☆新合掌村建設やＰＢ製品製造工場群建設の於いては**都市計画総合プロデュース事業者様や大規模な土木工事事業者様、大規模上下水道設備事業者様、新合掌村管理事業者様が不可欠となります。**

☆今までにない全く新しい街づくりになりますので、新鋭気鋭の事業者様に担って頂く事になりますので、時期が参りましたら申し出て頂きますようお願い申し上げます。

１５、日本再生プロジェクトＡＺ・アズ計画とは・・・まとめ

　目的と手段・・・究極の目的は「新合掌村建設計画」と「ＰＢ製品製造工場群建設計画」でＡＳ「家の駅」相互扶助ネットワーク構想は　ＡＳ「家の駅」と云う車を動かし目的を達成する手段と考えて頂きたいと思います。

●究極の目的

☆今、日本が抱える最大の問題点は、世界でも類を見ない少子高齢化時代が目の前に遣ってきていると云う現実に、政府や行政は手をこまねいている現状を危惧している人達はどれ程おられるのでしょうか。

☆少子化で税収が減り、高齢化で歳出が増える。税金に頼るのには限界があります。
　手に負えなくなると自助努力せよ、自己責任で何とかしろと半分投げやり的な対処法しかないのが現状です。

☆**税金に頼るからできないので、国を治めて苦しみ困っている人々を救う"経世済民"を成すには今時の"経済"に頼らず、お金を湯水のように湧き出てくる方法（金の成る商売）を考えればいいのです。**

☆英知を絞り、新たな"モノづくり・家つくり産業構造"を構築して継続性と還流性を持たせ潜在需要を喚起し相互扶助精神で内需拡大する！
　　　　　　時代おくれで戦わずして勝つ戦法です

☆英知とは究極の目標を掲げ賛同いただく**支援者を新しいクラウドファンディング誌上＆WEBサイトで募る**事です。

☆支援者の支援投資金で創る**全国３,５９１のＡＳ「家の駅」**はモノづくり産業を活性化させ潜在需要を喚起させ経済活動を促し、生きたお金を増やすマシーン（車で言えばエンジンに当ります）に当ります。

☆AS「家の駅」が持続可能な経済活動で貯めた「住宅再建基金」で「新合掌村建設計画」と「ＰＢ製品製造工場群建設計画」を遂行し、日本の悩める諸問題を、時間を掛けてゆっくりと解決する事ができます。

☆日本再生プロジェクトＡＺとはアルファベットＡからＺまでのすべての問題点を解決する意味で、アズ計画としています。"風が吹けば桶屋が儲かる"の現代版です。

◎アズ計画を考案したのは初老の年金生活者です。通常の方法で事業化するには資金が足りません。

◎また、誰一人として経験した事のない新事業であり新商売でもある事からして生半可な方法では世の中に広められません。

◎**奇抜で破天荒な遣り方とは思いますが、新しいクラウドファンディングの手法を考えた**のです。

◎ただ、クラウドファンディングサイトを構築して Web 上で見られるようになるには誰かの助けがいるのです。ですから Web サイトで閲覧できている時は良きパートナーに巡り合ったという事です。

◎他人事とは思わないで頂きたいのです。地域住民や国民の皆様がアズ計画の中枢とも言える住生活関連事業に関わっています。本事業で利益を享受する事ができる人達が平等で公平な立場でスタートラインに立って頂きたく誌上クラウドファンディングからWeb サイトに公開するのが最善に方法だと考えました。

◎なにも支援者になって下さいと正義をかざし支援投資金を募っている訳ではありません。**皆様自身の欲得の為、本能を研ぎ澄まし、本事業を精査し思うがまま参画を決めて頂ければいい事ではないでしょうか。**

◎**支援者になって頂けそうな皆様には是非、第三章「支援者・虎の巻」を閲覧ください。**
"目からウロコ" が剥がれ落ちます！

●**新合掌村建設計画の具体策・全国 2,400 余りのゴルフ場がカギを握る！**

☆「住宅再建基金」で**新合掌村**を建設すると言っても、俄かに信じがたく否定的な見方をされる方がほとんどだと思います。まずは、実効性のある計画を検証して下さい。

☆誌上クラファンがきっかけでクラファン Web サイトがアップされ「支援者・虎の巻」の効果もあって支援金が集まりだし AS「家の駅」が実現する頃合を見計らって新合掌村建設計画を各報道機関にプレスリリースします。

☆と云いますのは、何処かに AS「家の駅」が一つでも誕生すれば世論もある事で他の自治体も追従しなければ遅れを執るので積極的にならざるを得なくなる、その結果雪崩式に次から次へと AS「家の駅」が開設され始めます。一カ所の AS「家の駅」が開設された頃が、ターニングポイントで機が熟した頃合いと考える訳です。

☆**新合掌村建設計画は東京ドーム 20〜30 個分の土地が必要です。**何処にあるのですか？と疑問に感じ否定的な意見が大半を占めるのでしょう。

☆案ずる事はありません。
新合掌村建設予定地は、**日本全国 2,400 余りの地域に開設済みのゴルフ場**です。

☆2,400 のゴルフ場の面積はと云うと、神奈川県の面積 2,415 ㎢に匹敵します。ゴルフ場は 18 ホールや 27 ホールなど様々ですが、平均すると約 1 ㎢になります。

☆**目指す新合掌村建設計画は全国に約 900 です。**

☆**全ゴルフ場の4割近くのゴルフ場が該当します。**

☆18 ホールのゴルフ場は「PB 製品製造工場群建設計画」の一部を併設した新合掌村建設に合致し、27 ホールやそれ以上のゴルフ場は「PB 製品製造工場群建設計画」を併設した新合掌村建設に合致します。

☆勝手に決め付けているように思われるかも知れませんが、ゴルフ場経営されておられる**経営者の皆様には、**今後の少子高齢化（30年後には日本の人口は1億人を維持できないとも言われています）に向けて5年、10年単位で競技人口が極端に減少する危機感に苛まれておられます。

☆<u>現に2,400あるゴルフ場の8割は経営難に陥っているとの情報もあります。</u>
巷では M&A も頻繁に行われています。閉鎖されたゴルフ場はもったいないし、ゴルフ場は他の用途に転用しにくいのが悩みです。
太陽光発電施設への転用策はもはや時代遅れの感があります。

☆ゴルフ場の約4割に当る900のゴルフ場を時間を掛けて新合掌村に転用すれば、少子高齢化時代を迎えても、残り1,500のゴルフ場は問題なく経営ができるのではないでしょうか。ゴルフ場経営者から見ても良いアイデアだと思うのですが、如何でしょうか。
社会問題化してから考えるのでは遅過ぎます。

☆と言いますもの新合掌村建設用地はゴルフ場が最適だと思うのですが、それほど場所選び（適正地選びの意味）には拘りません。
むしろ、経営難に陥っているゴルフ場と交渉させて頂きたいと思います。

☆困っておられるゴルフ場経営者にとっては`“渡りに船”`ではないでしょうか。M&A で相場以下の安値で買い叩かれるより、「住宅再建基金」と云う潤沢な資金で相場以上の金額で取引させて頂きます。

☆ちなみに、`新合掌村建設計画の予算枠は700億円です`
その内3,500棟の建物建築費用は**500億円**で、**200億円**は用地買収や都市計画・造成費用・設備工事・PB製品製造工場群建設費用に宛がいます。
☆山林や荒れ地を開墾する費用を見込んでの予算割りなので、ゴルフ場となると予算枠に余裕ができるのでこの様なご提案ができるのです。

★**支援者・虎の巻でも述べますが、**ゴルフ場を高値で買い取る約束をしたうえで、借金して支援投資金を準備して支援者となって頂けましたら、実際の取引時に支援投資金は全額上乗せして支払わせて頂きます。
もちろん「営業店」として150％の配当を継続して受け取る事ができます。
☆これはM&Aではありません。ビジネスパートナーになって頂きたい願いで提案させて頂いています。この様な取引が常態化したら、2,400のゴルフ場側から新合掌村建設の誘致合戦に広がる事も容易に想像できます。

☆転用したゴルフ場にも利（虎の巻を見て！凄い事が起こります）があり、残ったゴルフ場は競争相手が少し減り商売繁盛の上、安定して経営が続けられます。
ゴルフ場が社会問題になる前に社会貢献策が奏功したと話題になること請け合いです。
☆AS「家の駅」を開設する為に支援者を募集しているクラファンサイトですが、誰がゴルフ場との関連性を想像できましたか？
誰も遣らない事をしない限り、日本の再生は達成される道理がないのです。

★一カ所の AS「家の駅」が開設された頃が、ターニングポイントで機が熟した頃合いと考える訳ですと書かせて頂いています。

具体的にはどのような戦術を執るかといいますと・・・

☆一カ所の AS「家の駅」は支投資援金 1 億円が集まった段階で 6,000 万円にて AS「家の駅」を開設し、4,000 万円を新合掌村建設準備金に宛がいます。二カ所目が開設されたら 8,000 万円が準備金額、そして 10 カ所の AS「家の駅」が開設された頃には準備金が 4 億円になっています。その頃、巷では結構な噂話になっているでしょう。

☆一カ所の AS「家の駅」でプレスリリースを掛け、ターゲットとしたゴルフ場との交渉状況を逐次クラファンサイトにアップして行きますので、複数のゴルフ場との交渉で機が熟せば、順次仮契約の話を実現させ新合掌村建設計画を実施に移します。

☆事前交渉に入る前には、新合掌村建設計画に反対する自治体は存在しないと思いますが、ゴルフ場を転用する事は都市計画の変更に該当しますので当該自治体とも提携して事を進めなければなりません。

☆ゴルフ場の土地形状に別表の建物や工場群を配置して新たな都市計画の企画案と、行政の負担を軽減するアズ計画と新合掌村の営みを事細かく提案したら、行政側も認めざるを得ないでしょう。

☆一カ所目の新合掌村建設は PB 製品製造工場群を擁した最大級の新合掌村を計画します。「住宅再建基金」をより速く捻出させる為、「日本の家」に建築資材建材の原価を下げる事が急務なのです。ですから、新合掌村建設で 3,500 の建物よりも PB 製品製造工場群を優先して建設いたします。その資金は、「住宅再建基金」ではなく、用地買収と同じ支援投資金による準備金を宛がいます。

★3、4 年後には一カ所の新合掌村建設を実現させる計画ですので、事前交渉次第で達成させられます。

☆ゴルフ場経営者とは事前交渉にて、相場以上の高値での買い取りを約束します。その M&A 事業計画で取引銀行から借り入れを興して頂き、地元の AS「家の駅」開設に向けてそれ相応の支援をして頂きます。実行委員会本部の準備金が整い次第、頃合を見計らって仮約束を実行いたします。

☆その折、支援頂いた支援投資金は一括還付させて頂きます。その後、支援者は「営業店」となり支援して開設した AS「家の駅」を指名する建て主様から営業販売手数料を頂き、AS「家の駅」地元の自治体と建て主様地元自治体の「故郷創生基金」に寄付し、建て主様には返礼品を送り、ご自身は 15 万円の実質配当を受け取る事になります。

☆支援投資金 10 万円に対して 15 万円の報酬ですから 6,000 万円の支援投資金なら 600 回毎建て主様が変わるが同じ報酬を得る事になります。その金額は、15 万円 X600 回＝9,000 万円です。参考資料⑪総括表で見てみると 30 年間に 6 回転しますので総額 5 億 4,000 万円の報酬となります。支援投資金は契約時に戻っていますので、何らリスクを負う事はありません。

☆ゴルフ場経営者の皆様がこの事例を目の当たりにすれば、**経営上のご判断としても少なからず追従せざるを得なくなるのではないでしょうか。**

☆この事はゴルフ場の経営状態がどうこうという問題ではありません。健全経営されておられる事業者様もゴルフ場経営者全体を鑑みてご支援下さいますよう折念致します。

☆**新合掌村建設計画はゴルフ場を於いて他には考えられないくらい相思相愛のパートナーとなる筈です。**

★新合掌村建設計画では全国 2400 ゴルフ場経営者の皆様が重要な鍵を握っておられると云っても過言ではありません。

　ゴルフ場経営者の皆様には提案書と云う形で巻末（145 頁）にて述べさせて頂きます。

★AS「家の駅」の開設が順調に進み、一つの新合掌村が現実のものとなれば、もはや疑う余地など微塵も考える事はなくなるでしょう。

　支援者は投資だと認識して一気呵成に事を進めさせることができます。

● ゴルフ場が新合掌村建設に最適な訳とは

☆18 ホールのゴルフ場は「PB 製品製造工場群建設計画」の一部を併設した新合掌村建設に合致し、27 ホールやそれ以上のゴルフ場は「PB 製品製造工場群建設計画」を併設した新合掌村建設に合致すると記述しました。

☆ゴルフ場にはクラブハウスがあり、そこは計画段階から新合掌村運営事務所として遣う事ができます。それほど地形をなぶる事なくフェアーウェイや林に 3,500 棟の建物を建てられます。グリーンはヘリポートに早変わり、カート道はそのまま生活用道路となり、移動はカートを利用する事で安全を確保できます。

　用水路があり調整池もあります。電気・水道が完備され進入路も確保されています。

参考資料⑰　新合掌村の建物構成・比率と建物数
（全ての建物は「日本の家」で AS「家の駅」が建築します）

建物種別	建築棟数	建築単価	建築総額（万円）	入居者数	総入居者数
災害時用の平屋住居	2,500	950 万円	2,375,000	3	7,500
2 階建住宅	150	1,500 万円	225,000	5	750
5 連棟の 2 階建住宅（借家風）	250	3,000 万円	750,000	10	2,500
2 階建店舗併用住宅	20	1,500 万円	30,000	3	60
ショッピングモール風店舗	100	800 万円	80,000		
単身若者向けシェアハウス	200	2,500 万円	500,000	10	2,000
独り暮し高齢者向シェアハウス	150	3,800 万円	570,000	15	2,250
二世帯住宅	30	2,000 万円	60,000	5	150
※社会生活に必要な施設	100	4,000 万円	400,000		
小計	3,500		4,990,000		15,210
新合掌村建設に伴う諸経費			2,010,000		

新合掌村建設総費用			7,000,000	

※社会生活に必要な施設とは／共同モノづくり工房（物産展との絡み）、保育所、診療所、喫茶店、レストラン、食堂、理容室、美容院、学校、モノづくり技術学校（「日本の家」の研修道場）、集会所、娯楽施設、ショッピングセンター、コンビニ、薬局、ホームセンター、高齢者施設、交番、郵便局、介護施設、防災医療ヘリポート等々

☆表にもある様に社会生活に必要な施設やお店、店舗と云った建物も適材適所に配置させる事ができます。自然災害にも強く、森林浴も楽しめて心豊かに暮らせる環境です。

☆よくよく考えると、ゴルフ場は新合掌村建設の為に、将来を見越して余分に創って於いてくれたのではないかと思ってしまうほどです。ベストマッチング状態です。

●新合掌村の実態・どの様に生活するのか？

◎新合掌村では社会生活して行く上で地産地消、自給自足、自立を目指す地域社会を求めています。

◎今までの常識や既成概念を打ち破るまちづくりを目指します。
働く場所を作る事で“働かざる者食うべからず”を入村者の合言葉とします。

◎新合掌村への入村者は事前に公開し募集を掛けます。参考資料⑦では基本的な建物構成・比率と建物数としていますが、入村者の皆様のキャリアに相応した建物構成を考えて村づくりを進めていきます。

◎新合掌村の建物の使用及び入居に関しては無償貸与で使用料や家賃は必要ありません。

◎都会への人口集中を是正する為にも、広い意味でのモノづくりに限定してではありますが市街地や都会からの移住者を受け入れます。

★上記ルールや誰が入村できるか等は新合掌村の概要説明の項をご覧下さい。
ここではより具体的にその実態と、どの様に生活するのか？ お金はどうなるのか？ 社会保障は？ 働く場所は？ 役に立つのか？ 娯楽は？ 育児・介護や診療は？ などの疑問点を中心に解説していきます。

☆住生活をより豊かに送れる環境を築きますので,1.5万人から2万人が自給自足・地産地消・働く場所を確保しなければなりません。
基本は村内全てのお店、店舗、施設、工房、工場は村営とし、新合掌村の経営傘下となります。要するに村営で全事業を集約して一元管理する事とします。

☆ゴルフ場が新合掌村の舞台となるのでクラブハウスに新合掌村管理事務所を置き統率を計ります（○○合掌村株式会社の本社に当る）。

☆新合掌村と言っていますが、実現すれば“○○合掌村”と名付けて○○合掌村株式会社とします。

☆そしてお店、店舗、施設、工房、工場は、それぞれ個別に専任事業者（入村者）が運営して頂く事になります。

☆<u>新合掌村への入村者は、全て○○合掌村株式会社の社員（未就労者は扶養家族）になります。</u>

☆<u>社員には生活に必要な什器備品が備わった住居が無償貸与されます（生活雑貨類は自己調達という事にさせて頂きます）。</u>

☆<u>お店、店舗、施設、工房、工場の事業主を目指す人達には、開業するのに必要な什器備品が整備された建物を無償で貸与されます。新合掌村運営者の一翼を担って頂きます。</u>

☆<u>入村者には村内で働くことを条件に朝昼晩の３食が現物支給と云う形で無償提供されます（就労に対する対価と考えて下さい）。３食が付くという事は自炊をしなくてよく、村内至る所にある食事処の食堂やレストラン、社員食堂等村営の食事処で自由に食べる事ができます。やむを得ず自炊を希望する時は、村内のショッピングセンターでは食材を無償提供しますので自由に利用して下さい。</u>

☆<u>入村すれば、住居費や家賃、食事代にお金は掛りません。</u>
<u>しかし"働かざる者食うべからず"が規則なので村内のお店、店舗、施設、工房、工場でどのような形態であれ働く事が義務付けられています。</u>

☆<u>住居代、食事代は不要でも労働に対する対価は必ず支払われます。オシャレもしたいし、旅行も行きたい、たまには贅沢したい・・・これは人間として当たり前の欲求ですし当然の権利です。社員ですから労働者としての社会保険は完備されています。</u>

☆<u>皆様は何らかのキャリアをお持ちの筈です。それを生かし職に就ける仕組みを作りたいのです。モノづくりが得意ならモノづくり工房で制作して AS「家の駅」の物産展に出展して利益を稼ぐ事もできます。料理が趣味なら、それを生かすところは幾らでもあります。1.5〜２万人が暮らす街になるのですから、参考資料⑰では社会生活に必要な施設を挙げていますが、複数必要な施設もたくさんあります。事前に希望を言って頂ければ希望に沿った新しい施設も創ります。必ずどこかに働く場所は見つけられます。</u>

☆<u>村営会社ですから、新合掌村全体で経営の収支を考えなければなりません。</u>
<u>その収支を支える大黒柱が、「日本の家」で使用される日本の財産でもある再生可能な森林資源を最大限に活用するプライベート製品を製造する工場群であり、大役を仰せつかる事に成る訳です。</u>

☆<u>「住宅再建基金」で新合掌村を創り PB 製品製造工場を皆様の力で稼働させ「日本の家」の製造原価を低減させて「住宅再建基金」を増やし新しい新合掌村を建設する。</u>
<u>この繰り返しを新合掌村の仲間でやり遂げる訳です。</u>
<u>全国に 900 の新合掌村が出来たら日本は豊かな国に大変貌を遂げます。</u>

☆<u>新合掌村の PB 製品製造工場を稼働させる事が、さらなる新合掌村の建設に繋がる事がお分かりいただけたでしょうか。</u>
<u>この部分が今までの家づくりにおける不可思議で超ミステリーだったのです。</u>

☆<u>今までの家造りと比較して見るとよく分るのですが、でもあまり知られていないのでご理解頂け難いとも思うのですが、モノづくりと物流という観点からならその違いが歴然</u>

とする筈です。

☆ゴルフ場やその周辺に整備された PB 製品製造工場群は再生可能な森林資源（山林）に近い位置にあります。山から切り出した原木を一旦貯蔵する原木集積場が必要です。隣接して原木を製材する製材工場が必要となります。
　製材された材木は平衡含水率を下げる為の木材乾燥施設へと移動させます。

☆製材された乾燥材はプレカット工場に送られて建築構造材に加工されます。
　板材に加工する工場、造作材に加工する工場や合板工場、合掌パネル加工工場、木製建具加工工場などがフォークリフトで移動できる範囲内に整備されます。

☆さらに隣接して畳工場、和紙工場、断熱材・プラスターボード加工工場、サイディングボード加工工場、外装建材製造工場、樹脂サッシ製造工場なども順次整備していきます。

☆フォークリフトで移動できる加工された建築資材や建材は他の必要建築部材と一緒に「日本の家」建築現場に運ばれて AS「家の駅」の専属職人さんによって建てられる手筈に成る訳です。

☆製造直送ですから、一般の家造りと比較するとその違い、コスト削減のからくりが見えてきます。

☆一般の事業形態でいう処の経費と云える本社機能、事務所、営業所、高給取りの社長や役員管理職、営業職、事務職、卸売会社、仲買人、小売流通事業者、販売会社、物流運送会社、在庫を抱える倉庫、販売広告宣伝費用などがいらなくなるのです。
　この事は、一般的には驚異の沙汰とも云え、尋常ではないでしょう。

☆「日本の家」建築では仮設工事や清掃片付け、洗い工事や産業廃棄物処理迄、新合掌村の社員でこなします。この様にする事で、AS「家の駅」の仕事が簡素化・省力化され楽な経営ができるというものです。

☆「日本の家」を標準化する事で再生可能な森林資源を活用し、語るに尽くせぬぐらい多大なメリットを生み出す事ができるのです。

☆これらの PB 製品製造工場群は建物始め事業を営むのに必要不可欠な木材加工機械設備、太陽光発電設備（新合掌村の電力も賄います）、業務用什器備品などは一切合財「住宅再建基金」で賄います。さらに技術者は加工機械メーカーから招き入れます。
　ですから PB 製品製造工場群の事業者や従業員は新合掌村の村民で運営できるわけです。造れない物は販売会社を創り直接仕入れします。

☆設備投資が不要で三食寝床付きで働き製造直売すれば、誰の目にも建築資材建材は市場価格の半値 8 掛けで提供できると映る事でしょう。
　しかし新合掌村の全体経営を考えると PB 製品製造工場群が利益を生む役割を担っている事からして、収支を考え販売価格は調整せざるを得ないと思います。

☆これこそは、家づくりのイノベーションでもあり想像以上に改革を実行した"住宅革命"と言っても過言ではないかと思います。

☆如何ですか、入村者の働き場所探しには事欠かないと思います。村営で「日本の家」技術

研修学校を創りますので、家づくりの技術を習得して実際の建築現場で職人さんとして家づくりに携わる事もできます。

☆AS「家の駅」物産展とも連動させますので、モノづくりで起業家になる事も可能です。どんな人達が入村できるかは本編で詳しく述べていますので、そちらを参照して下さい。

☆付け加えておきますが、新合掌村で働く・仕事をするという定義は独特のもので、世間の常識は通用しません。新合掌村の清掃なども立派な仕事です。AS「家の駅」相互扶助ネットワークとも言っている通り、相互扶助・助け合いの精神で遣れば良いだけの事です。新合掌村建設計画はユートピア構想ですから、縛りはありません。

☆また、政府機関や行政は一切関与していませんので制度に縛られる事なく、自由奔放に豊かな暮らしを満喫して頂ければ良いと思います。

☆ゴルフ場経営者の皆様のご支援ご協力が絶対に不可欠だという事がお分かり頂けたことかと存じます。

●ゴルフ場経営者の皆様へのご提案（141頁の8～9行目を受けて）

☆新合掌村建設計画は全国3,591AS「家の駅」相互扶助ネットワーク構想から生まれるもので、3,951地域のAS「家の駅」が競合競争する事なく相互扶助精神で全員が利益を享受する仕組みです。

☆新合掌村建設計画にはゴルフ場が最適で良きパートナーとなり得ると前述しておりますので、ゴルフ場経営事業者の皆様にも全国のゴルフ場経営者が相互扶助精神で共存共栄できて、お互いが利益を享受できる前代未聞とも云える大胆なご提案をさせて頂きます。

★日本再生プロジェクトAZ 一連の計画はスタートダッシュが重要です。
　AS「家の駅」を一駅つくり弾みを付けたいのです。

★そこで究極の目的でもある新合掌村建設計画を実現させる良きパートナーと成り得る全国のゴルフ場経営者が一役買って頂ければ、支援者は安心し信頼して参画者になって頂けるのではないでしょうか。

　★全体の構想

◎このまま自然に成行きに任せれば、少子高齢化の波にのまれ競技人口が減少しゴルフ場全体が窮地に立たされます。業績の良いゴルフ場は生き残りますが大半のゴルフ場は淘汰されてしまいます。それが分かっているのであれば、淘汰されてしまいそうなゴルフ場を計画的に新合掌村に転用させる事で、双方が利益を享受して全てが上手くいくと考えるのですが、如何でしょうか。

◎2,400のゴルフ場の内、新合掌村に転用するのは最大900のゴルフ場です。
　残りの1,500ゴルフ場は競技人口が減っていく中でも生き残りをかけて安定した経営を続ける事ができます。このゴルフ場の棲み分けをして双方が利益を享受して頂く戦法を具体化したいと思います。

◎2つのグループに分けても確定するものでもなく、どちらを選択しても良いわけですが、

便宜上・・・ゴルフ場をそのまま継続する経営者様をゴルフ場Bとし
新合掌村に転用するゴルフ場経営者様をゴルフ場Aとさせて頂きます

★ゴルフ場B（ゴルフ場をそのまま継続する経営者様）への提案

◎ゴルフ場Aを選択せざるを得なくなってしまうゴルフ場経営者を同じ仲間として救済する出来る事ができて、尚且つご自身のゴルフ場経営に多大なメリットをもたらす方法があります。

◎クラウドファンディング誌上＆Webサイトで支援者になって頂く事です。今さら説明するまでもないのですが、特別ルールが適用されますので得られる利益は半端でないです。

◎大きな事業をされていますので、AS「家の駅」に開設に必要な目標金額の6,000万円を支援投資する事を前提に数字を挙げていきます。

6,000万円の支援投資で、まずAS「家の駅」が地元自治体に開設されます

◎AS「家の駅」が稼働すれば、支援者は「営業店」となり支援して開設したAS「家の駅」を指名する建て主様から営業販売手数料を頂き、AS「家の駅」地元の自治体と建て主様地元自治体の「故郷創生基金」に寄付し、建て主様には返礼品を送り、ご自身は15万円の実質配当を受け取る事になります。

◎建築の都度、支援投資金10万円に対して15万円の報酬ですから6,000万円の支援投資金なら600回毎に建て主様が変わるが同じ報酬を得る事になります。
その金額は、15万円X600回＝9,000万円です。総括表で見てみると30年間に6回りしますので総額5億4,000万円の報酬となります。

◎特別ルールでは、希望により支援投資金の一部または全額をゴルフ場Aが新合掌村に転用された折、買収金額に上乗せしてした形で返還させて頂きますので、何らリスクを負う事はありません。

◎**余計な事かも知れませんが支援投資金を増額して増額分や支援投資金の一部をゴルフクラブの会員さん名義にしてあげれば、ますます商売繁盛間違いなしです**（支援投資金はどうせ戻るのでこの位はできるのではないでしょうか）。

◎ゴルフ場Aを選択せざるを得なくなってしまう仲間のゴルフ場経営者から相談を受け、仲間の為に借りてでも6,000万円を融通してあげれば、仲間のゴルフ場経営者はゴルフ場を売却しても総額5億4,000万円の報酬を得る事ができます。

◎この事を一般的な投資という観点から考えれば、ゴルフ場経営者が連携して軒並みAS「家の駅」に支援投資すれば、リスクを負うことなく挙って総額5億4,000万円の報酬を得る事ができます。

◎もともと何カ所もゴルフ場を経営されておられたら、未曽有で法外な利益を得るチャンスが目の前にあると思えば、この投資チャンスを逃す手はないと思います。

◎10や20のゴルフ場経営者が連携されたら、アズ計画は何の不安もなくやり遂げられます。他の業界の人達も新種の投資だ！とばかり挙って参画するのではないでしょうか。

◎ゴルフ場は紳士の社交場でもあり、企業経営者は会員でもあり常連さんで接待ゴルフに

利用されます。グリーン上でゴルフ場が新合掌村に転用される話題で盛り上がり、新しい投資話として情報交換して頂く事でアズ計画に興味を持ち支援者が急増すればとっても嬉しい話です。

◎この様な投資話が世間を席巻し独占や混乱を招いてはいけないので「支援者・虎の巻」では各事業分野に適切に割り当て枠を設けて募集する事を明確にしております。

★ゴルフ場Ａ（新合掌村に転用するゴルフ場経営者様）への提案

◎失礼な事を矢継ぎ早にずけずけ言っているかも知れませんが、客観的に見ての話です。ご容赦ください。

◎受難の時期を乗り越えて経営を続けていて、今が損得のボーダーラインとしても３年から５年先には間違いなく危機が訪れる筈です。
再建を焦って太陽光発電施設に転用するなど愚の骨頂です。先見の明が欠如した悪例にすぎません。今後、栄華を極めるのは、ほんの一部のゴルフ場だけです。

◎経営に行き詰れば、破産か民事再生法に頼るか？ M&A を選択しても相場以下でしか取引できません。どのような選択肢を選ばれるかで、従業員や会員さんの運命も決まってしまいます。

◎そこで、提案があるのです。その選択肢の一つに新合掌村のへの転用を付け加えて頂きたいと思います。

◎アズ計画では新合掌村建設計画の予算枠は 700 億円です。
その内 3,500 棟の建物建築費用は 500 億円で、200 億円は用地買収や都市計画・造成費用・設備工事、そして PB 製品製造工場群建設費用の一部に宛がいます。
もともと山林や荒れ地を開墾する費用を見込んでの予算割りなので、ゴルフ場となると予算枠に余裕ができる事になり、次に掲げる様なご提案ができるのです。

◎18 ホールの M&A 売買事例を見ていると 7 億前後とあります。ゴルフ場は前述したように、あまり手を掛けずに新合掌村に転用できます。極端な話、27 ホールを買収するのに 50 億でも 100 億でも出せる訳です。法外なことは慎まなければなりませんが、困っているゴルフ場Ａに対しては相場を遥かに超えた金額を提示する事ができます。

◎本題に入ります 支援投資金で準備金が整い、事前調査で適性を確認した段階で PB 製品製造工場群建設を先行させる為の用地取得事前交渉をさせて頂きます。
先を見越して複数のゴルフ場Ａとの交渉です（兵庫県内のゴルフ場が最有力）。

◎破産や民事再生という選択肢を除き M&A による譲渡金額に負債額や会員さんへの配慮等を鑑みて、これから話をする AS「家の駅」建設資金と同額の支援投資金に上乗せした相場以上の金額を提示して譲渡契約（数億円～数十億円）を結びます。

◎その譲渡条件を以って取引銀行や融資先から AS「家の駅」建設資金 6,000 万円と同額の支援投資金を借り受けて（一時用立てして貰い）支援者となって頂きたいのです。
多少のタイムラグがありますが、実際の取引の段階で支援投資金は一括して還付（上乗せ分に相当する金額）いたしますので借入先には一括して返済する事ができます。

◎6,000万円を支援する事で「営業店」となりゴルフ場Bへの提案で述べた事と同じ利益を享受する事ができます。ゴルフ場Aもリスクを負うことなく挙って総額5億4,000万円の報酬を得る事ができます。

◎支援金6,000万円の一部を会員さん名義にすれば角も立たずに新合掌村への転用がスムーズに進められると思います。
さらに、ゴルフクラブの会員さんには、残されたお金を会員名義で支援して差し上げたら喜ばれるのではないでしょうか（其の為に高値買取りを実践する事にしています）。

◎何よりも、ゴルフ場は新合掌村に転用されますが、ほとんど原型を変えず生かされる筈です。クラブハウスも新合掌村運営事務所として残り、経営者として新合掌村の経営を担って頂けることになるのです。

◎苦労に苦労を重ねゴルフ場を維持管理していく事を思えば、新合掌村の事業経営者（新合掌村村長）となり5億4,000万円の報酬も受け取れる事は、まさに天国と地獄ほどの差はあるのではないでしょうか。

◎新合掌村は900カ所のゴルフ場に創ります。ですから困っているゴルフ場経営同士で連携し、いつでも要望に応じ転用できる体制を作って於いて下さい。

◎ゴルフ場も歴史を重ねてきていますが衰退を待つばかり、そこへ行くとアズ計画は新合掌村へ転用して、負債を投資にまで転用して未曾有の利益を上げられるのは夢のまた夢、奇跡でも描けない事を実現にさせます。
この事を知ったなら、遣らない人はいないと思うのですが、如何でしょうか。

★勘違いしないで下さい。M&Aの手法で買収する事ではありません。
ゴルフ場と相思相愛ともいえる新合掌村に転用して新合掌村管理事業として新合掌村の運営を担って頂く事になるのです。ゴルフ場で働く仲間にも入村して頂ければいいですし、クラブハウスも諸施設も移動用のカートもそのまま使えます。
ゴルフ場が抱えていた借金や負債は全部消滅します。その上総額5億4,000万円の報酬が得られるのです。夢のような話です。借金してでもこの話に乗っかるべきです。

★ゴルフBとゴルフ場Aの棲み分けが好結果をもたらす
★ゴルフ場Bが先鞭を切って下さい。棲み分けが完了したらゴルフ場Aは新合掌村のオーナーとなり社会貢献事業で利益を享受します。ゴルフ場Bはゴルフ場の数が適正化し繁栄を極める事となるのではないでしょうか。さらに双方には30年に亘って未曾有の報酬5億4,000万円を受け続ける事ができるのです。そして時代が変化しても双方で均衡を保つ努力をすれば如何なる難局も乗り越える事ができます。

★何度も言いますが、新合掌村とゴルフ場は義兄弟みたいなものなのです。2,400在るゴルフ場の37％を新合掌村に転用すればWIN,WINの関係でいられるのです。
神様は日本の将来を見越して沢山のゴルフ場を創られたのではないでしょうか。
そして名だたる事業経営者の皆様もグリーン絨毯の上で神のお告げを聞き入れ後押ししてくれそうな気がします。きっと上手く行きそうな気がします。

誌上クラウドファンディングで 支援投資・AS「家の駅」運営 申込書

時代おくれのスマートハウス実行委員会宛　| kasei-1107@outlook.com |　送信用紙
ご記入の上、このページを写真に撮りEメールに添付してお送りください

私は "本気で日本を変えるトリセツ" の趣旨を理解し、誌上クラウドファンディング
に於いて、下記内容☑で送金を以って支援投資する事に同意いたします
・・・記・・・

☐　No,＿＿＿＿＿　AS「家の駅」開設Projectに＿＿＿＿＿＿＿＿＿＿円支援投資する
☐　No,＿＿＿＿＿　AS「家の駅」開設Projectに＿＿＿＿＿＿＿＿＿＿円支援投資する
☐　No,＿＿＿＿＿　AS「家の駅」開設Projectに＿＿＿☐＿＿＿円支援投資する
☐　No,＿＿＿＿＿　AS「家の駅」開設Projectに＿＿＿☐＿＿＿円支援投資する
☐　No,＿＿＿＿＿　AS「家の駅」開設Projectに＿＿＿☐＿＿＿円支援投資する
☐　No,＿＿＿＿＿　AS「家の駅」開設Projectに＿＿＿☐＿＿＿円支援投資する
☐　No,＿＿＿＿＿　AS「家の駅」開設Projectに＿＿＿☐＿＿＿円支援投資する

合計金額＿＿＿＿＿＿＿円を下記口座に振り込み致します
※ 振込口座・みなと銀行／赤穂支店／普通口座：3787703
口座名義人／時代おくれのスマートハウス実行委員会 代表 イシダヨシオ

お名前（個人の場合）：＿＿＿＿＿＿＿＿＿＿

企業名：＿＿＿＿＿＿＿　　　代表者：＿＿＿＿＿＿

住所：＿＿＿＿＿＿＿＿＿＿＿

連絡先（携帯）：＿＿＿－＿＿＿－＿＿＿

Eメール：＿＿＿＿＿＿＿＿＿＿

※支援投資入金確認後、受領書・支援投資証明書をEメールで送信いたします

- - - - - - - - - - - - - - - - - -

私は "本気で日本を変えるトリセツ" の趣旨を理解し、誌上クラウドファンディング
に於いて No,＿＿＿＿＿ AS「家の駅」開設Projectの運営者に応募いたします
尚、面談・面接で不適格とされても異議の申し立ては致しません
※応募を戴きましたらご連絡差し上げます

お名前：＿＿＿＿＿　　携帯：＿＿＿＿＿

住所：＿＿＿＿＿＿＿＿＿

Eメール：＿＿＿＿＿＿＿＿

	都道府県	人口	人口/家の駅	家の駅数	●数	●%	★数	☆数	★☆数	◆数	□数

第五章　全国3,591AS「家の駅」相互扶助ネットワーク・国盗り合戦（出展権争奪戦）総合表

	都道府県	人口	人口/家の駅	家の駅数	●数	●%	★数	☆数	★☆数	◆数	□数
1	①北海道	5,339,539	33,368	160	107	66.8	36	17	53		5
	北海道	5,339,539	33,368	160	107	66.8	36	17	53		5
2	①青森県	1,308,707	25,153	52	34	65.3	17	1	18		5
3	②岩手県	1,264,329	22,571	56	45	80.3	11	0	11		5
4	③宮城県	2,312,080	27,404	84	56	66.6	24	4	28		5
5	④秋田県	1,015,057	22,555	45	37	82.2	4	4	8		5
6	⑤山形県	1,106,984	22,571	49	42	85.7	4	3	7		5
7	⑥福島県	1,919,680	25,586	75	57	76	13	5	18		5
8	⑦茨城県	2,951,087	26,827	110	90	81.8	20	0	20		5
9	⑧栃木県	1,985,738	28,357	70	52	74.2	18	0	18		5
10	⑨群馬県	1,990,584	29,264	68	46	67.6	22	0	22		5
12	⑩千葉県	6,298,992	34,228	184	117	63.5	52	15	67		5
	東日本州	22,153,238	27,935	793	576		185	32	217		50
11	①埼玉県	7,363,011	37,186	198	135	78.4	31	6	37	26	0
13	②東京都	13,637,346	62,269	219	108	90.7	11	0	11	100	0
14	③神奈川県	9,171,274	45,177	203	81	74.1	28	0	28	94	0
	関東州	30,171,631	48,662	620	324		70	6	76	220	0
15	①新潟県	2,281,291	26,523	86	69	80.2	14	3	17		5
16	②富山県	1,069,512	25,452	42	34	80.9	8	0	8		5
17	③石川県	1,150,398	23,000	50	37	85.7	13	0	13		5
18	④福井県	790,758	22,571	35	30	85.7	5	0	5		5
19	⑤山梨県	838,823	20,950	40	34	85	6	0	6		5
20	⑥長野県	2,114,140	25,469	83	66	79.5	16	1	17		5
21	⑦岐阜県	2,054,349	24,452	84	69	82.1	13	2	15		5
22	⑧静岡県	3,743,015	28,142	133	107	80.4	20	6	26		5
23	⑨愛知県	7,551,840	37,944	199	143	71.8	50	6	56		5
24	⑩三重県	1,834,269	28,656	64	47	73.4	15	2	17		5
	中部州	23,428,395	28,710	816	636		160	20	180		50
25	①滋賀県	1,419,635	25,800	55	46	83.6	9	0	9		5
26	②京都府	2,563,152	30,511	84	69	82.1	14	1	15		5
27	③大阪府	8,856,444	43,526	203	132	65	67	4	71		5
28	④兵庫県	5,589,708	32,876	170	85	50	85	0	85		5
29	⑤奈良県	1,371,700	25,867	53	43	81.1	7	3	10		5
30	⑥和歌山県	975,074	24,375	40	30	65.3	9	1	10		5
31	⑦鳥取県	570,824	21,923	26	17	65.3	9	0	9		5
33	⑧岡山県	1,920,619	27,826	69	45	65.2	24	0	24		5
36	⑨徳島県	757,377	21,628	35	28	76.1	3	4	7		5
37	⑩香川県	993,205	23,642	42	32	76.1	10	0	10		5
	関西州	25,017,738	321,978	777	527		237	13	250		50
32	①島根県	691,225	22,290	31	23	74.1	5	3	8		5
34	②広島県	2,848,846	31,296	91	52	57.1	36	3	39		5
35	③山口県	1,396,197	26,846	52	39	75	11	2	13		5
38	④愛媛県	1,394,339	26,301	53	36	67.9	17	0	17		5
39	⑤高知県	725,289	24,166	30	23	76.6	7	0	7		5
40	⑥福岡県	5,130,773	30,718	167	114	68.2	41	12	53		5
41	⑦佐賀県	833,272	22,513	37	29	78.3	6	2	8		5
42	⑧長崎県	1,379,003	27,039	51	36	70.5	15	0	15		5
43	⑨熊本県	1,789,184	23,853	75	56	74.6	19	0	19		5
44	⑩大分県	1,169,158	25,413	46	35	76	11	0	11		5
45	⑪宮崎県	1,112,008	26,476	42	29	69	11	2	13		5
46	⑫鹿児島県	1,655,888	25,075	66	50	75.7	14	2	16		5
47	⑬沖縄県	1,471,536	25,362	58	45	77.5	11	2	13		5
	西日本州	21,596,718	27,028	799	567		204	28	232		65
	全国	127,707,259	32,208	3,965	2,737	74.6	892	116	1,008	220	220

※記号の説明・・・●印／出展先自治体と出展元自治体が同じ　★印／出展元自治体が別の自治体に出展する
☆印／別自治体にのみ出展する　◆印／他の道府県自治体に出展場所を提供する　□印／◆自治体に出展する

第五章　全国3,591AS「家の駅」相互扶助ネットワーク・国盗り合戦（出展権争奪戦）一覧表－1

番号	出展先自治体		出展元自治体	番号	出展先自治体		出展元自治体	番号	出展先自治体		出展元自治体
北海道160・●107・★53				1054	士別市	●	①士別市				
1001	中漂津町	●	①中漂津町	1055	紋別市	●	①紋別市	1108	函館市	●	②函館市
1002	別海町	●	①別海町	1056	赤平市	●	①赤平市	1109	函館市	★	②日高町
1003	厚岸町	●	①厚岸町	1057	江別市	●	①江別市	1110	函館市	★	②浦河町
1004	釧路町	●	①釧路町	1058	江別市	●	②江別市	1111	函館市	★	②新ひだか町
1005	幕別町	●	①幕別町	1059	江別市	●	③江別市	1112	函館市	★	③音更町
1006	幕別町	●	②幕別町	1060	江別市	●	④江別市	1113	函館市	★	②清水町
1007	芽室町	●	①芽室町	1061	芦別市	●	①芦別市	1114	札幌清田区	●	①札幌清田区
1008	清水町	●	①清水町	1062	美唄市	●	①美唄市	1115	札幌清田区	☆	①洞爺湖町
1009	音更町	●	①音更町	1063	稚内市	●	①稚内市	1116	札幌清田区	☆	①安平町
1010	音更町	●	②音更町	1064	稚内市	●	②稚内市	1117	札幌手稲区	●	①札幌手稲区
1011	新ひだか町	●	①新ひだか町	1065	苫小牧市	●	①苫小牧市	1118	札幌手稲区	★	②白老町
1012	浦河町	●	①浦河町	1066	苫小牧市	●	②苫小牧市	1119	札幌手稲区	☆	①湧別町
1013	日高町	●	①日高町	1067	苫小牧市	●	③苫小牧市	1120	札幌手稲区	☆	①大空町
1014	白老町	●	①白老町	1068	苫小牧市	★	②中漂津町	1121	札幌厚別区	●	①札幌厚別区
1015	遠軽町	●	①遠軽町	1069	苫小牧市	☆	①東川町	1122	札幌厚別区	★	②斜里町
1016	斜里町	●	①斜里町	1070	留萌市	●	①留萌市	1123	札幌厚別区	★	②遠軽町
1017	美幌町	●	①美幌町	1071	網走市	●	①網走市	1124	札幌西区	●	①札幌西区
1018	上富良野町	●	①上富良野町	1072	網走市	●	②網走市	1125	札幌西区	★	②美瑛町
1019	美瑛町	●	①美瑛町	1073	岩見沢市	●	①岩見沢市	1126	札幌西区	★	②上富良野町
1020	東神楽町	●	①東神楽町	1074	岩見沢市	●	②岩見沢市	1127	札幌西区	★	②美幌町
1021	栗山町	●	①栗山町	1075	岩見沢市	●	③岩見沢市	1128	札幌西区	☆	①羽幌町
1022	長沼町	●	①長沼町	1076	夕張市	●	①夕張市	1129	札幌南区	●	①札幌南区
1023	余市町	●	①余市町	1077	北見市	●	①北見市	1130	札幌南区	★	②長沼町
1024	岩内町	●	①岩内町	1078	北見市	●	②北見市	1131	札幌南区	★	②栗山町
1025	倶知安町	●	①倶知安町	1079	北見市	●	③北見市	1132	札幌南区	★	②東神楽町
1026	八雲町	●	①八雲町	1080	北見市	●	④北見市	1133	札幌豊平区	●	①札幌豊平区
1027	森町	●	①森町	1081	帯広市	●	①帯広市	1134	札幌豊平区	★	②倶知安町
1028	七飯町	●	①七飯町	1082	帯広市	●	②帯広市	1135	札幌豊平区	★	②岩内町
1029	当別町	●	①当別町	1083	帯広市	●	③帯広市	1136	札幌豊平区	★	②余市町
1030	北斗市	●	①北斗市	1084	帯広市	☆	①むかわ町	1137	札幌豊平区	☆	①南幌町
1031	北斗市	●	②北斗市	1085	帯広市	☆	①足寄町	1138	札幌白石区	●	①札幌白石区
1032	石狩市	●	①石狩市	1086	釧路市	●	①釧路市	1139	札幌白石区	★	②森町
1033	石狩市	●	②石狩市	1087	釧路市	●	②釧路市	1140	札幌白石区	★	②八雲町
1034	北広島市	●	①北広島市	1088	釧路市	●	③釧路市	1141	札幌白石区	☆	①江差町
1035	北広島市	●	②北広島市	1089	釧路市	★	②芽室町	1142	札幌白石区	☆	①せたな町
1036	伊達市	●	①伊達市	1090	釧路市	☆	①白糠町	1143	札幌東区	●	①札幌東区
1037	伊達市	●	②伊達市	1091	室蘭市	●	①室蘭市	1144	札幌東区	★	②砂川市
1038	恵庭市	●	①恵庭市	1092	室蘭市	●	②室蘭市	1145	札幌東区	★	②深川市
1039	恵庭市	●	②恵庭市	1093	室蘭市	●	③室蘭市	1146	札幌東区	★	②富良野市
1040	恵庭市	●	③恵庭市	1094	旭川市	●	①旭川市	1147	札幌東区	★	②当別町
1041	登別市	●	①登別市	1095	旭川市	●	②旭川市	1148	札幌東区	★	②七飯町
1042	登別市	●	②登別市	1096	旭川市	★	③幕別町	1149	札幌東区	☆	①歌志内市
1043	富良野市	●	①富良野市	1097	旭川市	★	②釧路町	1150	札幌北区	●	①札幌北区
1044	深川市	●	①深川市	1098	旭川市	★	②厚岸町	1151	札幌北区	★	②赤平市
1045	砂川市	●	①砂川市	1099	旭川市	★	②別海町	1152	札幌北区	★	②紋別市
1046	滝川市	●	①滝川市	1100	旭川市	☆	①漂茶町	1153	札幌北区	★	②士別市
1047	滝川市	●	②滝川市	1101	旭川市	☆	①弟子屈町	1154	札幌北区	★	②名寄市
1048	千歳市	●	①千歳市	1102	旭川市	☆	①本別町	1155	札幌北区	★	②根室市
1049	千歳市	●	②千歳市	1103	小樽市	●	①小樽市	1156	札幌北区	☆	①三笠市
1050	千歳市	●	③千歳市	1104	小樽市	●	②小樽市	1157	札幌中央区	★	②夕張市
1051	千歳市	●	④千歳市	1105	小樽市	●	③小樽市	1158	札幌中央区	★	②留萌市
1052	根室市	●	①根室市	1106	小樽市	●	④小樽市	1159	札幌中央区	★	②美唄市
1053	名寄市	●	①名寄市	1107	函館市	●	①函館市	1160	札幌中央区	★	②芦別市
青森県52・●34・★18				2018	平川市	●	①平川市				
2001	階上町	●	①階上町	2019	平川市	●	②平川市	2036	八戸市	★	②南部町
2002	南部町	●	①南部町	2020	つるが市	●	①つるが市	2037	八戸市	★	②五戸町
2003	五戸町	●	①五戸町	2021	つるが市	●	②つるが市	2038	八戸市	★	②三戸町
2004	三戸町	●	①三戸町	2022	むつ市	●	①むつ市	2039	八戸市	★	②中泊町
2005	中泊町	●	①中泊町	2023	むつ市	●	②むつ市	2040	八戸市	★	②六戸町

第五章　全国3,591AS「家の駅」相互扶助ネットワーク・国盗り合戦（出展権争奪戦）一覧表－2

番号	出展先自治体	出展元自治体	番号	出展先自治体	出展元自治体	番号	出展先自治体	出展元自治体
2006	おいらせ町	●①おいらせ町	2024	むつ市	●③むつ市	2041	弘前市	★②鰺ヶ沢町
2007	東北町	●①東北町	2025	三沢市	●①三沢市	2042	弘前市	★②外ヶ浜町
2008	六戸町	●①六戸町	2026	三沢市	●②三沢市	2043	弘前市	★②大鰐町
2009	七戸町	●①七戸町	2027	十和田市	●①十和田市	2044	弘前市	★②藤崎町
2010	野辺地町	●①野辺地町	2028	十和田市	●②十和田市	2045	弘前市	★②板柳町
2011	鶴田町	●①鶴田町	2029	十和田市	●③十和田市	2046	青森市	★②おいらせ町
2012	板柳町	●①板柳町	2030	五所川原市	●①五所川原市	2047	青森市	★②東北町
2013	大鰐町	●①大鰐町	2031	五所川原市	●②五所川原市	2048	青森市	★②七戸町
2014	藤崎町	●①藤崎町	2032	五所川原市	●③五所川原市	2049	青森市	★②野辺地町
2015	鰺ヶ沢町	●①鰺ヶ沢町	2033	黒石市	●①黒石市	2050	青森市	★②鶴田町
2016	外ヶ浜町	●①外ヶ浜町	2034	黒石市	●②黒石市	2051	青森市	☆①六ヶ所村
2017	平内町	●①平内町	2035	八戸市	★②階上町	2052	青森市	★②平内町
岩手県56・●45・★11			3019	奥州市	●④奥州市	3038	北上市	●②北上市
3001	一戸町	●①一戸町	3020	奥州市	★③紫波町	3039	北上市	●③北上市
3002	洋野町	●①洋野町	3021	八幡平市	●①八幡平市	3040	北上市	★②金ヶ崎町
3003	軽米町	●①軽米町	3022	八幡平市	●②八幡平市	3041	花巻市	●①花巻市
3004	岩泉町	●①岩泉町	3023	二戸市	●①二戸市	3042	花巻市	●②花巻市
3005	山田町	●①山田町	3024	二戸市	●②二戸市	3043	花巻市	●③花巻市
3006	大槌町	●①大槌町	3025	釜石市	●①釜石市	3044	花巻市	★②大槌町
3007	金ヶ崎町	●①金ヶ崎町	3026	釜石市	●②釜石市	3045	大船渡市	●①大船渡市
3008	矢巾町	●①矢巾町	3027	陸前高田市	●①陸前高田市	3046	大船渡市	●②大船渡市
3009	紫波町	●①紫波町	3028	一関市	●①一関市	3047	宮古市	●①宮古市
3010	紫波町	●②紫波町	3029	一関市	●②一関市	3048	宮古市	●②宮古市
3011	岩手町	●①岩手町	3030	一関市	●③一関市	3049	宮古市	●③宮古市
3012	雫石町	●①雫石町	3031	一関市	●④一関市	3050	盛岡市	★②一戸町
3013	滝沢市	●①滝沢市	3032	一関市	★②雫石町	3051	盛岡市	★②洋野町
3014	滝沢市	●②滝沢市	3033	遠野市	●①遠野市	3052	盛岡市	★②軽米町
3015	滝沢市	●③滝沢市	3034	遠野市	●②遠野市	3053	盛岡市	★②岩泉町
3016	奥州市	●①奥州市	3035	久慈市	●①久慈市	3054	盛岡市	★②山田町
3017	奥州市	●②奥州市	3036	久慈市	●②久慈市	3055	盛岡市	★②矢巾町
3018	奥州市	●③奥州市	3037	北上市	●①北上市	3056	盛岡市	★②岩手町
宮城県84・●56・★28								
4001	三陸町	●①三陸町	4029	東松島市	●②東松島市	4057	石巻市	●④石巻市
4002	美里町	●①美里町	4030	栗原市	●①栗原市	4058	石巻市	☆①女川町
4003	涌谷町	●①涌谷町	4031	栗原市	●②栗原市	4059	仙台泉区	★②三陸町
4004	加美町	●①加美町	4032	栗原市	●③栗原市	4060	仙台泉区	★②涌谷町
4005	大郷町	●①大郷町	4033	登米市	●①登米市	4061	仙台泉区	★②大郷町
4006	大和町	●①大和町	4034	登米市	●②登米市	4062	仙台泉区	★②大和町
4007	利府町	●①利府町	4035	登米市	●③登米市	4063	仙台泉区	★②松島町
4008	利府町	●②利府町	4036	岩沼市	●①岩沼市	4064	仙台太白区	★③三陸町
4009	七ヶ浜町	●①七ヶ浜町	4037	岩沼市	●②岩沼市	4065	仙台太白区	★③涌谷町
4010	松島町	●①松島町	4038	多賀城市	●①多賀城市	4066	仙台太白区	★②山元町
4011	山元町	●①山元町	4039	多賀城市	●②多賀城市	4067	仙台太白区	★②丸森町
4012	亘理町	●①亘理町	4040	多賀城市	●③多賀城市	4068	仙台太白区	☆①色麻町
4013	亘理町	●②亘理町	4041	角田市	●①角田市	4069	仙台若林区	★③大郷町
4014	丸森町	●①丸森町	4042	角田市	●②角田市	4070	仙台若林区	★③松島町
4015	柴田町	●①柴田町	4043	名取市	●①名取市	4071	仙台若林区	★②村田町
4016	柴田町	●②柴田町	4044	名取市	●②名取市	4072	仙台若林区	☆①川崎町
4017	村田町	●①村田町	4045	名取市	★③名取市	4073	仙台宮城野区	★②七ヶ浜町
4018	大河原町	●①大河原町	4046	白石市	●①白石市	4074	仙台宮城野区	★③山元町
4019	蔵王町	●①蔵王町	4047	白石市	●②白石市	4075	仙台宮城野区	★②大河原町
4020	富谷市	●①富谷市	4048	気仙沼市	●①気仙沼市	4076	仙台宮城野区	★②蔵王町
4021	富谷市	●②富谷市	4049	気仙沼市	●②気仙沼市	4077	仙台宮城野区	☆②川崎町
4022	富谷市	●③富谷市	4050	気仙沼市	●③気仙沼市	4078	仙台青葉区	★②加美町
4023	大崎市	●①大崎市	4051	塩竈市	●①塩竈市	4079	仙台青葉区	★③利府町
4024	大崎市	●②大崎市	4052	塩竈市	●②塩竈市	4080	仙台青葉区	★③亘理町
4025	大崎市	●③大崎市	4053	塩竈市	●③塩竈市	4081	仙台青葉区	★②丸森町
4026	大崎市	●④大崎市	4054	石巻市	●①石巻市	4082	仙台青葉区	★②柴田町
4027	大崎市	★②美里町	4055	石巻市	●②石巻市	4083	仙台青葉区	★②村田町
4028	東松島市	●①東松島市	4056	石巻市	●③石巻市	4084	仙台青葉区	★③蔵王町

第五章　全国3,591AS「家の駅」相互扶助ネットワーク・国盗り合戦（出展権争奪戦）一覧表－3

番号	出展先自治体	出展元自治体	番号	出展先自治体	出展元自治体	番号	出展先自治体	出展元自治体
秋田県45・●37・★8								
5001	羽後町	● ①羽後町	5016	潟上市	● ②潟上市	5031	大館市	● ④大館市
5002	美郷町	● ①美郷町	5017	由利本荘市	● ①由利本荘市	5032	横手市	● ①横手市
5003	五城目町	● ①五城目町	5018	由利本荘市	● ②由利本荘市	5033	横手市	● ②横手市
5004	三種町	● ①三種町	5019	由利本荘市	● ③由利本荘市	5034	横手市	● ③横手市
5005	仙北市	● ①仙北市	5020	由利本荘市	● ④由利本荘市	5035	横手市	★ ②美郷町
5006	仙北市	● ②仙北市	5021	鹿角市	● ①鹿角市	5036	能代市	● ①能代市
5007	にかほ市	● ①にかほ市	5022	鹿角市	● ②鹿角市	5037	能代市	● ②能代市
5008	にかほ市	● ②にかほ市	5023	湯沢市	● ①湯沢市	5038	能代市	● ③能代市
5009	北秋田市	● ①北秋田市	5024	湯沢市	● ②湯沢市	5039	秋田市	★ ②羽後町
5010	北秋田市	● ②北秋田市	5025	湯沢市	● ③湯沢市	5040	秋田市	★ ②五城目町
5011	大仙市	● ①大仙市	5026	男鹿市	● ①男鹿市	5041	秋田市	★ ②三種町
5012	大仙市	● ②大仙市	5027	男鹿市	● ②男鹿市	5042	秋田市	☆ ①井川町
5013	大仙市	● ③大仙市	5028	大館市	● ①大館市	5043	秋田市	☆ ①八郎潟町
5014	大仙市	● ④大仙市	5029	大館市	● ②大館市	5044	秋田市	☆ ①八峰町
5015	潟上市	● ①潟上市	5030	大館市	● ③大館市	5045	秋田市	☆ ①小坂町
山形県49・●42・★7			6017	尾花沢市	● ①尾花沢市			
6001	遊佐町	● ①遊佐町	6018	東根市	● ①東根市	6034	酒田市	● ④酒田市
6002	三川町	● ①三川町	6019	東根市	● ②東根市	6035	鶴岡市	● ①鶴岡市
6003	白鷹町	● ①白鷹町	6020	天童市	● ①天童市	6036	鶴岡市	● ②鶴岡市
6004	庄内町	● ①庄内町	6021	天童市	● ②天童市	6037	鶴岡市	● ③鶴岡市
6005	小国町	● ①小国町	6022	天童市	● ③天童市	6038	鶴岡市	● ④鶴岡市
6006	川西町	● ①川西町	6023	長井市	● ①長井市	6039	鶴岡市	☆ ①舟形町
6007	高畠町	● ①高畠町	6024	村山市	● ①村山市	6040	米沢市	● ①米沢市
6008	真室川町	● ①真室川町	6025	上山市	● ①上山市	6041	米沢市	● ②米沢市
6009	最上町	● ①最上町	6026	上山市	● ②上山市	6042	米沢市	● ③米沢市
6010	大石田町	● ①大石田町	6027	寒河江市	● ①寒河江市	6043	米沢市	● ④米沢市
6011	大江町	● ①大江町	6028	寒河江市	● ②寒河江市	6044	山形市	★ ②三川町
6012	河北町	● ①河北町	6029	新庄市	● ①新庄市	6045	山形市	★ ②白鷹町
6013	中山町	● ①中山町	6030	新庄市	● ②新庄市	6046	山形市	★ ②小国町
6014	山辺町	● ①山辺町	6031	酒田市	● ①酒田市	6047	山形市	★ ②川西町
6015	南陽市	● ①南陽市	6032	酒田市	● ②酒田市	6048	山形市	☆ ①朝日町
6016	南陽市	● ②南陽市	6033	酒田市	● ③酒田市	6049	山形市	☆ ①飯豊町
福島県75・●57・★18								
7001	新地町	● ①新地町	7026	伊達市	● ②伊達市	7051	いわき市	☆ ①矢祭町
7002	浪江町	● ①浪江町	7027	伊達市	● ③伊達市	7052	いわき市	★ ②塙町
7003	大熊町	● ①大熊町	7028	南相馬市	● ①南相馬市	7053	いわき市	☆ ①楢葉町
7004	富岡町	● ①富岡町	7029	南相馬市	● ②南相馬市	7054	いわき市	☆ ①双葉町
7005	小野町	● ①小野町	7030	南相馬市	● ③南相馬市	7055	いわき市	★ ②新地町
7006	三春町	● ①三春町	7031	田村市	● ①田村市	7056	郡山市	● ①郡山市
7007	浅川町	● ①浅川町	7032	田村市	● ②田村市	7057	郡山市	● ②郡山市
7008	石川町	● ①石川町	7033	二本松市	● ①二本松市	7058	郡山市	● ③郡山市
7009	塙町	● ①塙町	7034	二本松市	● ②二本松市	7059	郡山市	★ ②西会津町
7010	棚倉町	● ①棚倉町	7035	二本松市	● ③二本松市	7060	郡山市	★ ②猪苗代町
7011	矢吹町	● ①矢吹町	7036	相馬市	● ①相馬市	7061	郡山市	★ ②浅川町
7012	西郷村	● ①西郷村	7037	相馬市	● ②相馬市	7062	郡山市	☆ ①古殿町
7013	会津美里町	● ①会津美里町	7038	喜多方市	● ①喜多方市	7063	郡山市	★ ②小野町
7014	会津坂下町	● ①会津坂下町	7039	喜多方市	● ②喜多方市	7064	会津若松市	● ①会津若松市
7015	猪苗代町	● ①猪苗代町	7040	喜多方市	● ③喜多方市	7065	会津若松市	● ②会津若松市
7016	西会津町	● ①西会津町	7041	須賀川市	● ①須賀川市	7066	会津若松市	● ③会津若松市
7017	南会津町	● ①南会津町	7042	須賀川市	● ②須賀川市	7067	会津若松市	● ④会津若松市
7018	鏡石町	● ①鏡石町	7043	須賀川市	● ③須賀川市	7068	会津若松市	☆ ①下郷町
7019	大玉村	● ①大玉村	7044	須賀川市	● ④須賀川市	7069	福島市	★ ②桑折町
7020	川俣町	● ①川俣町	7045	白河市	● ①白河市	7070	福島市	★ ②国見町
7021	国見町	● ①国見町	7046	白河市	● ②白河市	7071	福島市	★ ②川俣町
7022	桑折町	● ①桑折町	7047	白河市	● ③白河市	7072	福島市	★ ②鏡石町
7023	本宮市	● ①本宮市	7048	いわき市	● ①いわき市	7073	福島市	★ ②大玉村
7024	本宮市	● ②本宮市	7049	いわき市	● ②いわき市	7074	福島市	★ ②富岡町
7025	伊達市	● ①伊達市	7050	いわき市	● ③いわき市	7075	福島市	★ ②大熊町
茨城県110・●90・★20			8037	筑西市	● ②筑西市	8074	常陸太田市	● ②常陸太田市

番号	出展先自治体		出展元自治体	番号	出展先自治体		出展元自治体	番号	出展先自治体		出展元自治体

第五章　全国3,591AS「家の駅」相互扶助ネットワーク・国盗り合戦（出展権争奪戦）一覧表－4

番号	出展先自治体		出展元自治体	番号	出展先自治体		出展元自治体	番号	出展先自治体		出展元自治体
8001	利根町	●	①利根町	8038	筑西市	●	③筑西市	8075	常総市	●	①常総市
8002	境町	●	①境町	8039	那珂市	●	①那珂市	8076	常総市	●	②常総市
8003	五霞町	●	①五霞町	8040	那珂市	●	②那珂市	8077	常総市	●	③常総市
8004	八千代町	●	①八千代町	8041	常陸大宮市	●	①常陸大宮市	8078	下妻市	●	①下妻市
8005	河内町	●	①河内町	8042	常陸大宮市	●	②常陸大宮市	8079	下妻市	●	②下妻市
8006	阿見町	●	①阿見町	8043	守谷市	●	①守谷市	8080	龍ヶ崎市	●	①龍ヶ崎市
8007	阿見町	●	②阿見町	8044	守谷市	●	②守谷市	8081	龍ヶ崎市	●	②龍ヶ崎市
8008	阿見町	●	③阿見町	8045	守谷市	●	③守谷市	8082	龍ヶ崎市	●	③龍ヶ崎市
8009	美浦村	●	①美浦村	8046	潮来市	●	①潮来市	8083	結城市	●	①結城市
8010	大子町	●	①大子町	8047	鹿嶋市	●	①鹿嶋市	8084	結城市	●	②結城市
8011	東海村	●	①東海村	8048	鹿嶋市	●	②鹿嶋市	8085	石岡市	●	①石岡市
8012	東海村	●	②東海村	8049	鹿嶋市	●	③鹿嶋市	8086	石岡市	●	②石岡市
8013	城里町	●	①城里町	8050	ひたちなか市	●	①ひたちなか市	8087	石岡市	●	③石岡市
8014	大洗町	●	①大洗町	8051	ひたちなか市	●	②ひたちなか市	8088	古河市	●	①古河市
8015	茨城町	●	①茨城町	8052	ひたちなか市	●	③ひたちなか市	8089	古河市	●	②古河市
8016	茨城町	●	②茨城町	8053	ひたちなか市	★	②大子町	8090	古河市	●	③古河市
8017	小美玉市	●	①小美玉市	8054	ひたちなか市	★	②五霞町	8091	古河市	★	②境町
8018	小美玉市	●	②小美玉市	8055	つくば市	●	①つくば市	8092	古河市	★	②利根町
8019	つくばみらい市	●	①つくばみらい市	8056	つくば市	●	②つくば市	8093	土浦市	●	①土浦市
8020	つくばみらい市	●	②つくばみらい市	8057	つくば市	★	③大子町	8094	土浦市	●	②土浦市
8021	鉾田市	●	①鉾田市	8058	つくば市	★	②美浦村	8095	土浦市	●	③土浦市
8022	鉾田市	●	①鉾田市	8059	つくば市	★	②河内町	8096	土浦市	★	②大洗町
8023	行方市	●	①行方市	8060	つくば市	★	②八千代町	8097	土浦市	★	②城里町
8024	行方市	●	②行方市	8061	牛久市	●	①牛久市	8098	日立市	●	①日立市
8025	神栖市	●	①神栖市	8062	牛久市	●	②牛久市	8099	日立市	●	②日立市
8026	神栖市	●	②神栖市	8063	牛久市	●	③牛久市	8100	日立市	★	③大洗町
8027	神栖市	●	③神栖市	8064	取手市	●	①取手市	8101	日立市	★	③城里町
8028	桜川市	●	①桜川市	8065	取手市	●	②取手市	8102	日立市	★	③河内町
8029	桜川市	●	②桜川市	8066	取手市	●	③取手市	8103	日立市	★	③五霞町
8030	かすみがうら市	●	①かすみがうら市	8067	笠間市	●	①笠間市	8104	水戸市	●	①水戸市
8031	かすみがうら市	●	②かすみがうら市	8068	笠間市	●	②笠間市	8105	水戸市	★	③茨城町
8032	稲敷市	●	①稲敷市	8069	笠間市	●	③笠間市	8106	水戸市	★	③東海村
8033	稲敷市	●	②稲敷市	8070	北茨城市	●	①北茨城市	8107	水戸市	★	③美浦村
8034	坂東市	●	①坂東市	8071	北茨城市	●	②北茨城市	8108	水戸市	★	②潮来市
8035	坂東市	●	②坂東市	8072	高萩市	●	①高萩市	8109	水戸市	★	②高萩市
8036	筑西市	●	①筑西市	8073	常陸太田市	●	①常陸太田市	8110	水戸市	★	③利根町
栃木県70・●52・★18				9024	矢板市	●	①矢板市				
9001	那珂川町	●	①那珂川町	9025	矢板市	●	②矢板市	9048	栃木市	●	①栃木市
9002	那須町	●	①那須町	9026	大田原市	●	①大田原市	9049	栃木市	●	②栃木市
9003	高根沢町	●	①高根沢町	9027	大田原市	●	②大田原市	9050	栃木市	●	③栃木市
9004	塩屋町	●	①塩屋町	9028	大田原市	●	③大田原市	9051	栃木市	●	④栃木市
9005	野木町	●	①野木町	9029	真岡市	●	①真岡市	9052	栃木市	★	②塩屋町
9006	壬生町	●	①壬生町	9030	真岡市	●	②真岡市	9053	足利市	●	①足利市
9007	壬生町	●	②壬生町	9031	真岡市	●	③真岡市	9054	足利市	●	②足利市
9008	芳賀町	●	①芳賀町	9032	小山市	●	①小山市	9055	足利市	●	③足利市
9009	市貝町	●	①市貝町	9033	小山市	●	②小山市	9056	足利市	●	④足利市
9010	茂木町	●	①茂木町	9034	小山市	●	③小山市	9057	足利市	★	②高根沢町
9011	益子町	●	①益子町	9035	小山市	●	④小山市	9058	宇都宮市	★	②那須烏山市
9012	上三川町	●	①上三川町	9036	小山市	★	②芳賀町	9059	宇都宮市	★	③上三川町
9013	上三川町	●	②上三川町	9037	日光市	●	①日光市	9060	宇都宮市	★	③益子町
9014	下野市	●	①下野市	9038	日光市	●	②日光市	9061	宇都宮市	★	②益子町
9015	下野市	●	②下野市	9039	日光市	●	③日光市	9062	宇都宮市	★	③茂木町
9016	下野市	●	③下野市	9040	鹿沼市	●	①鹿沼市	9063	宇都宮市	★	②茂木町
9017	那須烏山市	●	①那須烏山市	9041	鹿沼市	●	②鹿沼市	9064	宇都宮市	★	③市貝町
9018	さくら市	●	①さくら市	9042	鹿沼市	●	③鹿沼市	9065	宇都宮市	★	②市貝町
9019	さくら市	●	②さくら市	9043	鹿沼市	●	④鹿沼市	9066	宇都宮市	★	③芳賀町
9020	那須塩原市	●	①那須塩原市	9044	佐野市	●	①佐野市	9067	宇都宮市	★	③塩屋町
9021	那須塩原市	●	②那須塩原市	9045	佐野市	●	②佐野市	9068	宇都宮市	★	③那須町
9022	那須塩原市	●	③那須塩原市	9046	佐野市	●	③佐野市	9069	宇都宮市	★	③那珂川町
9023	那須塩原市	★	②那須町	9047	佐野市	★	②野木町	9070	宇都宮市	★	②那珂川町

155

第五章　全国3,591AS「家の駅」相互扶助ネットワーク・国盗り合戦（出展権争奪戦）一覧表－5								
番号	出展先自治体	出展元自治体	番号	出展先自治体	出展元自治体	番号	出展先自治体	出展元自治体
群馬県68・●46・★22			10023	富岡市	●①富岡市	10046	伊勢崎市	★②明和町
10001	邑楽町	●①邑楽町	10024	富岡市	●②富岡市	10047	伊勢崎市	★②千代田町
10002	大泉町	●①大泉町	10025	藤岡市	●①藤岡市	10048	桐生市	●①桐生市
10003	大泉町	●②大泉町	10026	藤岡市	●②藤岡市	10049	桐生市	●②桐生市
10004	千代田町	●①千代田町	10027	藤岡市	●③藤岡市	10050	桐生市	●③桐生市
10005	明和町	●①明和町	10028	渋川市	●①渋川市	10051	桐生市	★③玉村町
10006	板倉町	●①板倉町	10029	渋川市	●②渋川市	10052	高崎市	●①高崎市
10007	玉村町	●①玉村町	10030	渋川市	●③渋川市	10053	高崎市	★②榛東村
10008	玉村町	●②玉村町	10031	館林市	●①館林市	10054	高崎市	★②吉岡町
10009	みなかみ町	●①みなかみ町	10032	館林市	●②館林市	10055	高崎市	★②下仁田町
10010	東吾妻町	●①東吾妻町	10033	館林市	●③館林市	10056	高崎市	★②中之条町
10011	草津町	●①草津町	10034	沼田市	●①沼田市	10057	高崎市	★③草津町
10012	嬬恋村	●①嬬恋村	10035	沼田市	●②沼田市	10058	高崎市	★②みなかみ町
10013	中之条町	●①中之条町	10036	太田市	●①太田市	10059	高崎市	★②板倉町
10014	甘楽町	●①甘楽町	10037	太田市	●②太田市	10060	高崎市	★③千代田町
10015	下仁田町	●①下仁田町	10038	太田市	●③太田市	10061	前橋市	●①前橋市
10016	吉岡町	●①吉岡町	10039	太田市	★②嬬恋村	10062	前橋市	★③榛東村
10017	榛東村	●①榛東村	10040	太田市	★②東吾妻町	10063	前橋市	★③甘楽町
10018	みどり市	●①みどり市	10041	太田市	★③大泉町	10064	前橋市	★③嬬恋村
10019	みどり市	●②みどり市	10042	伊勢崎市	●①伊勢崎市	10065	前橋市	★③東吾妻町
10020	安中市	●①安中市	10043	伊勢崎市	●②伊勢崎市	10066	前橋市	★③板倉町
10021	安中市	●②安中市	10044	伊勢崎市	●③伊勢崎市	10067	前橋市	★③明和町
10022	安中市	●③安中市	10045	伊勢崎市	★②草津町	10068	前橋市	★②邑楽町
埼玉県198・●135・★37・◆26								
11001	松伏町	●①松伏町	11067	志木市	●①志木市	11133	所沢市	●①所沢市
11002	杉戸町	●①杉戸町	11068	志木市	●②志木市	11134	所沢市	●②所沢市
11003	杉戸町	●②杉戸町	11069	朝霞市	●①朝霞市	11135	所沢市	●③所沢市
11004	宮代町	●①宮代町	11070	朝霞市	●②朝霞市	11136	所沢市	☆②横瀬町
11005	宮代町	●②宮代町	11071	朝霞市	●③朝霞市	11137	所沢市	★③皆野町
11006	寄居町	●①寄居町	11072	朝霞市	●④朝霞市	11138	所沢市	☆②長瀞町
11007	寄居町	●②寄居町	11073	入間市	●①入間市	11139	所沢市	★③小鹿野町
11008	上里町	●①上里町	11074	入間市	●②入間市	11140	所沢市	★③美里町
11009	神川町	●①神川町	11075	入間市	●③入間市	11141	秩父市	●①秩父市
11010	美里町	●①美里町	11076	入間市	●④入間市	11142	秩父市	●②秩父市
11011	小鹿野町	●①小鹿野町	11077	戸田市	●①戸田市	11143	行田市	●①行田市
11012	皆野町	●①皆野町	11078	戸田市	●②戸田市	11144	行田市	●②行田市
11013	ときがわ町	●①ときがわ町	11079	戸田市	●③戸田市	11145	川口市	●①川口市
11014	鳩山町	●①鳩山町	11080	戸田市	●④戸田市	11146	川口市	●②川口市
11015	吉身町	●①吉身町	11081	蕨市	●①蕨市	11147	川口市	●③川口市
11016	川島町	●①川島町	11082	蕨市	●②蕨市	11148	川口市	★②三芳町
11017	小川町	●①小川町	11083	越谷市	●①越谷市	11149	川口市	★②毛呂山町
11018	嵐山町	●①嵐山町	11084	越谷市	●②越谷市	11150	川口市	★②越生町
11019	滑川町	●①滑川町	11085	越谷市	●③越谷市	11151	川口市	★③滑川町
11020	越生町	●①越生町	11086	越谷市	★②皆野町	11152	川口市	★②嵐山町
11021	毛呂山町	●①毛呂山町	11087	越谷市	☆①長瀞町	11153	川口市	★②小川町
11022	三芳町	●①三芳町	11088	越谷市	★②小鹿野町	11154	川口市	★③川島町
11023	伊奈町	●①伊奈町	11089	越谷市	★②美里町	11155	川口市	★②吉身町
11024	伊奈町	●②伊奈町	11090	越谷市	★③杉戸町	11156	川口市	★②鳩山町
11025	白岡市	●①白岡市	11091	草加市	●①草加市	11157	川口市	★②ときがわ町
11026	白岡市	●②白岡市	11092	草加市	●②草加市	11158	川口市	★②上里町
11027	ふじみ野市	●①ふじみ野市	11093	草加市	●③草加市	11159	川口市	★③寄居町
11028	ふじみ野市	●②ふじみ野市	11094	草加市	●④草加市	11160	熊谷市	●①熊谷市
11029	ふじみ野市	●③ふじみ野市	11095	草加市	★②滑川町	11161	熊谷市	●②熊谷市
11030	吉川市	●①吉川市	11096	草加市	★②鳩山町	11162	熊谷市	●③熊谷市
11031	吉川市	●②吉川市	11097	上尾市	●①上尾市	11163	熊谷市	●④熊谷市
11032	日高市	●①日高市	11098	上尾市	●②上尾市	11164	熊谷市	★③嵐山町
11033	日高市	●②日高市	11099	上尾市	●③上尾市	11165	川越市	●①川越市
11034	鶴ヶ島市	●①鶴ヶ島市	11100	上尾市	●④上尾市	11166	川越市	●②川越市
11035	鶴ヶ島市	●②鶴ヶ島市	11101	上尾市	★②川島町	11167	川越市	●③川越市
11036	幸手市	●①幸手市	11102	上尾市	★②ときがわ町	11168	川越市	★③伊奈町

番号	出展先自治体		番号	出展先自治体		番号	出展先自治体	
		出展元自治体			出展元自治体			出展元自治体
11037	幸手市	● ②幸手市	11103	深谷市	● ①深谷市	11169	川越市	★ ③越生町
11038	坂戸市	● ①坂戸市	11104	深谷市	● ②深谷市	11170	川越市	★ ③吉身町
11039	坂戸市	● ②坂戸市	11105	深谷市	● ③深谷市	11171	川越市	☆ ③長瀞町
11040	坂戸市	● ③坂戸市	11106	深谷市	☆ ①横瀬町	11172	川越市	★ ③神川町
11041	蓮田市	● ①蓮田市	11107	鴻巣市	● ①鴻巣市	11173	埼玉岩槻区	◆ ①北海道
11042	蓮田市	● ②蓮田市	11108	鴻巣市	● ②鴻巣市	11174	埼玉岩槻区	◆ ①青森県
11043	三郷市	● ①三郷市	11109	鴻巣市	● ③鴻巣市	11175	埼玉緑区	◆ ①岩手県
11044	三郷市	● ②三郷市	11110	羽生市	● ①羽生市	11176	埼玉緑区	◆ ①宮城県
11045	三郷市	● ③三郷市	11111	羽生市	● ②羽生市	11177	埼玉緑区	◆ ①秋田県
11046	三郷市	● ④三郷市	11112	狭山市	● ①狭山市	11178	埼玉南区	◆ ①山形県
11047	富士見市	● ①富士見市	11113	狭山市	● ②狭山市	11179	埼玉南区	◆ ①福島県
11048	富士見市	● ②富士見市	11114	狭山市	● ③狭山市	11180	埼玉南区	◆ ①茨城県
11049	富士見市	● ③富士見市	11115	狭山市	☆ ②横瀬町	11181	埼玉南区	◆ ①栃木県
11050	八潮市	● ①八潮市	11116	春日部市	● ①春日部市	11182	埼玉浦和区	◆ ①群馬県
11051	八潮市	● ②八潮市	11117	春日部市	● ②春日部市	11183	埼玉浦和区	◆ ①千葉県
11052	八潮市	● ③八潮市	11118	春日部市	● ③春日部市	11184	埼玉浦和区	◆ ①新潟県
11053	北本市	● ①北本市	11119	春日部市	★ ②神川町	11185	埼玉桜区	◆ ①富山県
11054	北本市	● ②北本市	11120	春日部市	★ ③宮代町	11186	埼玉桜区	◆ ①石川県
11055	久喜市	● ①久喜市	11121	春日部市	★ ②松伏町	11187	埼玉中央区	◆ ①福井県
11056	久喜市	● ②久喜市	11122	東松山市	● ①東松山市	11188	埼玉中央区	◆ ①山梨県
11057	久喜市	● ③久喜市	11123	東松山市	● ②東松山市	11189	埼玉見沼区	◆ ①長野県
11058	久喜市	● ④久喜市	11124	東松山市	● ③東松山市	11190	埼玉見沼区	◆ ①岐阜県
11059	桶川市	● ①桶川市	11125	本庄市	● ①本庄市	11191	埼玉見沼区	◆ ①静岡県
11060	桶川市	● ②桶川市	11126	本庄市	● ②本庄市	11192	埼玉大宮区	◆ ①愛知県
11061	新座市	● ①新座市	11127	加須市	● ①加須市	11193	埼玉大宮区	◆ ①三重県
11062	新座市	● ②新座市	11128	加須市	● ②加須市	11194	埼玉北区	◆ ①滋賀県
11063	新座市	● ③新座市	11129	加須市	● ③加須市	11195	埼玉北区	◆ ①京都府
11064	新座市	● ④新座市	11130	飯能市	● ①飯能市	11196	埼玉北区	◆ ①大阪府
11065	和光市	● ①和光市	11131	飯能市	● ②飯能市	11197	埼玉西区	◆ ①兵庫県
11066	和光市	● ②和光市	11132	飯能市	● ③飯能市	11198	埼玉西区	◆ ①奈良県
千葉県184・●117・★67			12062	我孫子市	● ②我孫子市			
12001	鋸南町	● ①鋸南町	12063	我孫子市	● ③我孫子市	12124	松戸市	● ①松戸市
12002	御宿町	● ①御宿町	12064	我孫子市	★ ③匝瑳市	12125	松戸市	● ②松戸市
12003	大喜多町	● ①大喜多町	12065	八千代市	● ①八千代市	12126	松戸市	★ ④旭市
12004	白子町	● ①白子町	12066	八千代市	● ②八千代市	12127	松戸市	★ ③いすみ市
12005	長生村	● ①長生村	12067	八千代市	● ③八千代市	12128	松戸市	★ ③大網白里市
12006	一宮町	● ①一宮町	12068	八千代市	● ④八千代市	12129	松戸市	★ ④多古町
12007	横芝光町	● ①横芝光町	12069	八千代市	☆ ①神崎町	12130	松戸市	★ ②東庄町
12008	九十九里町	● ①九十九里町	12070	八千代市	★ ③多古町	12131	松戸市	★ ③横芝光町
12009	東庄町	● ①東庄町	12071	流山市	● ①流山市	12132	松戸市	☆ ③長生村
12010	多古町	● ①多古町	12072	流山市	● ②流山市	12133	松戸市	★ ③鋸南町
12011	栄町	● ①栄町	12073	流山市	● ③流山市	12134	館山市	★ ①館山市
12012	酒々井町	● ①酒々井町	12074	流山市	● ④流山市	12135	館山市	★ ②館山市
12013	大網白里市	● ①大網白里市	12075	流山市	★ ②九十九里町	12136	船橋市	● ①船橋市
12014	大網白里市	● ②大網白里市	12076	流山市	☆ ①芝山町	12137	船橋市	● ②船橋市
12015	いすみ市	● ①いすみ市	12077	市原市	● ①市原市	12138	船橋市	● ③船橋市
12016	いすみ市	● ②いすみ市	12078	市原市	● ②市原市	12139	船橋市	★ ③勝浦市
12017	山武市	● ①山武市	12079	市原市	● ③市原市	12140	船橋市	★ ③富津市
12018	山武市	● ②山武市	12080	市原市	● ④市原市	12141	船橋市	★ ④白井市
12019	香取市	● ①香取市	12081	市原市	★ ④銚子市	12142	船橋市	★ ③富里市
12020	香取市	● ②香取市	12082	市原市	★ ③館山市	12143	船橋市	★ ②酒々井町
12021	香取市	● ③香取市	12083	市原市	★ ②長生村	12144	船橋市	☆ ②神崎町
12022	匝瑳市	● ①匝瑳市	12084	勝浦市	● ①勝浦市	12145	船橋市	★ ③九十九里町
12023	匝瑳市	● ②匝瑳市	12085	柏市	● ①柏市	12146	船橋市	★ ②一宮町
12024	南房総市	● ①南房総市	12086	柏市	● ②柏市	12147	船橋市	☆ ②睦沢町
12025	南房総市	● ②南房総市	12087	柏市	● ③柏市	12148	船橋市	★ ②白子町
12026	富里市	● ①富里市	12088	柏市	★ ②勝浦市	12149	船橋市	☆ ②長柄町
12027	富里市	● ②富里市	12089	柏市	★ ②栄町	12150	船橋市	★ ③大喜多町
12028	白井市	● ①白井市	12090	柏市	☆ ①長柄町	12151	市川市	● ①市川市
12029	白井市	● ②白井市	12091	柏市	★ ②御宿町	12152	市川市	● ②市川市

第五章　全国3,591AS「家の駅」相互扶助ネットワーク・国盗り合戦（出展権争奪戦）一覧表－６

番号	出展先自治体		出展元自治体	番号	出展先自治体		出展元自治体	番号	出展先自治体		出展元自治体
第五章　全国3,591AS「家の駅」相互扶助ネットワーク・国盗り合戦（出展権争奪戦）一覧表－7											

第五章　全国3,591AS「家の駅」相互扶助ネットワーク・国盗り合戦（出展権争奪戦）一覧表－7

番号	出展先自治体	出展元自治体	番号	出展先自治体	出展元自治体	番号	出展先自治体	出展元自治体
12030	白井市	● ③白井市	12092	柏市	★ ②鋸南町	12153	市川市	★ ③酒々井町
12031	印西市	● ①印西市	12093	習志野市	● ①習志野市	12154	市川市	★ ③栄町
12032	印西市	● ②印西市	12094	習志野市	● ②習志野市	12155	市川市	★ ③東庄町
12033	印西市	● ③印西市	12095	習志野市	● ③習志野市	12156	市川市	☆ ③芝山町
12034	印西市	● ④印西市	12096	習志野市	● ④習志野市	12157	市川市	★ ③一宮町
12035	八街市	● ①八街市	12097	習志野市	★ ②大喜多町	12158	市川市	★ ③白子町
12036	八街市	● ②八街市	12098	旭市	● ①旭市	12159	市川市	☆ ②長南町
12037	八街市	● ③八街市	12099	旭市	● ②旭市	12160	市川市	★ ③御宿町
12038	袖ヶ浦市	● ①袖ヶ浦市	12100	旭市	● ③旭市	12161	銚子市	● ①銚子市
12039	袖ヶ浦市	● ②袖ヶ浦市	12101	東金市	● ①東金市	12162	銚子市	● ②銚子市
12040	袖ヶ浦市	● ③袖ヶ浦市	12102	東金市	● ②東金市	12163	銚子市	● ③銚子市
12041	四街道市	● ①四街道市	12103	佐倉市	● ①佐倉市	12164	千葉美浜区	★ ③南房総市
12042	四街道市	● ②四街道市	12104	佐倉市	● ②佐倉市	12165	千葉美浜区	★ ④一宮町
12043	四街道市	● ③四街道市	12105	佐倉市	● ③佐倉市	12166	千葉美浜区	★ ④白子町
12044	四街道市	● ④四街道市	12106	佐倉市	● ④佐倉市	12167	千葉緑区	☆ ③神崎町
12045	浦安市	● ①浦安市	12107	佐倉市	☆ ①睦沢町	12168	千葉緑区	★ ④長生村
12046	浦安市	● ②浦安市	12108	成田市	● ①成田市	12169	千葉緑区	☆ ③長南町
12047	浦安市	● ③浦安市	12109	成田市	● ②成田市	12170	千葉緑区	★ ④御宿町
12048	浦安市	● ④浦安市	12110	成田市	● ③成田市	12171	千葉若葉区	★ ③山武市
12049	浦安市	★ ②多古町	12111	成田市	★ ②横芝光町	12172	千葉若葉区	☆ ③長柄町
12050	富津市	● ①富津市	12112	茂原市	● ①茂原市	12173	千葉若葉区	★ ④大喜多町
12051	富津市	● ②富津市	12113	茂原市	● ②茂原市	12174	千葉若葉区	★ ④鋸南町
12052	君津市	● ①君津市	12114	茂原市	● ③茂原市	12175	千葉稲毛区	☆ ③芝山町
12053	君津市	● ②君津市	12115	野田市	● ①野田市	12176	千葉稲毛区	★ ④横芝光町
12054	君津市	● ③君津市	12116	野田市	● ②野田市	12177	千葉稲毛区	☆ ③睦沢町
12055	鎌ヶ谷市	● ①鎌ヶ谷市	12117	野田市	● ③野田市	12178	千葉花見川区	★ ③酒々井町
12056	鎌ヶ谷市	● ②鎌ヶ谷市	12118	野田市	● ④野田市	12179	千葉花見川区	★ ④栄町
12057	鎌ヶ谷市	● ③鎌ヶ谷市	12119	野田市	☆ ①長南町	12180	千葉花見川区	★ ④東庄町
12058	鎌ヶ谷市	● ④鎌ヶ谷市	12120	木更津市	● ①木更津市	12181	千葉花見川区	★ ④九十九里町
12059	鴨川市	● ①鴨川市	12121	木更津市	● ②木更津市	12182	千葉中央区	★ ③鴨川市
12060	鴨川市	● ②鴨川市	12122	木更津市	● ③木更津市	12183	千葉中央区	★ ④勝浦市
12061	我孫子市	● ①我孫子市	12123	木更津市	● ④木更津市	12184	千葉中央区	★ ③東金市

東京都219・●108・★11◆100

番号	出展先自治体	出展元自治体	番号	出展先自治体	出展元自治体	番号	出展先自治体	出展元自治体
13001	奥多摩町	● ①奥多摩町	13074	町田市	★ ②奥多摩町	13147	足立区	◆ ②群馬県
13002	日の出町	● ①日の出町	13075	調布市	● ①調布市	13148	練馬区	◆ ②千葉県
13003	瑞穂町	● ①瑞穂町	13076	調布市	● ②調布市	13149	練馬区	◆ ②新潟県
13004	瑞穂町	● ②瑞穂町	13077	調布市	● ③調布市	13150	練馬区	◆ ②富山県
13005	西東京市	● ①西東京市	13078	調布市	● ④調布市	13151	練馬区	◆ ②石川県
13006	西東京市	● ②西東京市	13079	調布市	★ ③日の出町	13152	練馬区	◆ ②福井県
13007	西東京市	● ③西東京市	13080	昭島市	● ①昭島市	13153	練馬区	◆ ②山梨県
13008	西東京市	● ④西東京市	13081	昭島市	● ②昭島市	13154	練馬区	◆ ②長野県
13009	西東京市	● ①檜原村	13082	昭島市	● ③昭島市	13155	練馬区	◆ ②岐阜県
13010	あきる野市	● ①あきる野市	13083	府中市	● ①府中市	13156	板橋区	◆ ②静岡県
13011	あきる野市	● ②あきる野市	13084	府中市	● ②府中市	13157	板橋区	◆ ②愛知県
13012	あきる野市	● ③あきる野市	13085	府中市	● ③府中市	13158	板橋区	◆ ②三重県
13013	羽村市	● ①羽村市	13086	府中市	● ④府中市	13159	板橋区	◆ ②滋賀県
13014	羽村市	● ②羽村市	13087	府中市	● ⑤府中市	13160	板橋区	◆ ②京都府
13015	稲城市	● ①稲城市	13088	府中市	★ ③奥多摩町	13161	板橋区	◆ ②大阪府
13016	稲城市	● ②稲城市	13089	青梅市	● ①青梅市	13162	荒川区	◆ ②兵庫県
13017	稲城市	● ③稲城市	13090	青梅市	● ②青梅市	13163	荒川区	◆ ②奈良県
13018	多摩市	● ①多摩市	13091	青梅市	● ③青梅市	13164	荒川区	◆ ②和歌山県
13019	多摩市	● ②多摩市	13092	青梅市	● ④青梅市	13165	北区	◆ ②鳥取県
13020	多摩市	● ③多摩市	13093	三鷹市	● ①三鷹市	13166	北区	◆ ②島根県
13021	多摩市	● ④多摩市	13094	三鷹市	● ②三鷹市	13167	北区	◆ ②岡山県
13022	武蔵村山市	● ①武蔵村山市	13095	三鷹市	● ③三鷹市	13168	北区	◆ ②広島県
13023	武蔵村山市	● ②武蔵村山市	13096	三鷹市	● ④三鷹市	13169	豊島区	◆ ②山口県
13024	武蔵村山市	● ③武蔵村山市	13097	三鷹市	● ⑤三鷹市	13170	豊島区	◆ ②徳島県
13025	清瀬市	● ①清瀬市	13098	武蔵野市	● ①武蔵野市	13171	豊島区	◆ ②香川県
13026	清瀬市	● ②清瀬市	13099	武蔵野市	● ②武蔵野市	13172	杉並区	◆ ②愛媛県
13027	清瀬市	● ③清瀬市	13100	武蔵野市	● ③武蔵野市	13173	杉並区	◆ ②高知県

番号	出展先自治体	出展元自治体	番号	出展先自治体	出展元自治体	番号	出展先自治体	出展元自治体
\multicolumn{9}{l}{第五章 全国3,591AS「家の駅」相互扶助ネットワーク・国盗り合戦（出展権争奪戦）一覧表－8}
13028	東久留米市	●①東久留米市	13101	武蔵野市	●④武蔵野市	13174	杉並区	◆②福岡県
13029	東久留米市	●②東久留米市	13102	立川市	●①立川市	13175	杉並区	◆②佐賀県
13030	東久留米市	●③東久留米市	13103	立川市	●②立川市	13176	杉並区	◆②長崎県
13031	東久留米市	●④東久留米市	13104	立川市	●③立川市	13177	杉並区	◆②熊本県
13032	東大和市	●①東大和市	13105	立川市	●④立川市	13178	中野区	◆②大分県
13033	東大和市	●②東大和市	13106	立川市	●⑤立川市	13179	中野区	◆②宮崎県
13034	東大和市	●③東大和市	13107	八王子市	●①八王子市	13180	中野区	◆②鹿児島県
13035	狛江市	●①狛江市	13108	八王子市	●②八王子市	13181	渋谷区	◆②沖縄県
13036	狛江市	●②狛江市	13109	八王子市	●③八王子市	13182	世田谷区	◆③北海道
13037	狛江市	●③狛江市	13110	八王子市	●④八王子市	13183	世田谷区	◆③青森県
13038	福生市	●①福生市	13111	八王子市	●⑤八王子市	13184	世田谷区	◆③岩手県
13039	福生市	●②福生市	13112	八王子市	★④あきる野市	13185	世田谷区	◆③宮城県
13040	国立市	●①国立市	13113	八王子市	★④狛江市	13186	世田谷区	◆③秋田県
13041	国立市	●②国立市	13114	八王子市	★④国立市	13187	世田谷区	◆③山形県
13042	国立市	●③国立市	13115	八王子市	★福生市	13188	世田谷区	◆③福島県
13043	国分寺市	●①国分寺市	13116	八王子市	★清瀬市	13189	世田谷区	◆③茨城県
13044	国分寺市	●②国分寺市	13117	八王子市	★武蔵村山市	13190	世田谷区	◆③栃木県
13045	国分寺市	●③国分寺市	13118	八王子市	★③羽村市	13191	世田谷区	◆③群馬県
13046	国分寺市	●④国分寺市	13119	八王子市	★④瑞穂町	13192	大田区	◆③千葉県
13047	東村山市	●①東村山市	13120	江戸川区	◆①和歌山県	13193	大田区	◆③新潟県
13048	東村山市	●②東村山市	13121	江戸川区	◆①鳥取県	13194	大田区	◆③富山県
13049	東村山市	●③東村山市	13122	江戸川区	◆①島根県	13195	大田区	◆③石川県
13050	東村山市	●④東村山市	13123	江戸川区	◆①岡山県	13196	大田区	◆③福井県
13051	東村山市	●⑤東村山市	13124	江戸川区	◆①広島県	13197	目黒区	◆③山梨県
13052	日野市	●①日野市	13125	江戸川区	◆①山口県	13198	目黒区	◆③長野県
13053	日野市	●②日野市	13126	江戸川区	◆①徳島県	13199	品川区	◆③岐阜県
13054	日野市	●③日野市	13127	江戸川区	◆①香川県	13200	品川区	◆③静岡県
13055	日野市	●④日野市	13128	江戸川区	◆①愛媛県	13201	江東区	◆③愛知県
13056	日野市	●⑤日野市	13129	江戸川区	◆①高知県	13202	江東区	◆③三重県
13057	小平市	●①小平市	13130	江戸川区	◆①福岡県	13203	江東区	◆③滋賀県
13058	小平市	●②小平市	13131	江戸川区	◆①佐賀県	13204	江東区	◆③京都府
13059	小平市	●③小平市	13132	葛飾区	◆①長崎県	13205	江東区	◆③大阪府
13060	小平市	●④小平市	13133	葛飾区	◆①熊本県	13206	江東区	◆③兵庫県
13061	小平市	●⑤小平市	13134	葛飾区	◆①大分県	13207	墨田区	◆③奈良県
13062	小金井市	●①小金井市	13135	葛飾区	◆①宮崎県	13208	墨田区	◆③和歌山県
13063	小金井市	●②小金井市	13136	葛飾区	◆①鹿児島県	13209	墨田区	◆③鳥取県
13064	小金井市	●③小金井市	13137	葛飾区	◆①沖縄県	13210	墨田区	◆③島根県
13065	小金井市	●④小金井市	13138	葛飾区	◆②北海道	13211	台東区	◆③岡山県
13066	町田市	●①町田市	13139	足立区	◆②青森県	13212	台東区	◆③広島県
13067	町田市	●②町田市	13140	足立区	◆②岩手県	13213	文京区	◆③山口県
13068	町田市	●③町田市	13141	足立区	◆②宮城県	13214	文京区	◆③徳島県
13069	町田市	●④町田市	13142	足立区	◆②秋田県	13215	新宿区	◆③香川県
13070	町田市	★④稲城市	13143	足立区	◆②山形県	13216	新宿区	◆③愛媛県
13071	町田市	★④東大和市	13144	足立区	◆②福島県	13217	港区	◆③高知県
13072	町田市	★③瑞穂町	13145	足立区	◆②茨城県	13218	中央区	◆③福岡県
13073	町田市	★②日の出町	13146	足立区	◆②栃木県	13219	千代田区	◆③佐賀県
\multicolumn{3}{l}{神奈川県203・●81・★28・◆94}	14068	藤沢市	●②藤沢市	14136	川崎幸区	◆④三重県
14001	愛川町	●①愛川町	14069	藤沢市	●③藤沢市	14137	川崎幸区	◆④滋賀県
14002	愛川町	●②愛川町	14070	藤沢市	●④藤沢市	14138	横浜都筑区	◆④京都府
14003	湯河原町	●①湯河原町	14071	藤沢市	●⑤藤沢市	14139	横浜都筑区	◆④大阪府
14004	真鶴町	●①真鶴町	14072	藤沢市	★②大井町	14140	横浜都筑区	◆④兵庫県
14005	箱根町	●①箱根町	14073	藤沢市	★④箱根町	14141	横浜都筑区	◆④奈良県
14006	開成町	●①開成町	14074	藤沢市	★③湯河原町	14142	横浜都筑区	◆④和歌山県
14007	山北町	●①山北町	14075	鎌倉市	●①鎌倉市	14143	横浜青葉区	◆④鳥取県
14008	松田町	●①松田町	14076	鎌倉市	●②鎌倉市	14144	横浜青葉区	◆④島根県
14009	大井町	●①大井町	14077	鎌倉市	●③鎌倉市	14145	横浜青葉区	◆④岡山県
14010	中井町	●①中井町	14078	鎌倉市	●④鎌倉市	14146	横浜青葉区	◆④広島県
14011	二宮町	●①二宮町	14079	鎌倉市	★②二宮町	14147	横浜青葉区	◆④山口県
14012	大磯町	●①大磯町	14080	平塚市	●①平塚市	14148	横浜青葉区	◆④徳島県
14013	大磯町	●②大磯町	14081	平塚市	●②平塚市	14149	横浜青葉区	◆④香川県

第五章　全国3,591AS「家の駅」相互扶助ネットワーク・国盗り合戦（出展権争奪戦）一覧表－9								
番号	出展先自治体	出展元自治体	番号	出展先自治体	出展元自治体	番号	出展先自治体	出展元自治体
14014	寒川町	● ①寒川町	14082	平塚市	● ③平塚市	14150	横浜泉区	◆ ④愛媛県
14015	寒川町	● ②寒川町	14083	平塚市	★ ③三浦市	14151	横浜泉区	◆ ④高知県
14016	葉山町	● ①葉山町	14084	平塚市	★ ②中井町	14152	横浜泉区	◆ ④福岡県
14017	葉山町	● ②葉山町	14085	平塚市	★ ③真鶴町	14153	横浜栄区	◆ ④佐賀県
14018	綾瀬市	● ①綾瀬市	14086	横須賀市	● ①横須賀市	14154	横浜栄区	◆ ④長崎県
14019	綾瀬市	● ②綾瀬市	14087	横須賀市	● ②横須賀市	14155	横浜栄区	◆ ④熊本県
14020	綾瀬市	● ③綾瀬市	14088	横須賀市	● ③横須賀市	14156	横浜瀬谷区	◆ ④大分県
14021	南足柄市	● ①南足柄市	14089	横須賀市	● ④横須賀市	14157	横浜瀬谷区	◆ ④宮崎県
14022	南足柄市	● ②南足柄市	14090	横須賀市	★ ③葉山町	14158	横浜瀬谷区	◆ ④鹿児島県
14023	座間市	● ①座間市	14091	横須賀市	★ ③大磯町	14159	横浜緑区	◆ ④沖縄県
14024	座間市	● ②座間市	14092	横須賀市	★ ②山北町	14160	横浜緑区	◆ ⑤北海道
14025	座間市	● ③座間市	14093	横須賀市	★ ③開成町	14161	横浜緑区	◆ ⑤青森県
14026	座間市	● ④座間市	14094	相模原南区	● ①相模原南区	14162	横浜旭区	◆ ⑤岩手県
14027	海老名市	● ①海老名市	14095	相模原南区	● ②相模原南区	14163	横浜旭区	◆ ⑤宮城県
14028	海老名市	● ②海老名市	14096	相模原南区	● ③相模原南区	14164	横浜旭区	◆ ⑤秋田県
14029	海老名市	● ③海老名市	14097	相模原南区	★ ③松田町	14165	横浜旭区	◆ ⑤山形県
14030	海老名市	● ④海老名市	14098	相模原南区	★ ④真鶴町	14166	横浜旭区	◆ ⑤福島県
14031	伊勢原市	● ①伊勢原市	14099	相模原南区	★ ③大井町	14167	横浜港南区	◆ ⑤茨城県
14032	伊勢原市	● ②伊勢原市	14100	相模原中央	● ①相模原中央	14168	横浜港南区	◆ ⑤栃木県
14033	伊勢原市	● ③伊勢原市	14101	相模原中央	● ②相模原中央	14169	横浜港南区	◆ ⑤群馬県
14034	大和市	● ①大和市	14102	相模原中央	● ③相模原中央	14170	横浜港南区	◆ ⑤千葉県
14035	大和市	● ②大和市	14103	相模原中央	★ ③二宮町	14171	横浜港南区	◆ ⑤新潟県
14036	大和市	● ③大和市	14104	相模原中央	★ ③中井町	14172	横浜戸塚区	◆ ⑤富山県
14037	大和市	★ ③南足柄市	14105	相模原中央	★ ③山北町	14173	横浜戸塚区	◆ ⑤石川県
14038	大和市	★ ②松田町	14106	相模原緑区	● ①相模原緑区	14174	横浜戸塚区	◆ ⑤福井県
14039	大和市	★ ②箱根町	14107	相模原緑区	● ②相模原緑区	14175	横浜戸塚区	◆ ⑤山梨県
14040	厚木市	● ①厚木市	14108	相模原緑区	★ ④葉山町	14176	横浜戸塚区	◆ ⑤長野県
14041	厚木市	● ②厚木市	14109	相模原緑区	★ ③寒川町	14177	横浜戸塚区	◆ ⑤岐阜県
14042	厚木市	● ③厚木市	14110	川﨑麻生区	◆ ③長崎県	14178	横浜港北区	◆ ⑤静岡県
14043	厚木市	★ ③箱根町	14111	川﨑麻生区	◆ ③熊本県	14179	横浜港北区	◆ ⑤愛知県
14044	厚木市	★ ③真鶴町	14112	川﨑麻生区	◆ ③大分県	14180	横浜港北区	◆ ⑤三重県
14045	厚木市	★ ②湯河原町	14113	川﨑宮前区	◆ ③宮崎県	14181	横浜港北区	◆ ⑤滋賀県
14046	秦野市	● ①秦野市	14114	川﨑宮前区	◆ ③鹿児島県	14182	横浜港北区	◆ ⑤京都府
14047	秦野市	● ②秦野市	14115	川﨑宮前区	◆ ③沖縄県	14183	横浜金沢区	◆ ⑤大阪府
14048	秦野市	● ③秦野市	14116	川﨑宮前区	◆ ④北海道	14184	横浜金沢区	◆ ⑤兵庫県
14049	秦野市	● ④秦野市	14117	川﨑宮前区	◆ ④青森県	14185	横浜金沢区	◆ ⑤奈良県
14050	秦野市	● ⑤秦野市	14118	川﨑多摩区	◆ ④岩手県	14186	横浜磯子区	◆ ⑤和歌山県
14051	三浦市	● ①三浦市	14119	川﨑多摩区	◆ ④宮城県	14187	横浜磯子区	◆ ⑤鳥取県
14052	三浦市	● ②三浦市	14120	川﨑多摩区	◆ ④秋田県	14188	横浜磯子区	◆ ⑤島根県
14053	逗子市	● ①逗子市	14121	川﨑多摩区	◆ ④山形県	14189	保土ヶ谷区	◆ ⑤岡山県
14054	逗子市	● ②逗子市	14122	川﨑多摩区	◆ ④福島県	14190	保土ヶ谷区	◆ ⑤広島県
14055	逗子市	● ③逗子市	14123	川﨑高津区	◆ ④茨城県	14191	保土ヶ谷区	◆ ⑤山口県
14056	茅ヶ崎市	● ①茅ヶ崎市	14124	川﨑高津区	◆ ④栃木県	14192	保土ヶ谷区	◆ ⑤徳島県
14057	茅ヶ崎市	● ②茅ヶ崎市	14125	川﨑高津区	◆ ④群馬県	14193	横浜南区	◆ ⑤香川県
14058	茅ヶ崎市	● ③茅ヶ崎市	14126	川﨑高津区	◆ ④千葉県	14194	横浜南区	◆ ⑤愛媛県
14059	茅ヶ崎市	● ④茅ヶ崎市	14127	川﨑中原区	◆ ④新潟県	14195	横浜中区	◆ ⑤高知県
14060	茅ヶ崎市	★ ②開成町	14128	川﨑中原区	◆ ④富山県	14196	横浜西区	◆ ⑤福岡県
14061	茅ヶ崎市	★ ③愛川町	14129	川﨑中原区	◆ ④石川県	14197	横浜神奈川区	◆ ⑤佐賀県
14062	小田原市	● ①小田原市	14130	川﨑中原区	◆ ④福井県	14198	横浜神奈川区	◆ ⑤長崎県
14063	小田原市	● ②小田原市	14131	川﨑中原区	◆ ④山梨県	14199	横浜神奈川区	◆ ⑤熊本県
14064	小田原市	● ③小田原市	14132	川﨑川崎区	◆ ④長野県	14200	横浜鶴見区	◆ ⑤大分県
14065	小田原市	● ④小田原市	14133	川﨑川崎区	◆ ④岐阜県	14201	横浜鶴見区	◆ ⑤宮崎県
14066	小田原市	★ ④大磯町	14134	川﨑川崎区	◆ ④静岡県	14202	横浜鶴見区	◆ ⑤鹿児島県
14067	藤沢市	● ①藤沢市	14135	川﨑川崎区	◆ ④愛知県	14203	横浜鶴見区	◆ ⑤沖縄県
新潟県86・●69・★17			15029	燕市	● ①燕市	15058	長岡市	● ②長岡市
15001	津南町	● ①津南町	15030	燕市	● ②燕市	15059	長岡市	● ③長岡市
15002	湯沢町	● ①湯沢町	15031	燕市	● ③燕市	15060	長岡市	● ④長岡市
15003	阿賀町	● ①阿賀町	15032	燕市	● ④燕市	15061	長岡市	★ ②弥彦村
15004	田上町	● ①田上町	15033	村上市	● ①村上市	15062	長岡市	★ ②田上町
15005	弥彦村	● ①弥彦村	15034	村上市	● ②村上市	15063	長岡市	★ ②湯沢町

第五章　全国3,591AS「家の駅」相互扶助ネットワーク・国盗り合戦（出展権争奪戦）一覧表－１０

番号	出展先自治体		出展元自治体	番号	出展先自治体		出展元自治体	番号	出展先自治体		出展元自治体
15006	聖籠町	●	①聖籠町	15035	村上市	●	③村上市	15064	新潟西浦区	●	①新潟西浦区
15007	胎内市	●	①胎内市	15036	見附市	●	①見附市	15065	新潟西浦区	☆	①関川村
15008	南魚沼市	●	①南魚沼市	15037	見附市	●	②見附市	15066	新潟西区	●	①新潟西区
15009	南魚沼市	●	②南魚沼市	15038	十日町市	●	①十日町市	15067	新潟西区	●	②新潟西区
15010	南魚沼市	●	③南魚沼市	15039	十日町市	●	②十日町市	15068	新潟西区	★	②胎内市
15011	魚沼市	●	①魚沼市	15040	十日町市	●	③十日町市	15069	新潟西区	★	②聖籠町
15012	魚沼市	●	②魚沼市	15041	加茂市	●	①加茂市	15070	新潟西区	☆	①刈羽村
15013	佐渡市	●	①佐渡市	15042	加茂市	●	②加茂市	15071	新潟南区	●	①新潟南区
15014	佐渡市	●	②佐渡市	15043	小千谷市	●	①小千谷市	15072	新潟南区	★	③津南町
15015	佐渡市	●	③佐渡市	15044	小千谷市	●	②小千谷市	15073	新潟秋葉区	●	①新潟秋葉区
15016	阿賀野市	●	①阿賀野市	15045	新発田市	●	①新発田市	15074	新潟秋葉区	●	②新潟秋葉区
15017	阿賀野市	●	②阿賀野市	15046	新発田市	●	②新発田市	15075	新潟秋葉区	★	③湯沢町
15018	上越市	●	①上越市	15047	新発田市	●	③新発田市	15076	新潟江南区	●	①新潟江南区
15019	上越市	●	②上越市	15048	新発田市	●	④新発田市	15077	新潟江南区	●	②新潟江南区
15020	上越市	●	③上越市	15049	柏崎市	●	①柏崎市	15078	新潟江南区	☆	①雲崎町
15021	上越市	★	②阿賀町	15050	柏崎市	●	②柏崎市	15079	新潟中央区	●	①新潟中央区
15022	上越市	★	②津南町	15051	柏崎市	●	③柏崎市	15080	新潟中央区	★	③阿賀町
15023	五泉市	●	①五泉市	15052	柏崎市	●	④柏崎市	15081	新潟東区	●	①新潟東区
15024	五泉市	●	②五泉市	15053	三条市	●	①三条市	15082	新潟東区	★	③妙高市
15025	妙高市	●	①妙高市	15054	三条市	●	②三条市	15083	新潟東区	★	③弥彦村
15026	妙高市	●	②妙高市	15055	三条市	●	③三条市	15084	新潟東区	★	③田上町
15027	糸魚川市	●	①糸魚川市	15056	三条市	●	④三条市	15085	新潟北区	●	①新潟北区
15028	糸魚川市	●	②糸魚川市	15057	長岡市	●	①長岡市	15086	新潟北区	★	③聖籠町
富山県42・●34・★8											
16001	朝日町	●	①朝日町	16015	小矢部市	●	②小矢部市	16029	高岡市	●	②高岡市
16002	入善町	●	①入善町	16016	栃波市	●	①栃波市	16030	高岡市	●	③高岡市
16003	入善町	●	②入善町	16017	栃波市	●	②栃波市	16031	高岡市	●	④高岡市
16004	立山町	●	①立山町	16018	栃波市	●	③栃波市	16032	高岡市	★	②上市町
16005	立山町	●	②立山町	16019	黒部市	●	①黒部市	16033	富山市	●	①富山市
16006	上市町	●	①上市町	16020	黒部市	●	②黒部市	16034	富山市	●	②富山市
16007	射水町	●	①射水町	16021	滑川市	●	①滑川市	16035	富山市	●	③富山市
16008	射水町	●	②射水町	16022	滑川市	●	②滑川市	16036	富山市	★	③滑川市
16009	射水町	●	③射水町	16023	氷見市	●	①氷見市	16037	富山市	★	③小矢部市
16010	射水町	●	④射水町	16024	氷見市	●	②氷見市	16038	富山市	★	③上市町
16011	南栃市	●	①南栃市	16025	氷見市	●	③氷見市	16039	富山市	★	③立山町
16012	南栃市	●	②南栃市	16026	魚津市	●	①魚津市	16040	富山市	★	③入善町
16013	南栃市	●	③南栃市	16027	魚津市	●	②魚津市	16041	富山市	★	③朝日町
16014	小矢部市	●	①小矢部市	16028	高岡市	●	①高岡市	16042	富山市	★	②朝日町
石川県50・●37・★13				17017	白山市	●	①白山市	17034	小松市	●	③小松市
17001	能登町	●	①能登町	17018	白山市	●	②白山市	17035	小松市	★	②志賀町
17002	穴水町	●	①穴水町	17019	白山市	●	③白山市	17036	七尾市	●	①七尾市
17003	中能登町	●	①中能登町	17020	白山市	●	④白山市	17037	七尾市	●	②七尾市
17004	宝達志水町	●	①宝達志水町	17021	白山市	★	②中能登町	17038	七尾市	●	③七尾市
17005	志賀町	●	①志賀町	17022	かほく市	●	①かほく市	17039	金沢市	●	①金沢市
17006	内灘町	●	①内灘町	17023	かほく市	●	②かほく市	17040	金沢市	★	②珠洲市
17007	内灘町	●	②内灘町	17024	羽咋市	●	①羽咋市	17041	金沢市	★	③羽咋市
17008	津幡町	●	①津幡町	17025	羽咋市	●	②羽咋市	17042	金沢市	★	③河北町
17009	津幡町	●	②津幡町	17026	加賀市	●	①加賀市	17043	金沢市	★	②河北町
17010	河北町	●	①河北町	17027	加賀市	●	②加賀市	17044	金沢市	★	③宝達志水町
17011	野々市市	●	①野々市市	17028	加賀市	●	③加賀市	17045	金沢市	★	②宝達志水町
17012	野々市市	●	②野々市市	17029	珠洲市	●	①珠洲市	17046	金沢市	★	③中能登町
17013	野々市市	●	③野々市市	17030	輪島市	●	①輪島市	17047	金沢市	★	③穴水町
17014	能美市	●	①能美市	17031	輪島市	●	②輪島市	17048	金沢市	★	②穴水町
17015	能美市	●	②能美市	17032	小松市	●	①小松市	17049	金沢市	★	③能登町
17016	能美市	●	③能美市	17033	小松市	●	②小松市	17050	金沢市	★	②能登町
福井県35・●30・★5				18012	越前市	●	①越前市	18024	小浜市	●	①小浜市
18001	若狭町	●	①若狭町	18013	越前市	●	②越前市	18025	小浜市	●	②小浜市
18002	おおい町	●	①おおい町	18014	越前市	●	③越前市	18026	敦賀市	●	①敦賀市
18003	高浜町	●	①高浜町	18015	あわら市	●	①あわら市	18027	敦賀市	●	②敦賀市
18004	美浜町	●	①美浜町	18016	あわら市	●	②あわら市	18028	敦賀市	●	③敦賀市

番号	出展先自治体		出展元自治体	番号	出展先自治体		出展元自治体	番号	出展先自治体		出展元自治体
	第五章　全国3,591AS「家の駅」相互扶助ネットワーク・国盗り合戦（出展権争奪戦）一覧表－１１										
18005	越前町	●	①越前町	18017	鯖江市	●	①鯖江市	18029	福井市	●	①福井市
18006	南越前町	●	①南越前町	18018	鯖江市	●	②鯖江市	18030	福井市	●	②福井市
18007	永平寺町	●	①永平寺町	18019	鯖江市	●	③鯖江市	18031	福井市	★	②南越前町
18008	坂井市	●	①坂井市	18020	勝山市	●	①勝山市	18032	福井市	★	②美浜町
18009	坂井市	●	②坂井市	18021	勝山市	●	②勝山市	18033	福井市	★	②高浜町
18010	坂井市	●	③坂井市	18022	大野市	●	①勝山市	18034	福井市	★	②おおい町
18011	坂井市	●	④坂井市	18023	大野市	●	②勝山市	18035	福井市	★	②若狭町
	山梨県40・●34・★6			19014	笛吹市	●	②笛吹市				
19001	富士河口湖町	●	①富士河口湖町	19015	笛吹市	●	③笛吹市	19028	山梨市	●	①山梨市
19002	忍野村	●	①忍野村	19016	甲斐市	●	①甲斐市	19029	山梨市	●	②山梨市
19003	西桂町	●	①西桂町	19017	甲斐市	●	②甲斐市	19030	都留市	●	①都留市
19004	昭和町	●	①昭和町	19018	甲斐市	●	③甲斐市	19031	都留市	●	②都留市
19005	富士川町	●	①富士川町	19019	北杜市	●	①北杜市	19032	富士吉田市	●	①富士吉田市
19006	南部町	●	①南部町	19020	北杜市	●	②北杜市	19033	富士吉田市	●	②富士吉田市
19007	見延町	●	①見延町	19021	北杜市	●	③北杜市	19034	富士吉田市	●	③富士吉田市
19008	市川三郷町	●	①市川三郷町	19022	南アルプス市	●	①南アルプス市	19035	甲府市	★	①市川三郷町
19009	中央市	●	①中央市	19023	南アルプス市	●	②南アルプス市	19036	甲府市	★	①見延町
19010	甲州市	●	①甲州市	19024	南アルプス市	●	③南アルプス市	19037	甲府市	★	②南部町
19011	甲州市	●	②甲州市	19025	南アルプス市	●	④南アルプス市	19038	甲府市	★	②富士川町
19012	上野原市	●	①上野原市	19026	韮崎市	●	①韮崎市	19039	甲府市	★	②西桂町
19013	笛吹市	●	①笛吹市	19027	大月市	●	①大月市	19040	甲府市	★	②忍野村
	長野県83・●66・★17			20028	千曲市	●	①千曲市	20056	諏訪市	●	②諏訪市
20001	飯綱町	●	①飯綱町	20029	千曲市	●	②千曲市	20057	飯田市	●	①飯田市
20002	信濃町	●	①信濃町	20030	千曲市	●	③千曲市	20058	飯田市	●	②飯田市
20003	山ノ内町	●	①山ノ内町	20031	佐久市	●	①佐久市	20059	飯田市	●	③飯田市
20004	小布施町	●	①小布施町	20032	佐久市	●	②佐久市	20060	飯田市	★	②木曽町
20005	坂城町	●	①坂城町	20033	佐久市	●	③佐久市	20061	岡谷市	●	①岡谷市
20006	松川村	●	①松川村	20034	佐久市	★	②佐久穂町	20062	岡谷市	●	②岡谷市
20007	池田町	●	①池田町	20035	塩尻市	●	①塩尻市	20063	上田市	●	①上田市
20008	山形村	●	①山形村	20036	塩尻市	●	②塩尻市	20064	上田市	●	②上田市
20009	木曽町	●	①木曽町	20037	塩尻市	●	③塩尻市	20065	上田市	●	③上田市
20010	上松町	●	①上松町	20038	茅野市	●	①茅野市	20066	上田市	★	②御田代町
20011	高森町	●	①高森町	20039	茅野市	●	②茅野市	20067	上田市	★	②飯綱町
20012	松川町	●	①松川町	20040	茅野市	●	③茅野市	20068	松本市	●	①松本市
20013	箕輪村	●	①箕輪村	20041	飯山市	●	①飯山市	20069	松本市	●	②松本市
20014	箕輪町	●	①箕輪町	20042	大町市	●	①大町市	20070	松本市	★	②辰野町
20015	箕輪町	●	②箕輪町	20043	中野市	●	①中野市	20071	松本市	★	②箕輪村
20016	辰野町	●	①辰野町	20044	中野市	●	②中野市	20072	松本市	★	②松川町
20017	富士見町	●	①富士見町	20045	駒ケ根市	●	①駒ケ根市	20073	松本市	★	②高森町
20018	下諏訪町	●	①下諏訪町	20046	駒ケ根市	●	②駒ケ根市	20074	松本市	★	②上松町
20019	軽井沢町	●	①軽井沢町	20047	伊那市	●	①伊那市	20075	長野市	●	①長野市
20020	御田代町	●	①御田代町	20048	伊那市	●	②伊那市	20076	長野市	★	②飯山市
20021	佐久穂町	●	①佐久穂町	20049	伊那市	●	③伊那市	20077	長野市	☆	①飯島町
20022	安曇野市	●	①安曇野市	20050	小諸市	●	①小諸市	20078	長野市	★	②池田町
20023	安曇野市	●	②安曇野市	20051	小諸市	●	②小諸市	20079	長野市	★	②松川村
20024	安曇野市	●	③安曇野市	20052	須坂市	●	①須坂市	20080	長野市	★	②坂城町
20025	安曇野市	●	②山形村	20053	須坂市	●	②須坂市	20081	長野市	★	②小布施町
20026	東御市	●	①東御市	20054	須坂市	●	③須坂市	20082	長野市	★	②山ノ内町
20027	東御市	●	②東御市	20055	諏訪市	●	①諏訪市	20083	長野市	★	②信濃町
	岐阜県84・●69・★15										
21001	御嵩町	●	①御嵩町	21029	瑞穂市	●	②瑞穂市	21057	中津川市	●	③中津川市
21002	白川町	●	①白川町	21030	瑞穂市	●	③瑞穂市	21058	関市	●	①関市
21003	八百津町	●	①八百津町	21031	山県市	●	①山県市	21059	関市	●	②関市
21004	川辺町	●	①川辺町	21032	可児市	●	①可児市	21060	関市	●	③関市
21005	坂祝町	●	①坂祝町	21033	可児市	●	②可児市	21061	関市	●	④関市
21006	北方町	●	①北方町	21034	可児市	●	③可児市	21062	多治見市	●	①多治見市
21007	池田町	●	①池田町	21035	可児市	★	②美濃市	21063	多治見市	●	②多治見市
21008	大野町	●	①大野町	21036	各務原市	●	①各務原市	21064	多治見市	●	③多治見市
21009	揖斐川町	●	①揖斐川町	21037	各務原市	●	②各務原市	21065	多治見市	★	②北方町
21010	安八町	●	①安八町	21038	各務原市	●	③各務原市	21066	高山市	●	①高山市

	第五章　全国3,591AS「家の駅」相互扶助ネットワーク・国盗り合戦（出展権争奪戦）一覧表－１２							
番号	出展先自治体	出展元自治体	番号	出展先自治体	出展元自治体	番号	出展先自治体	出展元自治体
21011	輪之内町	●①輪之内町	21039	各務原市	★②揖斐川町	21067	高山市	●②高山市
21012	神戸町	●①神戸町	21040	各務原市	★②安八町	21068	高山市	●③高山市
21013	垂井町	●①垂井町	21041	土岐市	●①土岐市	21069	高山市	★②飛騨市
21014	垂井町	●②垂井町	21042	土岐市	●②土岐市	21070	大垣市	●①大垣市
21015	養老町	●①養老町	21043	土岐市	●③土岐市	21071	大垣市	●②大垣市
21016	養老町	●②養老町	21044	美濃加茂市	●①美濃加茂市	21072	大垣市	●③大垣市
21017	笠松町	●①笠松町	21045	美濃加茂市	●②美濃加茂市	21073	大垣市	★②笠松町
21018	岐南町	●①岐南町	21046	美濃加茂市	●③美濃加茂市	21074	大垣市	★②神戸町
21019	海津市	●①海津市	21047	恵那市	●①恵那市	21075	岐阜市	●①岐阜市
21020	海津市	●②海津市	21048	恵那市	●②恵那市	21076	岐阜市	●②岐阜市
21021	下呂市	●①下呂市	21049	羽島市	●①羽島市	21077	岐阜市	☆①富加町
21022	下呂市	●②下呂市	21050	羽島市	●②羽島市	21078	岐阜市	☆①関ヶ原町
21023	郡上市	●①郡上市	21051	羽島市	●③羽島市	21079	岐阜市	★②輪之内町
21024	郡上市	●②郡上市	21052	瑞浪市	●①瑞浪市	21080	岐阜市	★②坂祝町
21025	本巣市	●①本巣市	21053	瑞浪市	●②瑞浪市	21081	岐阜市	★②川辺町
21026	本巣市	●②本巣市	21054	美濃市	●①美濃市	21082	岐阜市	★②八百津町
21027	飛騨市	●①飛騨市	21055	中津川市	●①中津川市	21083	岐阜市	★②白川町
21028	瑞穂市	●①瑞穂市	21056	中津川市	●②中津川市	21084	岐阜市	★②御嵩町
静岡県133・●107・★26			22045	藤枝市	●④藤枝市			
22001	森町	●①森町	22046	藤枝市	★③長泉町	22090	沼津市	★②下田市
22002	川根本町	●①川根本町	22047	掛川市	●①掛川市	22091	沼津市	☆①松崎町
22003	吉田町	●①吉田町	22048	掛川市	●②掛川市	22092	浜松天竜区	●①浜松天竜区
22004	吉田町	●②吉田町	22049	掛川市	●③掛川市	22093	浜松浜北区	●①浜松浜北区
22005	小山町	●①小山町	22050	掛川市	●④掛川市	22094	浜松浜北区	●②浜松浜北区
22006	長泉町	●①長泉町	22051	焼津市	●①焼津市	22095	浜松浜北区	●③浜松浜北区
22007	長泉町	●②長泉町	22052	焼津市	●②焼津市	22096	浜松浜北区	☆①河津町
22008	清水町	●①清水町	22053	焼津市	●③焼津市	22097	浜松北区	●①浜松北区
22009	清水町	●②清水町	22054	焼津市	●④焼津市	22098	浜松北区	●②浜松北区
22010	函南町	●①函南町	22055	焼津市	★③函南町	22099	浜松北区	●③浜松北区
22011	函南町	●②函南町	22056	磐田市	●①磐田市	22100	浜松北区	★②南伊豆町
22012	南伊豆町	●①南伊豆町	22057	磐田市	●②磐田市	22101	浜松南区	●①浜松南区
22013	東伊豆町	●①東伊豆町	22058	磐田市	●③磐田市	22102	浜松南区	●②浜松南区
22014	牧之原市	●①牧之原市	22059	磐田市	●④磐田市	22103	浜松南区	☆②河津町
22015	牧之原市	●②牧之原市	22060	磐田市	★③御前崎市	22104	浜松南区	★②小山町
22016	牧之原市	●③牧之原市	22061	富士市	●①富士市	22105	浜松西区	●①浜松西区
22017	伊豆の国市	●①伊豆の国市	22062	富士市	●②富士市	22106	浜松西区	●②浜松西区
22018	伊豆の国市	●②伊豆の国市	22063	富士市	●③富士市	22107	浜松西区	★③南伊豆町
22019	伊豆の国市	●③伊豆の国市	22064	富士市	●④富士市	22108	浜松西区	★③森町
22020	菊川市	●①菊川市	22065	富士市	★②東伊豆町	22109	浜松東区	●①浜松東区
22021	菊川市	●②菊川市	22066	富士市	★③吉田町	22110	浜松東区	●②浜松東区
22022	菊川市	●③菊川市	22067	富士市	★②川根本町	22111	浜松東区	★②浜松天竜区
22023	御前崎市	●①御前崎市	22068	島田市	●①島田市	22112	浜松東区	★③川根本町
22024	御前崎市	●②御前崎市	22069	島田市	●②島田市	22113	浜松中区	●①浜松中区
22025	伊豆市	●①伊豆市	22070	島田市	●③島田市	22114	浜松中区	●②浜松中区
22026	伊豆市	●②伊豆市	22071	島田市	●④島田市	22115	浜松中区	●③浜松中区
22027	湖西市	●①湖西市	22072	伊東市	●①伊東市	22116	浜松中区	★③浜松天竜区
22028	湖西市	●②湖西市	22073	伊東市	●②伊東市	22117	浜松中区	☆①西伊豆町
22029	湖西市	●③湖西市	22074	伊東市	★③伊東市	22118	静岡清水区	●①静岡清水区
22030	裾野市	●①裾野市	22075	富士宮市	●①富士宮市	22119	静岡清水区	●②静岡清水区
22031	裾野市	●②裾野市	22076	富士宮市	●②富士宮市	22120	静岡清水区	●③静岡清水区
22032	裾野市	●③裾野市	22077	富士宮市	●③富士宮市	22121	静岡清水区	★③東伊豆町
22033	下田市	●①下田市	22078	富士宮市	●④富士宮市	22122	静岡清水区	★③小山町
22034	袋井市	●①袋井市	22079	富士宮市	★②森町	22123	静岡駿河区	●①静岡駿河区
22035	袋井市	●②袋井市	22080	三島市	●①三島市	22124	静岡駿河区	●②静岡駿河区
22036	袋井市	●③袋井市	22081	三島市	●②三島市	22125	静岡駿河区	●③静岡駿河区
22037	袋井市	●④袋井市	22082	三島市	●③三島市	22126	静岡駿河区	☆②松崎町
22038	御殿場市	●①御殿場市	22083	三島市	●④三島市	22127	静岡駿河区	☆②西伊豆町
22039	御殿場市	●②御殿場市	22084	熱海市	●①熱海市	22128	静岡葵区	●①静岡葵区
22040	御殿場市	●③御殿場市	22085	熱海市	●②熱海市	22129	静岡葵区	●②静岡葵区
22041	御殿場市	●④御殿場市	22086	沼津市	●①沼津市	22130	静岡葵区	●③静岡葵区

163

番号	出展先自治体	出展元自治体	番号	出展先自治体	出展元自治体	番号	出展先自治体	出展元自治体
第五章　全国3,591AS「家の駅」相互扶助ネットワーク・国盗り合戦（出展権争奪戦）一覧表－13								
22042	藤枝市	●①藤枝市	22087	沼津市	●②沼津市	22131	静岡葵区	★③熱海市
22043	藤枝市	●②藤枝市	22088	沼津市	●③沼津市	22132	静岡葵区	★③伊豆市
22044	藤枝市	●③藤枝市	22089	沼津市	●④沼津市	22133	静岡葵区	★③清水町
愛知県199・●143・★56			23067	東海市	●①東海市			
23001	幸田町	●①幸田町	23068	東海市	●②東海市	23134	半田市	●④半田市
23002	幸田町	●②幸田町	23069	東海市	●③東海市	23135	瀬戸市	●①瀬戸市
23003	武豊町	●①武豊町	23070	東海市	●④東海市	23136	瀬戸市	●②瀬戸市
23004	武豊町	●②武豊町	23071	新城市	●①新城市	23137	瀬戸市	●③瀬戸市
23005	美浜町	●①美浜町	23072	新城市	●②新城市	23138	瀬戸市	●④瀬戸市
23006	南知多町	●①南知多町	23073	稲沢市	●①稲沢市	23139	一宮市	●①一宮市
23007	東浦町	●①東浦町	23074	稲沢市	●②稲沢市	23140	一宮市	●②一宮市
23008	東浦町	●②東浦町	23075	稲沢市	●③稲沢市	23141	一宮市	●③一宮市
23009	東浦町	●③東浦町	23076	稲沢市	●④稲沢市	23142	一宮市	●④一宮市
23010	阿久比町	●①阿久比町	23077	小牧市	●①小牧市	23143	一宮市	★④豊山町
23011	阿久比町	●②阿久比町	23078	小牧市	●②小牧市	23144	一宮市	★④蟹江町
23012	蟹江町	●①蟹江町	23079	小牧市	●③小牧市	23145	一宮市	★②南知多町
23013	蟹江町	●②蟹江町	23080	小牧市	●④小牧市	23146	岡崎市	●①岡崎市
23014	大冶町	●①大冶町	23081	江南市	●①江南市	23147	岡崎市	●②岡崎市
23015	大冶町	●②大冶町	23082	江南市	●②江南市	23148	岡崎市	●③岡崎市
23016	扶桑町	●①扶桑町	23083	江南市	●③江南市	23149	岡崎市	●④岡崎市
23017	扶桑町	●②扶桑町	23084	常滑市	●①常滑市	23150	岡崎市	●⑤岡崎市
23018	大口町	●①大口町	23085	常滑市	●②常滑市	23151	岡崎市	★③美浜町
23019	豊山町	●①豊山町	23086	犬山市	●①犬山市	23152	岡崎市	★④武豊町
23020	東郷町	●①東郷町	23087	犬山市	●②犬山市	23153	岡崎市	☆①設楽町
23021	東郷町	●②東郷町	23088	犬山市	●③犬山市	23154	豊橋市	●①豊橋市
23022	長久手市	●①長久手市	23089	蒲郡市	●①蒲郡市	23155	豊橋市	●②豊橋市
23023	長久手市	●②長久手市	23090	蒲郡市	●②蒲郡市	23156	豊橋市	●③豊橋市
23024	長久手市	●③長久手市	23091	蒲郡市	●③蒲郡市	23157	豊橋市	●④豊橋市
23025	あま市	●①あま市	23092	西尾市	●①西尾市	23158	豊橋市	●⑤豊橋市
23026	あま市	●②あま市	23093	西尾市	●②西尾市	23159	豊橋市	★②大口町
23027	あま市	●③あま市	23094	西尾市	●③西尾市	23160	豊橋市	☆②設楽町
23028	みよし市	●①みよし市	23095	西尾市	●④西尾市	23161	豊橋市	★①東栄町
23029	みよし市	●②みよし市	23096	西尾市	★③扶桑町	23162	名古屋天白	★⑤豊山町
23030	みよし市	●③みよし市	23097	安城市	●①安城市	23163	名古屋天白	★③大口町
23031	弥富市	●①弥富市	23098	安城市	●②安城市	23164	名古屋天白	★④大冶町
23032	弥富市	●②弥富市	23099	安城市	●③安城市	23165	名古屋名東	★③南知多町
23033	北名古屋市	●①北名古屋市	23100	安城市	●④安城市	23166	名古屋名東	★④美浜町
23034	北名古屋市	●②北名古屋市	23101	安城市	★③蟹江町	23167	名古屋名東	☆②東栄町
23035	北名古屋市	●③北名古屋市	23102	豊田市	●①豊田市	23168	名古屋緑区	★④東浦町
23036	清須市	●①清須市	23103	豊田市	●②豊田市	23169	名古屋緑区	★④南知多町
23037	清須市	●②清須市	23104	豊田市	●③豊田市	23170	名古屋緑区	★①飛島村
23038	清須市	●③清須市	23105	豊田市	●④豊田市	23171	名古屋緑区	★③設楽町
23039	愛西市	●①愛西市	23106	豊田市	★②豊山町	23172	名古屋守山	★④扶桑町
23040	愛西市	●②愛西市	23107	豊田市	★③阿久比町	23173	名古屋守山	★⑤蟹江町
23041	愛西市	●③愛西市	23108	豊田市	★②美浜町	23174	名古屋守山	★⑤阿久比町
23042	田原市	●①田原市	23109	豊田市	★③武豊町	23175	名古屋南区	★③常滑市
23043	田原市	●②田原市	23110	刈谷市	●①刈谷市	23176	名古屋南区	★③新城市
23044	田原市	●③田原市	23111	刈谷市	●②刈谷市	23177	名古屋港区	★③高浜市
23045	日進市	●①日進市	23112	刈谷市	●③刈谷市	23178	名古屋港区	★③岩倉市
23046	日進市	●②日進市	23113	刈谷市	●④刈谷市	23179	名古屋中川	★④愛西市
23047	日進市	●③日進市	23114	碧南市	●①碧南市	23180	名古屋中川	★③弥富市
23048	豊明市	●①豊明市	23115	碧南市	●②碧南市	23181	名古屋中川	★④みよし市
23049	豊明市	●②豊明市	23116	碧南市	●③碧南市	23182	名古屋中川	☆②東栄町
23050	豊明市	●③豊明市	23117	津島市	●①津島市	23183	名古屋熱田	★④東郷町
23051	岩倉市	●①岩倉市	23118	津島市	●②津島市	23184	名古屋瑞穂	★④大口町
23052	岩倉市	●②岩倉市	23119	津島市	●③津島市	23185	名古屋瑞穂	★④大冶町
23053	高浜市	●①高浜市	23120	豊川市	●①豊川市	23186	名古屋昭和	★③幸田町
23054	高浜市	●②高浜市	23121	豊川市	●②豊川市	23187	名古屋中区	★④田原市
23055	尾張旭市	●①尾張旭市	23122	豊川市	●③豊川市	23188	名古屋中村	★⑤東浦町
23056	尾張旭市	●②尾張旭市	23123	豊川市	●④豊川市	23189	名古屋中村	★⑤南知多町

番号	出展先自治体	出展元自治体	番号	出展先自治体	出展元自治体	番号	出展先自治体	出展元自治体
		第五章　全国3,591AS「家の駅」相互扶助ネットワーク・国盗り合戦（出展権争奪戦）一覧表－１４						
23057	尾張旭市	●③尾張旭市	23124	豊川市	★④阿久比町	23190	名古屋西区	★④幸田町
23058	知立市	●①知立市	23125	春日井市	●①春日井市	23191	名古屋西区	☆④設楽町
23059	知立市	●②知立市	23126	春日井市	●②春日井市	23192	名古屋西区	☆④東栄町
23060	知立市	●③知立市	23127	春日井市	●③春日井市	23193	名古屋北区	★⑤大口町
23061	知多市	●①知多市	23128	春日井市	●④春日井市	23194	名古屋北区	★⑤扶桑町
23062	知多市	●②知多市	23129	春日井市	★③東郷町	23195	名古屋北区	★⑤大冶町
23063	知多市	●③知多市	23130	春日井市	★③豊山町	23196	名古屋東区	★②飛島村
23064	大府市	●①大府市	23131	半田市	●①半田市	23197	名古屋千種	★④長久手市
23065	大府市	●②大府市	23132	半田市	●②半田市	23198	名古屋千種	★⑤東郷町
23066	大府市	●③大府市	23133	半田市	●③半田市	23199	名古屋千種	★③飛島村
	三重県64・●47・★17		24022	熊野市	●①熊野市			
24001	紀宝町	●①紀宝町	24023	鳥羽市	●①鳥羽市	24044	松坂市	★②尾鷲市
24002	御浜町	●①御浜町	24024	亀山市	●①亀山市	24045	松坂市	★②熊野市
24003	紀北町	●①紀北町	24025	亀山市	●②亀山市	24046	伊勢市	●①伊勢市
24004	伊勢町	●①伊勢町	24026	尾鷲市	●①尾鷲市	24047	伊勢市	●②伊勢市
24005	大紀町	●①大紀町	24027	名張市	●①名張市	24048	伊勢市	●③伊勢市
24006	玉城町	●①玉城町	24028	名張市	●②名張市	24049	伊勢市	★②伊勢町
24007	大台町	●①大台町	24029	名張市	●③名張市	24050	四日市市	●①四日市市
24008	明和町	●①明和町	24030	鈴鹿市	●①鈴鹿市	24051	四日市市	●②四日市市
24009	多気町	●①多気町	24031	鈴鹿市	●②鈴鹿市	24052	四日市市	●③四日市市
24010	川越町	●①川越町	24032	鈴鹿市	●③鈴鹿市	24053	四日市市	☆①木曽岬町
24011	朝日町	●①朝日町	24033	鈴鹿市	●④鈴鹿市	24054	四日市市	★②東員町
24012	菰野町	●①菰野町	24034	鈴鹿市	★②鳥羽市	24055	四日市市	★②川越町
24013	菰野町	●②菰野町	24035	鈴鹿市	★②紀北町	24056	四日市市	★②大台町
24014	東員町	●①東員町	24036	桑名市	●①桑名市	24057	四日市市	☆①度会町
24015	伊賀市	●①伊賀市	24037	桑名市	●②桑名市	24058	津市	●①津市
24016	伊賀市	●②伊賀市	24038	桑名市	●③桑名市	24059	津市	●②津市
24017	伊賀市	●③伊賀市	24039	桑名市	★②朝日町	24060	津市	★②多気町
24018	志摩市	●①志摩市	24040	桑名市	★②明和町	24061	津市	★②玉城町
24019	志摩市	●②志摩市	24041	松坂市	●①松坂市	24062	津市	★②大紀町
24020	いなべ市	●①いなべ市	24042	松坂市	●②松坂市	24063	津市	★②御浜町
24021	いなべ市	●②いなべ市	24043	松坂市	●③松坂市	24064	津市	★②紀宝町
	滋賀県55・●46・★9		25019	野洲市	●①野洲市			
25001	多賀町	●①多賀町	25020	野洲市	●②野洲市	25038	近江八幡市	●②近江八幡市
25002	甲良町	●①甲良町	25021	野洲市	●③野洲市	25039	近江八幡市	●③近江八幡市
25003	豊郷町	●①豊郷町	25022	甲賀市	●①甲賀市	25040	長浜市	●①長浜市
25004	愛荘町	●①愛荘町	25023	甲賀市	●②甲賀市	25041	長浜市	●②長浜市
25005	竜王町	●①竜王町	25024	甲賀市	●③甲賀市	25042	長浜市	●③長浜市
25006	日野町	●①日野町	25025	甲賀市	●④甲賀市	25043	長浜市	★②甲良町
25007	米原市	●①米原市	25026	栗東市	●①栗東市	25044	彦根市	●①彦根市
25008	米原市	●②米原市	25027	栗東市	●②栗東市	25045	彦根市	●②彦根市
25009	東近江市	●①東近江市	25028	栗東市	●③栗東市	25046	彦根市	●③彦根市
25010	東近江市	●②東近江市	25029	守山市	●①守山市	25047	彦根市	★②豊郷町
25011	東近江市	●③東近江市	25030	守山市	●②守山市	25048	大津市	●①大津市
25012	東近江市	●②多賀町	25031	守山市	●③守山市	25049	大津市	●②大津市
25013	高島市	●①高島市	25032	草津市	●①草津市	25050	大津市	★②日野町
25014	高島市	●②高島市	25033	草津市	●②草津市	25051	大津市	★②竜王町
25015	高島市	●③高島市	25034	草津市	●③草津市	25052	大津市	★②愛荘町
25016	湖南市	●①湖南市	25035	草津市	●④草津市	25053	大津市	★③豊郷町
25017	湖南市	●②湖南市	25036	草津市	★③米原市	25054	大津市	★③甲良町
25018	湖南市	●③湖南市	25037	近江八幡市	●①近江八幡市	25055	大津市	★③多賀町
	京都府84・●69・★15							
26001	与謝野町	●①与謝野町	26029	向日市	●③向日市	26057	京都西京区	★②与謝野町
26002	京丹波町	●①京丹波町	26030	城陽市	●①城陽市	26058	京都山科区	●①京都山科区
26003	精華町	●①精華町	26031	城陽市	●②城陽市	26059	京都山科区	●②京都山科区
26004	精華町	●②精華町	26032	城陽市	●③城陽市	26060	京都山科区	★③宮津市
26005	宇治田原町	●①宇治田原町	26033	城陽市	●④城陽市	26061	京都山科区	★②宇治田原町
26006	久御山町	●①久御山町	26034	亀岡市	●①亀岡市	26062	京都伏見区	●①京都伏見区
26007	大山崎町	●①大山崎町	26035	亀岡市	●②亀岡市	26063	京都伏見区	●②京都伏見区
26008	木津川市	●①木津川市	26036	亀岡市	●③亀岡市	26064	京都伏見区	●③京都伏見区

第五章　全国3,591AS「家の駅」相互扶助ネットワーク・国盗り合戦（出展権争奪戦）一覧表－15

番号	出展先自治体	出展元自治体	番号	出展先自治体	出展元自治体	番号	出展先自治体	出展元自治体
26009	木津川市	●②木津川市	26037	亀岡市	●④亀岡市	26065	京都伏見区	★③綾部市
26010	木津川市	●③木津川市	26038	宮津市	●①宮津市	26066	京都伏見区	★②大山崎町
26011	木津川市	●④木津川市	26039	宇治市	●①宇治市	26067	京都伏見区	★②久御山町
26012	南丹市	●①南丹市	26040	宇治市	●②宇治市	26068	京都伏見区	★③宇治田原町
26013	南丹市	●②南丹市	26041	宇治市	●③宇治市	26069	京都右京区	●①京都右京区
26014	京丹後市	●①京丹後市	26042	宇治市	★②宮津市	26070	京都右京区	●②京都右京区
26015	京丹後市	●②京丹後市	26043	宇治市	☆①井手町	26071	京都右京区	★③南丹市
26016	京丹後市	●③京丹後市	26044	綾部市	●①綾部市	26072	京都右京区	★③精華町
26017	京田辺市	●①京田辺市	26045	綾部市	●②綾部市	26073	京都南区	●①京都南区
26018	京田辺市	●②京田辺市	26046	舞鶴市	●①舞鶴市	26074	京都南区	★③大山崎町
26019	京田辺市	●③京田辺市	26047	舞鶴市	●②舞鶴市	26075	京都下京区	●①京都下京区
26020	八幡市	●①八幡市	26048	舞鶴市	●③舞鶴市	26076	京都東山区	●①京都東山区
26021	八幡市	●②八幡市	26049	舞鶴市	●④舞鶴市	26077	京都中京区	●①京都中京区
26022	八幡市	●③八幡市	26050	福知山市	●①福知山市	26078	京都左京区	●①京都左京区
26023	長岡京市	●①長岡京市	26051	福知山市	●②福知山市	26079	京都左京区	●②京都左京区
26024	長岡京市	●②長岡京市	26052	福知山市	●③福知山市	26080	京都左京区	★③久御山町
26025	長岡京市	●③長岡京市	26053	福知山市	●④福知山市	26081	京都上京区	●①京都上京区
26026	長岡京市	●④長岡京市	26054	京都西京区	●①京都西京区	26082	京都北区	●①京都北区
26027	向日市	●①向日市	26055	京都西京区	●②京都西京区	26083	京都北区	●②京都北区
26028	向日市	●②向日市	26056	京都西京区	★②京丹波町	26084	京都北区	★③京丹波町
大阪府203・●132・★71			27068	河内長野市	②河内長野市	27136	豊中市	★②豊能町
27001	河南町	●①河南町	27069	河内長野市	③河内長野市	27137	豊中市	★②能勢町
27002	太子町	●①太子町	27070	河内長野市	④河内長野市	27138	岸和田市	●①岸和田市
27003	岬町	●①岬町	27071	寝屋川市	●①寝屋川市	27139	岸和田市	●②岸和田市
27004	田尻町	●①田尻町	27072	寝屋川市	●②寝屋川市	27140	岸和田市	●③岸和田市
27005	熊取町	●①熊取町	27073	寝屋川市	●③寝屋川市	27141	岸和田市	●④岸和田市
27006	熊取町	●②熊取町	27074	寝屋川市	●④寝屋川市	27142	岸和田市	●⑤岸和田市
27007	忠岡町	●①忠岡町	27075	寝屋川市	●⑤寝屋川市	27143	堺美原区	●①堺美原区
27008	能勢町	●①能勢町	27076	寝屋川市	★④柏原市	27144	堺北区	●①堺北区
27009	豊能町	●①豊能町	27077	富田林市	●①富田林市	27145	堺北区	●②堺北区
27010	島本町	●①島本町	27078	富田林市	●②富田林市	27146	堺北区	★③大阪狭山市
27011	阪南市	●①阪南市	27079	富田林市	●③富田林市	27147	堺北区	☆③千早赤阪村
27012	阪南市	●②阪南市	27080	泉佐野市	●①泉佐野市	27148	堺南区	●①堺南区
27013	大阪狭山市	●①大阪狭山市	27081	泉佐野市	●②泉佐野市	27149	堺南区	●②堺南区
27014	大阪狭山市	●②大阪狭山市	27082	泉佐野市	●③泉佐野市	27150	堺南区	★④交野市
27015	交野市	●①交野市	27083	八尾市	●①八尾市	27151	堺南区	☆④千早赤阪村
27016	交野市	●②交野市	27084	八尾市	●②八尾市	27152	堺西区	●①堺西区
27017	交野市	●③交野市	27085	八尾市	●③八尾市	27153	堺西区	●②堺西区
27018	四条畷市	●①四条畷市	27086	八尾市	●④八尾市	27154	堺西区	★③堺美原区
27019	四条畷市	●②四条畷市	27087	八尾市	★③高石市	27155	堺東区	●①堺東区
27020	泉南市	●①泉南市	27088	八尾市	★③藤井寺市	27156	堺東区	●②堺東区
27021	泉南市	●②泉南市	27089	茨木市	●①茨木市	27157	堺中区	●①堺中区
27022	東大阪市	●①東大阪市	27090	茨木市	●②茨木市	27158	堺中区	●②堺中区
27023	東大阪市	●②東大阪市	27091	茨木市	☆③茨木市	27159	堺堺区	●①堺堺区
27024	東大阪市	●③東大阪市	27092	茨木市	●④茨木市	27160	堺堺区	●②堺堺区
27025	東大阪市	●④東大阪市	27093	茨木市	★②太子町	27161	堺堺区	★①泉大津市
27026	東大阪市	●⑤東大阪市	27094	茨木市	★②河南町	27162	大阪中央区	★⑤貝塚市
27027	東大阪市	★②能勢町	27095	枚方市	●①枚方市	27163	大阪北区	★④藤井寺市
27028	東大阪市	★③泉大津市	27096	枚方市	●②枚方市	27164	大阪平野区	★⑤摂津市
27029	東大阪市	★④貝塚市	27097	枚方市	●③枚方市	27165	大阪平野区	★③太子町
27030	東大阪市	★②忠岡町	27098	枚方市	●④枚方市	27166	大阪平野区	★③河南町
27031	東大阪市	☆①千早赤阪村	27099	枚方市	●⑤枚方市	27167	大阪住之江	★③能勢町
27032	藤井寺市	●①藤井寺市	27100	枚方市	★③泉南市	27168	大阪住之江	★③忠岡町
27033	藤井寺市	●②藤井寺市	27101	枚方市	★③四条畷市	27169	大阪鶴見区	★③田尻町
27034	高石市	●①高石市	27102	枚方市	★②田尻町	27170	大阪鶴見区	★③岬町
27035	高石市	●②高石市	27103	守口市	●①守口市	27171	大阪淀川区	★③豊能町
27036	摂津市	●①摂津市	27104	守口市	●②守口市	27172	大阪淀川区	★④忠岡町
27037	摂津市	●②摂津市	27105	守口市	●③守口市	27173	大阪淀川区	★③河南町
27038	摂津市	●③摂津市	27106	守口市	●④守口市	27174	大阪西成区	★④岬町
27039	門真市	●①門真市	27107	貝塚市	●①貝塚市	27175	大阪西成区	★④太子町

第五章　全国3,591AS「家の駅」相互扶助ネットワーク・国盗り合戦（出展権争奪戦）一覧表－１６

番号	出展先自治体		出展元自治体	番号	出展先自治体		出展元自治体	番号	出展先自治体		出展元自治体
27040	門真市	●	②門真市	27108	貝塚市	●	②貝塚市	27176	大阪東住吉	★	④豊能町
27041	門真市	●	③門真市	27109	貝塚市	●	③貝塚市	27177	大阪東住吉	★	④能勢町
27042	門真市	●	④門真市	27110	高槻市	●	①高槻市	27178	大阪東住吉	★	④田尻町
27043	羽曳野市	●	①羽曳野市	27111	高槻市	●	②高槻市	27179	大阪住吉区	★	⑤交野市
27044	羽曳野市	●	②羽曳野市	27112	高槻市	●	③高槻市	27180	大阪住吉区	★	④大阪狭山市
27045	羽曳野市	●	③羽曳野市	27113	高槻市	●	④高槻市	27181	大阪住吉区	★	③阪南市
27046	羽曳野市	●	④羽曳野市	27114	高槻市	●	⑤高槻市	27182	大阪阿倍野	★	④四条畷市
27047	柏原市	●	①柏原市	27115	高槻市	★	③阪南市	27183	大阪城東区	★	⑤柏原市
27048	柏原市	●	②柏原市	27116	高槻市	★	②島本町	27184	大阪城東区	★	④高石市
27049	柏原市	●	③柏原市	27117	泉大津市	●	①泉大津市	27185	大阪城東区	★	④泉南市
27050	箕面市	●	①箕面市	27118	泉大津市	●	②泉大津市	27186	大阪旭区	★	⑤河南町
27051	箕面市	●	②箕面市	27119	吹田市	●	①吹田市	27187	大阪生野区	★	⑤田尻町
27052	箕面市	●	③箕面市	27120	吹田市	●	②吹田市	27188	大阪生野区	★	⑤岬町
27053	箕面市	●	④箕面市	27121	吹田市	●	③吹田市	27189	大阪生野区	★	⑤太子町
27054	和泉市	●	①和泉市	27122	吹田市	●	④吹田市	27190	大阪東成区	★	④熊取町
27055	和泉市	●	②和泉市	27123	吹田市	●	⑤吹田市	27191	大阪東淀川	★	⑤豊能
27056	和泉市	●	③和泉市	27124	吹田市	★	④摂津市	27192	大阪東淀川	★	⑤能勢町
27057	和泉市	●	④和泉市	27125	吹田市	★	③熊取町	27193	大阪東淀川	★	⑤忠岡町
27058	和泉市	☆	②千早赤阪村	27126	吹田市	★	②岬町	27194	大阪西淀川	★	④島本町
27059	大東市	●	①大東市	27127	池田市	●	①池田市	27195	大阪浪速区	★	⑤熊取町
27060	大東市	●	②大東市	27128	池田市	●	②池田市	27196	大阪天王寺	★	⑥能勢町
27061	大東市	●	③大東市	27129	池田市	●	③池田市	27197	大阪大正区	★	⑥河南町
27062	大東市	●	④大東市	27130	豊中市	●	①豊中市	27198	大阪港区	★	⑥太子町
27063	松原市	●	①松原市	27131	豊中市	●	②豊中市	27199	大阪西区	★	⑥岬町
27064	松原市	●	②松原市	27132	豊中市	●	③豊中市	27200	大阪此花区	★	⑥田尻町
27065	松原市	●	③松原市	27133	豊中市	●	④豊中市	27201	大阪福島区	★	⑤島本町
27066	松原市	●	④松原市	27134	豊中市	★	②堺美原区	27202	大阪都島区	★	⑥豊能町
27067	河内長野市	●	①河内長野市	27135	豊中市	★	③島本町	27203	大阪都島区	★	⑥忠岡町
兵庫県170・●85・★85				28057	三木市	●	④三木市	28114	西宮市	●	①西宮市
28001	神河町	●	①神河町	28058	豊岡市	●	①豊岡市	28115	西宮市	●	②西宮市
28002	市川町	●	①市川町	28059	豊岡市	●	②豊岡市	28116	西宮市	★	④洲本市
28003	新温泉町	●	①新温泉町	28060	豊岡市	●	③豊岡市	28117	西宮市	★	④淡路市
28004	上郡町	●	①上郡町	28061	豊岡市	★	②新温泉町	28118	西宮市	★	③宍粟市
28005	佐用町	●	①佐用町	28062	高砂市	●	①高砂市	28119	西宮市	★	⑤猪名川町
28006	香美町	●	①香美町	28063	高砂市	●	②高砂市	28120	西宮市	★	③多可町
28007	福崎町	●	①福崎町	28064	高砂市	★	②稲美町	28121	西宮市	★	④市川町
28008	多可町	●	①多可町	28065	芦屋市	●	①芦屋市	28122	西宮市	★	④福崎町
28009	猪名川町	●	①猪名川町	28066	芦屋市	★	③養父市	28123	西宮市	★	④上郡町
28010	猪名川町	●	②猪名川町	28067	芦屋市	★	②市川町	28124	西宮市	★	④佐用町
28011	稲美町	●	①稲美町	28068	三田市	●	①三田市	28125	西宮市	★	③香美町
28012	太子町	●	①太子町	28069	三田市	●	②三田市	28126	姫路市	●	①姫路市
28013	太子町	●	②太子町	28070	三田市	●	③三田市	28127	姫路市	●	②姫路市
28014	播磨町	●	①播磨町	28071	三田市	★	④丹波篠山市	28128	姫路市	●	③姫路市
28015	養父市	●	①養父市	28072	川西市	●	①川西市	28129	姫路市	★	⑤相生市
28016	養父市	●	②養父市	28073	川西市	●	②川西市	28130	姫路市	★	④赤穂市
28017	相生市	●	①相生市	28074	川西市	★	③加西市	28131	姫路市	★	⑤養父市
28018	相生市	●	②相生市	28075	川西市	★	③猪名川町	28132	姫路市	★	⑤朝来市
28019	朝来市	●	①朝来市	28076	伊丹市	●	①伊丹市	28133	姫路市	★	④宍粟市
28020	朝来市	●	②朝来市	28077	伊丹市	●	②伊丹市	28134	姫路市	★	④多可町
28021	宍粟市	●	①宍粟市	28078	伊丹市	★	③相生市	28135	姫路市	★	⑤市川町
28022	宍粟市	●	②宍粟市	28079	伊丹市	★	④西脇市	28136	姫路市	★	⑤福崎町
28023	西脇市	●	①西脇市	28080	伊丹市	★	②神河町	28137	姫路市	★	⑤上郡町
28024	西脇市	●	②西脇市	28081	宝塚市	●	①宝塚市	28138	姫路市	★	⑤佐用町
28025	丹波篠山市	●	①丹波篠山市	28082	宝塚市	●	②宝塚市	28139	姫路市	★	④香美町
28026	丹波篠山市	●	②丹波篠山市	28083	宝塚市	★	③丹波篠山市	28140	姫路市	★	⑤神河町
28027	加東市	●	①加東市	28084	宝塚市	★	②福崎町	28141	神戸東灘区	★	④加東市
28028	加東市	●	②加東市	28085	宝塚市	★	②上郡町	28142	神戸東灘区	★	⑥佐用町
28029	淡路市	●	①淡路市	28086	宝塚市	★	②香美町	28143	神戸東灘区	★	⑤香美町
28030	淡路市	●	②淡路市	28087	加古川市	●	①加古川市	28144	神戸東灘区	★	⑥神河町
28031	淡路市	●	③淡路市	28088	加古川市	●	②加古川市	28145	神戸灘区	★	④小野市

第五章　全国3,591AS「家の駅」相互扶助ネットワーク・国盗り合戦（出展権争奪戦）一覧表－１７

番号	出展先自治体	出展元自治体	番号	出展先自治体	出展元自治体	番号	出展先自治体	出展元自治体
28032	洲本市	●①洲本市	28089	加古川市	●③加古川市	28146	神戸灘区	★⑤丹波市
28033	洲本市	●②洲本市	28090	加古川市	★③西脇市	28147	神戸兵庫区	★⑤新温泉町
28034	洲本市	●③洲本市	28091	加古川市	★③朝来市	28148	神戸長田区	★⑤赤穂市
28035	加西市	●①加西市	28092	加古川市	★③福崎町	28149	神戸長田区	★⑥福崎町
28036	加西市	●②加西市	28093	加古川市	★③神河町	28150	神戸須磨区	★④豊岡市
28037	南あわじ市	●①南あわじ市	28094	明石市	●①明石市	28151	神戸須磨区	★⑥養父市
28038	南あわじ市	●②南あわじ市	28095	明石市	●②明石市	28152	神戸須磨区	★⑤南あわじ市
28039	南あわじ市	●③南あわじ市	28096	明石市	●③明石市	28153	神戸須磨区	★⑥上郡町
28040	赤穂市	●①赤穂市	28097	明石市	★③加東市	28154	神戸垂水区	★⑤西脇市
28041	赤穂市	●②赤穂市	28098	明石市	★②多可町	28155	神戸垂水区	★⑤三木市
28042	赤穂市	●③赤穂市	28099	明石市	★③市川町	28156	神戸垂水区	★⑥宍粟市
28043	小野市	●①小野市	28100	明石市	★②佐用町	28157	神戸垂水区	★⑥市川町
28044	小野市	●②小野市	28101	明石市	★③新温泉町	28158	神戸垂水区	★③太子町
28045	小野市	●③小野市	28102	尼崎市	●①尼崎市	28159	神戸北区	★⑤洲本市
28046	丹波市	●①丹波市	28103	尼崎市	●②尼崎市	28160	神戸北区	★⑥相生市
28047	丹波市	●②丹波市	28104	尼崎市	★④相生市	28161	神戸北区	★⑥多可町
28048	丹波市	●③丹波市	28105	尼崎市	★④養父市	28162	神戸北区	★②播磨町
28049	丹波市	●④丹波市	28106	尼崎市	★④南あわじ市	28163	神戸北区	★⑥香美町
28050	たつの市	●①たつの市	28107	尼崎市	★④朝来市	28164	神戸中央区	★⑥朝来市
28051	たつの市	●②たつの市	28108	尼崎市	★④猪名川町	28165	神戸西区	★⑤小野市
28052	たつの市	●③たつの市	28109	尼崎市	★④稲美町	28166	神戸西区	★④加西市
28053	たつの市	●④たつの市	28110	尼崎市	★③上郡町	28167	神戸西区	★⑤淡路市
28054	三木市	●①三木市	28111	尼崎市	★③佐用町	28168	神戸西区	★⑤たつの市
28055	三木市	●②三木市	28112	尼崎市	★④新温泉町	28169	神戸西区	★④稲美町
28056	三木市	●③三木市	28113	尼崎市	★④神河町	28170	神戸西区	★⑥新温泉町
奈良県53・●43・★10			29018	葛城市	●②葛城市	29036	天理市	●①天理市
29001	大淀町	●①大淀町	29019	香芝市	●①香芝市	29037	天理市	●②天理市
29002	吉野町	●①吉野町	29020	香芝市	●②香芝市	29038	天理市	●③天理市
29003	河合町	●①河合町	29021	香芝市	●③香芝市	29039	大和郡山市	●①大和郡山市
29004	広陵町	●①広陵町	29022	生駒市	●①生駒市	29040	大和郡山市	●②大和郡山市
29005	広陵町	●②広陵町	29023	生駒市	●②生駒市	29041	大和郡山市	●③大和郡山市
29006	王寺町	●①王寺町	29024	生駒市	●③生駒市	29042	大和高田市	●①大和高田市
29007	上牧町	●①上牧町	29025	生駒市	★②平群町	29043	大和高田市	●②大和高田市
29008	高取町	●①高取町	29026	御所市	●①御所市	29044	大和高田市	●③大和高田市
29009	田原本町	●①田原本町	29027	五條市	●①五條市	29045	奈良市	●①奈良市
29010	田原本町	●②田原本町	29028	五條市	●②五條市	29046	奈良市	☆①安堵町
29011	川西町	●①川西町	29029	桜井市	●①桜井市	29047	奈良市	☆①三宅町
29012	斑鳩町	●①斑鳩町	29030	桜井市	●②桜井市	29048	奈良市	☆①下市町
29013	美郷町	●①美郷町	29031	桜井市	●③桜井市	29049	奈良市	★②川西町
29014	平群町	●①平群町	29032	橿原市	●①橿原市	29050	奈良市	★②高取町
29015	宇陀市	●①宇陀市	29033	橿原市	●②橿原市	29051	奈良市	★②河合町
29016	宇陀市	●②宇陀市	29034	橿原市	●③橿原市	29052	奈良市	★②吉野町
29017	葛城市	●①葛城市	29035	橿原市	★②上牧町	29053	奈良市	★②大淀町
和歌山県40・●30・★10			30014	岩出市	●①岩出市			
30001	串本町	●①串本町	30015	岩出市	●②岩出市	30028	橋本市	●②橋本市
30002	那智勝浦町	●①那智勝浦町	30016	岩出市	●③岩出市	30029	橋本市	●③橋本市
30003	上富田町	●①上富田町	30017	紀の川市	●①紀の川市	30030	海南市	●①海南市
30004	白浜町	●①白浜町	30018	紀の川市	●②紀の川市	30031	海南市	●②海南市
30005	日高川町	●①日高川町	30019	紀の川市	●③紀の川市	30032	和歌山市	●①和歌山市
30006	みなべ町	●①みなべ町	30020	新宮市	●①新宮市	30033	和歌山市	★②紀美野町
30007	印南町	●①印南町	30021	田辺市	●①田辺市	30034	和歌山市	★②日高町
30008	日高町	●①日高町	30022	田辺市	●②田辺市	30035	和歌山市	★②日高川町
30009	有田川町	●①有田川町	30023	田辺市	★②みなべ町	30036	和歌山市	★②印南町
30010	有田川町	●②有田川町	30024	田辺市	★②上富田町	30037	和歌山市	★②那智勝浦町
30011	湯浅町	●①湯浅町	30025	御坊市	●①御坊市	30038	和歌山市	★②串本町
30012	かつらぎ町	●①かつらぎ町	30026	有田市	●①有田市	30039	和歌山市	★①広川町
30013	紀美野町	●①紀美野町	30027	橋本市	●①橋本市	30040	和歌山市	☆②美浜町
鳥取県26・●17・★9			31009	智頭町	●①智頭町	31018	米子市	★②南部町
31001	伯耆町	●①伯耆町	31010	岩美町	●①岩美町	31019	米子市	★②伯耆町
31002	南部町	●①南部町	31011	境港市	●①境港市	31020	米子市	★②大山町

番号	出展先自治体		出展元自治体	番号	出展先自治体		出展元自治体	番号	出展先自治体		出展元自治体
31003	大山町	●	①大山町	31012	境港市	●	②境港市	31021	鳥取市	●	①鳥取市
31004	北栄町	●	①北栄町	31013	倉吉市	●	①倉吉市	31022	鳥取市	★	②八頭町
31005	琴浦町	●	①琴浦町	31014	倉吉市	●	②倉吉市	31023	鳥取市	★	②岩美町
31006	湯梨浜町	●	①湯梨浜町	31015	倉吉市	●	③倉吉市	31024	鳥取市	★	②智頭町
31007	三朝町	●	①三朝町	31016	米子市	●	①米子市	31025	鳥取市	★	②三朝町
31008	八頭町	●	①八頭町	31017	米子市	★	②湯梨浜町	31026	鳥取市	★	②北栄町
島根県31・●23・★8				32011	大田市	●	①大田市				
32001	隠岐の島町	●	①隠岐の島町	32012	大田市	●	②大田市	32022	浜田市	●	①浜田市
32002	津和野町	●	①津和野町	32013	益田市	●	①益田市	32023	浜田市	●	②浜田市
32003	邑南町	●	①邑南町	32014	益田市	●	②益田市	32024	浜田市	●	③浜田市
32004	奥出雲町	●	①奥出雲町	32015	益田市	●	③益田市	32025	松江市	●	①松江市
32005	雲南市	●	①雲南市	32016	出雲市	●	①出雲市	32026	松江市	●	②松江市
32006	雲南市	●	②雲南市	32017	出雲市	●	②出雲市	32027	松江市	★	②邑南町
32007	江津市	●	①江津市	32018	出雲市	●	③出雲市	32028	松江市	★	②津和野町
32008	江津市	●	②江津市	32019	出雲市	★	③江津市	32029	松江市	★	②隠岐の島町
32009	安来市	●	①安来市	32020	出雲市	★	②奥出雲町	32030	松江市	☆	①吉賀町
32010	安来市	●	②安来市	32021	出雲市	☆	①飯南町	32031	松江市	☆	①美郷町
岡山県69・●45・★24											
33001	吉備中央町	●	①吉備中央町	33024	高梁市	●	①高梁市	33047	倉敷市	★	②里庄町
33002	美咲町	●	①美咲町	33025	高梁市	●	②高梁市	33048	倉敷市	★	②矢掛町
33003	勝央町	●	①勝央町	33026	総社市	●	①総社市	33049	倉敷市	★	②鏡野町
33004	鏡野町	●	①鏡野町	33027	総社市	●	②総社市	33050	倉敷市	★	②勝央町
33005	矢掛町	●	①矢掛町	33028	総社市	●	③総社市	33051	倉敷市	★	②美咲町
33006	里庄町	●	①里庄町	33029	井原市	●	①井原市	33052	倉敷市	★	②吉備中央町
33007	早島町	●	①早島町	33030	井原市	●	②井原市	33053	岡山南区	●	①岡山南区
33008	和気町	●	①和気町	33031	笠岡市	●	①笠岡市	33054	岡山南区	★	③美咲町
33009	浅口市	●	①浅口市	33032	笠岡市	●	②笠岡市	33055	岡山南区	★	③吉備中央町
33010	浅口市	●	②浅口市	33033	笠岡市	●	③笠岡市	33056	岡山南区	★	①奈義町
33011	美作市	●	①美作市	33034	玉野市	●	①玉野市	33057	岡山東区	★	③里庄町
33012	美作市	●	②美作市	33035	玉野市	●	②玉野市	33058	岡山東区	★	③鏡野町
33013	真庭市	●	①真庭市	33036	玉野市	●	③玉野市	33059	岡山東区	★	③勝央町
33014	真庭市	●	②真庭市	33037	津山市	●	①津山市	33060	岡山中区	★	③和気町
33015	真庭市	●	③真庭市	33038	津山市	●	②津山市	33061	岡山中区	★	③早島町
33016	赤磐市	●	①赤磐市	33039	津山市	●	③津山市	33062	岡山中区	★	③矢掛町
33017	赤磐市	●	②赤磐市	33040	津山市	●	④津山市	33063	岡山北区	●	①岡山北区
33018	瀬戸内市	●	①瀬戸内市	33041	倉敷市	●	①倉敷市	33064	岡山北区	★	④和気町
33019	瀬戸内市	●	②瀬戸内市	33042	倉敷市	●	②倉敷市	33065	岡山北区	★	④里庄町
33020	備前市	●	①備前市	33043	倉敷市	●	③倉敷市	33066	岡山北区	★	④鏡野町
33021	備前市	●	②備前市	33044	倉敷市	★	③美作市	33067	岡山北区	★	④勝央町
33022	新見市	●	①新見市	33045	倉敷市	★	②和気町	33068	岡山北区	★	④美咲町
33023	新見市	●	②新見市	33046	倉敷市	★	②早島町	33069	岡山北区	★	④吉備中央町
広島県91・●52・★39				34031	三次市	●	③三次市				
34001	神石高原町	●	①神石高原町	34032	府中市	●	①府中市	34062	呉市	★	④北広島町
34002	世羅町	●	①世羅町	34033	府中市	●	②府中市	34063	広島佐伯区	●	①広島佐伯区
34003	大崎上島町	●	①大崎上島町	34034	福山市	●	①福山市	34064	広島佐伯区	★	③竹原市
34004	北広島町	●	①北広島町	34035	福山市	●	②福山市	34065	広島佐伯区	★	③大竹市
34005	熊野町	●	①熊野町	34036	福山市	●	③福山市	34066	広島佐伯区	★	③安芸高田市
34006	坂町	●	①坂町	34037	福山市	★	④三次市	34067	広島安芸区	●	①広島安芸区
34007	海田町	●	①海田町	34038	福山市	★	③府中市	34068	広島安芸区	★	④府中町
34008	海田町	●	②海田町	34039	福山市	★	③海田町	34069	広島安芸区	★	②大崎上島町
34009	府中町	●	①府中町	34040	福山市	★	②熊野町	34070	広島安佐北	●	①広島安佐北
34010	府中町	●	②府中町	34041	福山市	★	②坂町	34071	広島安佐北	★	③熊野町
34011	府中町	●	③府中町	34042	福山市	☆	①安芸太田町	34072	広島安佐北	☆	②安芸太田町
34012	江田島市	●	①江田島市	34043	福山市	★	②北広島町	34073	広島安佐北	★	③世羅町
34013	安芸高田市	●	①安芸高田市	34044	福山市	★	②世羅町	34074	広島安佐南	●	①広島安佐南
34014	安芸高田市	●	②安芸高田市	34045	福山市	★	②神石高原町	34075	広島安佐南	★	④府中市
34015	廿日市市	●	①廿日市市	34046	尾道市	●	①尾道市	34076	広島安佐南	★	④竹原市
34016	廿日市市	●	②廿日市市	34047	尾道市	●	②尾道市	34077	広島安佐南	★	③江田島市
34017	廿日市市	●	③廿日市市	34048	尾道市	●	③尾道市	34078	広島安佐南	★	③坂町
34018	廿日市市	●	④廿日市市	34049	尾道市	●	④尾道市	34079	広島安佐南	★	③大崎上島町

第五章　全国3,591AS「家の駅」相互扶助ネットワーク・国盗り合戦（出展権争奪戦）一覧表－１８

第五章　全国3,591AS「家の駅」相互扶助ネットワーク・国盗り合戦（出展権争奪戦）一覧表－１９

番号	出展先自治体	出展元自治体	番号	出展先自治体	出展元自治体	番号	出展先自治体	出展元自治体
34019	東広島市	●①東広島市	34050	尾道市	★③北広島町	34080	広島安佐南	★③神石高原町
34020	東広島市	●②東広島市	34051	三原市	●①三原市	34081	広島西区	★④庄原市
34021	東広島市	●③東広島市	34052	三原市	●②三原市	34082	広島西区	★④安芸高田市
34022	東広島市	●④東広島市	34053	三原市	●③三原市	34083	広島西区	★④世羅町
34023	東広島市	★③庄原市	34054	三原市	●④三原市	34084	広島西区	★④神石高原町
34024	東広島市	★②江田島市	34055	竹原市	●①竹原市	34085	広島南区	★④坂町
34025	大竹市	●①大竹市	34056	竹原市	●②竹原市	34086	広島南区	★④大崎上島町
34026	大竹市	●②大竹市	34057	呉市	●①呉市	34087	広島南区	☆③安芸太田町
34027	庄原市	●①庄原市	34058	呉市	●②呉市	34088	広島東区	★④江田島市
34028	庄原市	●②庄原市	34059	呉市	●③呉市	34089	広島東区	★④熊野町
34029	三次市	●①三次市	34060	呉市	●④呉市	34090	広島中区	★⑤竹原市
34030	三次市	●②三次市	34061	呉市	★④海田町	34091	広島中区	★④大竹市
山口県52・●39・★13			35018	長門市	●①長門市			
35001	平生町	●①平生町	35019	長門市	●②長門市	35036	山口市	●②山口市
35002	田布施町	●①田布施町	35020	岩国市	●①岩国市	35037	山口市	●③山口市
35003	周防大島町	●①周防大島町	35021	岩国市	●②岩国市	35038	山口市	★③長門市
35004	山陽小野田市	●①山陽小野田市	35022	岩国市	●③岩国市	35039	山口市	★③美弥市
35005	山陽小野田市	●②山陽小野田市	35023	岩国市	★②美弥市	35040	山口市	★②周防大島町
35006	山陽小野田市	●③山陽小野田市	35024	岩国市	★②平生町	35041	宇部市	●①宇部市
35007	周南市	●①周南市	35025	下松市	●①下松市	35042	宇部市	●②宇部市
35008	周南市	●②周南市	35026	下松市	●②下松市	35043	宇部市	●③宇部市
35009	周南市	●③周南市	35027	下松市	●③下松市	35044	宇部市	☆③和木町
35010	周南市	★④平生町	35028	防府市	●①防府市	35045	宇部市	★②田布施町
35011	周南市	☆①和木町	35029	防府市	●②防府市	35046	下関市	●①下関市
35012	美弥市	●①美弥市	35030	防府市	●③防府市	35047	下関市	●②下関市
35013	柳井市	●①柳井市	35031	防府市	●④防府市	35048	下関市	●③下関市
35014	柳井市	●②柳井市	35032	萩市	●①萩市	35049	下関市	★④柳井市
35015	光市	●①光市	35033	萩市	●②萩市	35050	下関市	★③周防大島町
35016	光市	●②光市	35034	萩市	●③萩市	35051	下関市	★③田布施町
35017	光市	●③光市	35035	山口市	●①山口市	35052	下関市	★③平生町
徳島県35・●28・★7			36012	三好市	●①三好市	36024	小松島市	●①小松島市
36001	東みよし町	●①東みよし町	36013	三好市	●②三好市	36025	小松島市	●②小松島市
36002	つるぎ町	●①つるぎ町	36014	美馬市	●①美馬市	36026	鳴門市	●①鳴門市
36003	上板町	●①上板町	36015	美馬市	●②美馬市	36027	鳴門市	●②鳴門市
36004	板野町	●①板野町	36016	阿波市	●①阿波市	36028	鳴門市	●③鳴門市
36005	藍住町	●①藍住町	36017	阿波市	●②阿波市	36029	徳島市	●①徳島市
36006	藍住町	●②藍住町	36018	吉野川市	●①吉野川市	36030	徳島市	★②東みよし町
36007	北島町	●①北島町	36019	吉野川市	★②吉野川市	36031	徳島市	★②海陽町
36008	松茂町	●①松茂町	36020	阿南市	●①阿南市	36032	徳島市	★②つるぎ町
36009	海陽町	●①海陽町	36021	阿南市	●②阿南市	36033	徳島市	☆①美波町
36010	石井町	●①石井町	36022	阿南市	●③阿南市	36034	徳島市	☆①那賀町
36011	石井町	●②石井町	36023	阿南市	☆①勝浦町	36035	徳島市	☆①神山町
香川県42・●32・★10								
37001	まんのう町	●①まんのう町	37015	東かがわ市	●①東かがわ市	37029	丸亀市	●②丸亀市
37002	多度津町	●①多度津町	37016	東かがわ市	●②東かがわ市	37030	丸亀市	●③丸亀市
37003	多度津町	●②多度津町	37017	さぬき市	●①さぬき市	37031	丸亀市	★②琴平町
37004	琴平町	●①琴平町	37018	さぬき市	●②さぬき市	37032	高松市	●①高松市
37005	綾川町	●①綾川町	37019	さぬき市	●③さぬき市	37033	高松市	●②高松市
37006	綾川町	●②綾川町	37020	観音寺市	●①観音寺市	37034	高松市	★③東かがわ市
37007	宇多津町	●①宇多津町	37021	観音寺市	●②観音寺市	37035	高松市	★②土庄町
37008	三木町	●①三木町	37022	観音寺市	●③観音寺市	37036	高松市	★②小豆島町
37009	三木町	●②三木町	37023	善通寺市	●①善通寺市	37037	高松市	★③三木町
37010	小豆島町	●①小豆島町	37024	善通寺市	●②善通寺市	37038	高松市	★②宇多津町
37011	土庄町	●①土庄町	37025	坂出市	●①坂出市	37039	高松市	★③綾川町
37012	三豊市	●①三豊市	37026	坂出市	●②坂出市	37040	高松市	★③多度津町
37013	三豊市	●②三豊市	37027	坂出市	●③坂出市	37041	高松市	★③善通寺市
37014	三豊市	●③三豊市	37028	丸亀市	●①丸亀市	37042	高松市	★②まんのう町
愛媛県53・●36・★17			38018	伊予市	●①伊予市	38036	今治市	●①今治市
38001	愛南町	●①愛南町	38019	伊予市	●②伊予市	38037	今治市	●②今治市
38002	鬼北町	●①鬼北町	38020	大洲市	●①大洲市	38038	今治市	●③今治市

第五章　全国3,591AS「家の駅」相互扶助ネットワーク・国盗り合戦（出展権争奪戦）一覧表－２０

番号	出展先自治体		出展元自治体	番号	出展先自治体		出展元自治体	番号	出展先自治体		出展元自治体
38003	伊方町	●	①伊方町	38021	大洲市	●	②大洲市	38039	今治市	★	②伊方町
38004	内子町	●	①内子町	38022	西条市	●	①西条市	38040	今治市	★	②鬼北町
38005	砥部町	●	①砥部町	38023	西条市	●	②西条市	38041	松山市	●	①松山市
38006	松前町	●	①松前町	38024	西条市	●	③西条市	38042	松山市	★	③大洲市
38007	松前町	●	②松前町	38025	西条市	★	②久万高原町	38043	松山市	★	③伊予市
38008	久万高原町	●	①久万高原町	38026	新居浜市	●	①新居浜市	38044	松山市	★	②八幡浜市
38009	上島町	●	①上島町	38027	新居浜市	●	②新居浜市	38045	松山市	★	③温東市
38010	温東市	●	①温東市	38028	新居浜市	●	③新居浜市	38046	松山市	★	③松前町
38011	温東市	●	②温東市	38029	新居浜市	★	③西予市	38047	松山市	★	③上島町
38012	西予市	●	①西予市	38030	新居浜市	★	②上島町	38048	松山市	★	③久万高原町
38013	西予市	●	②西予市	38031	八幡浜市	●	①八幡浜市	38049	松山市	★	②砥部町
38014	四国中央市	●	①四国中央市	38032	八幡浜市	●	②八幡浜市	38050	松山市	★	②内子町
38015	四国中央市	●	②四国中央市	38033	宇和島市	●	①宇和島市	38051	松山市	★	③伊方町
38016	四国中央市	●	③四国中央市	38034	宇和島市	●	②宇和島市	38052	松山市	★	③鬼北町
38017	四国中央市	●	④四国中央市	38035	宇和島市	●	③宇和島市	38053	松山市	★	②愛南町

高知県30・●23・★7

番号	出展先自治体		出展元自治体	番号	出展先自治体		出展元自治体	番号	出展先自治体		出展元自治体
39001	黒潮町	●	①黒潮町	39011	四万十市	●	①四万十市	39021	安芸市	●	①安芸市
39002	四万十町	●	①四万十町	39012	四万十市	●	②四万十市	39022	室戸市	●	①室戸市
39003	佐川町	●	①佐川町	39013	土佐清水市	●	①土佐清水市	39023	高知市	●	①高知市
39004	中土佐町	●	①中土佐町	39014	宿毛市	●	①宿毛市	39024	高知市	★	②室戸市
39005	いの町	●	①いの町	39015	須崎市	●	①須崎市	39025	高知市	★	②安芸市
39006	いの町	●	②いの町	39016	土佐市	●	①土佐市	39026	高知市	★	②土佐清水市
39007	香美市	●	①香美市	39017	土佐市	●	②土佐市	39027	高知市	★	②中土佐町
39008	香美市	●	②香美市	39018	南国市	●	①南国市	39028	高知市	★	②佐川町
39009	香南市	●	①香南市	39019	南国市	●	②南国市	39029	高知市	★	②四万十町
39010	香南市	●	②香南市	39020	南国市	●	③南国市	39030	高知市	★	②黒潮町

福岡県167・●114・★53

番号	出展先自治体		出展元自治体	番号	出展先自治体		出展元自治体	番号	出展先自治体		出展元自治体
40001	築上町	●	①築上町	40056	太宰府市	●	②太宰府市	40112	福岡早良区	★	③岡垣町
40002	みやこ町	●	①みやこ町	40057	太宰府市	●	②太宰府市	40113	福岡早良区	★	②鞍手町
40003	苅田町	●	①苅田町	40058	宗像市	●	①宗像市	40114	福岡早良区	☆	①小竹町
40004	苅田町	●	②苅田町	40059	宗像市	●	②宗像市	40115	福岡早良区	☆	①大任町
40005	福智町	●	①福智町	40060	宗像市	●	③宗像市	40116	福岡城南区	●	①福岡城南区
40006	川﨑町	●	①川﨑町	40061	大野城市	●	①大野城市	40117	福岡城南区	★	②遠賀町
40007	添田町	●	①添田町	40062	大野城市	●	②大野城市	40118	福岡城南区	★	③筑前町
40008	香春町	●	①香春町	40063	大野城市	●	③大野城市	40119	福岡城南区	★	②広川町
40009	広川町	●	①広川町	40064	大野城市	●	④大野城市	40120	福岡西区	●	①福岡西区
40010	大木町	●	①大木町	40065	春日市	●	①春日市	40121	福岡西区	★	②芦屋町
40011	大刀洗町	●	①大刀洗町	40066	春日市	●	②春日市	40122	福岡西区	★	②桂川町
40012	筑前町	●	①筑前町	40067	春日市	●	③春日市	40123	福岡西区	★	②香春町
40013	筑前町	●	②筑前町	40068	春日市	●	④春日市	40124	福岡西区	☆	①上毛町
40014	桂川町	●	①桂川町	40069	筑紫野市	●	①筑紫野市	40125	福岡南区	●	①福岡南区
40015	鞍手町	●	①鞍手町	40070	筑紫野市	●	②筑紫野市	40126	福岡南区	★	②大刀洗町
40016	遠賀町	●	①遠賀町	40071	筑紫野市	★	③筑紫野市	40127	福岡南区	★	②大木町
40017	岡垣町	●	①岡垣町	40072	筑紫野市	●	④筑紫野市	40128	福岡南区	★	②添田町
40018	岡垣町	●	②岡垣町	40073	小郡市	●	①小郡市	40129	福岡南区	★	②福智町
40019	水巻町	●	①水巻町	40074	小郡市	●	②小郡市	40130	福岡南区	☆	②吉富町
40020	水巻町	●	②水巻町	40075	中間市	●	①中間市	40131	福岡中央区	★	④水巻町
40021	芦屋町	●	①芦屋町	40076	中間市	●	②中間市	40132	福岡中央区	★	②川﨑町
40022	粕屋町	●	①粕屋町	40077	豊前市	●	①豊前市	40133	福岡博多区	★	③苅田町
40023	粕屋町	●	②粕屋町	40078	行橋市	●	①行橋市	40134	福岡博多区	☆	①久山町
40024	新宮町	●	①新宮町	40079	行橋市	●	②行橋市	40135	福岡東区	●	①福岡東区
40025	新宮町	●	②新宮町	40080	行橋市	●	③行橋市	40136	福岡東区	★	③篠栗町
40026	須惠町	●	①須惠町	40081	大川市	●	①大川市	40137	福岡東区	★	③新宮町
40027	須惠町	●	②須惠町	40082	大川市	●	②大川市	40138	福岡東区	★	③遠賀町
40028	志免町	●	①志免町	40083	筑後市	●	①筑後市	40139	福岡東区	★	③鞍手町
40029	志免町	●	②志免町	40084	筑後市	●	②筑後市	40140	福岡東区	★	③広川町
40030	篠栗町	●	①篠栗町	40085	八女市	●	①八女市	40141	福岡東区	☆	①糸田町
40031	篠栗町	●	②篠栗町	40086	八女市	●	②八女市	40142	北八幡西区	●	①北八幡西区
40032	宇美町	●	①宇美町	40087	八女市	●	③八女市	40143	北八幡西区	★	③嘉麻市
40033	宇美町	●	②宇美町	40088	柳川市	●	①柳川市	40144	北八幡西区	★	③添田町
				40089	柳川市	●	②柳川市	40145	北八幡西区	★	③築上町

第五章　全国3,591AS「家の駅」相互扶助ネットワーク・国盗り合戦（出展権争奪戦）一覧表－２１

番号	出展先自治体	出展元自治体	番号	出展先自治体	出展元自治体	番号	出展先自治体	出展元自治体
40034	那珂川町	● ①那珂川町	40090	柳川市	● ③柳川市	40146	北八幡西区	☆ ①糸田町
40035	那珂川町	● ②那珂川町	40091	田川市	● ①田川市	40147	北八幡西区	☆ ②大任町
40036	糸島市	● ①糸島市	40092	田川市	● ②田川市	40148	北八幡東区	● ①北八幡東区
40037	糸島市	● ②糸島市	40093	飯塚市	● ①飯塚市	40149	北八幡東区	☆ ②久山町
40038	糸島市	● ③糸島市	40094	飯塚市	● ②飯塚市	40150	北小倉南区	● ①北小倉南区
40039	糸島市	● ④糸島市	40095	飯塚市	● ③飯塚市	40151	北小倉南区	★ ③みやま市
40040	みやま市	● ①みやま市	40096	飯塚市	● ④飯塚市	40152	北小倉南区	★ ③福智町
40041	みやま市	● ②みやま市	40097	飯塚市	★ ③宮若市	40153	北小倉南区	★ ③みやこ町
40042	朝倉市	● ①朝倉市	40098	直方市	● ①直方市	40154	北小倉南区	☆ ②上毛町
40043	朝倉市	● ②朝倉市	40099	直方市	● ②直方市	40155	北小倉北区	● ①北小倉北区
40044	嘉麻市	● ①嘉麻市	40100	久留米市	● ①久留米市	40156	北小倉北区	★ ③大川市
40045	嘉麻市	● ②嘉麻市	40101	久留米市	● ②久留米市	40157	北小倉北区	★ ③大刀洗町
40046	宮若市	● ①宮若市	40102	久留米市	★ ②豊前市	40158	北小倉北区	★ ③川﨑町
40047	宮若市	● ②宮若市	40103	久留米市	★ ③うきは市	40159	北小倉北区	☆ ②小竹町
40048	うきは市	● ①うきは市	40104	久留米市	★ ③水巻町	40160	北戸畑区	● ①北戸畑区
40049	うきは市	● ②うきは市	40105	久留米市	★ ②築上町	40161	北戸畑区	★ ③香春町
40050	福津市	● ①福津市	40106	久留米市	☆ ①吉富町	40162	北若松区	● ①北若松区
40051	福津市	● ②福津市	40107	大牟田市	● ①大牟田市	40163	北若松区	★ ③宇美町
40052	福津市	● ③福津市	40108	大牟田市	● ②大牟田市	40164	北若松区	★ ③大木町
40053	古賀市	● ①古賀市	40109	大牟田市	● ③大牟田市	40165	北門司区	● ①北門司区
40054	古賀市	● ②古賀市	40110	大牟田市	★ ②みやこ町	40166	北門司区	★ ③芦屋町
40055	太宰府市	● ①太宰府市	40111	福岡早良区	★ ②須惠町	40167	北門司区	★ ③桂川町
佐賀県37・●29・★8			41013	小城市	● ①小城市			
41001	太良町	● ①太良町	41014	小城市	● ②小城市	41026	鳥栖市	● ②鳥栖市
41002	白石町	● ①白石町	41015	小城市	● ③小城市	41027	鳥栖市	● ③鳥栖市
41003	江北町	● ①江北町	41016	鹿島市	● ①鹿島市	41028	唐津市	● ①唐津市
41004	有田町	● ①有田町	41017	鹿島市	● ②鹿島市	41029	唐津市	● ②唐津市
41005	みやき町	● ①みやき町	41018	武雄市	● ①武雄市	41030	唐津市	★ ②基山町
41006	上峰町	● ①上峰町	41019	武雄市	● ②武雄市	41031	唐津市	★ ②吉野ヶ里町
41007	基山町	● ①基山町	41020	武雄市	● ③武雄市	41032	佐賀市	★ ②多久市
41008	吉野ヶ里町	● ①吉野ヶ里町	41021	伊万里市	● ①伊万里市	41033	佐賀市	★ ②上峰町
41009	神埼市	● ①神埼市	41022	伊万里市	● ②伊万里市	41034	佐賀市	★ ②江北町
41010	神埼市	● ②神埼市	41023	伊万里市	● ③伊万里市	41035	佐賀市	★ ②太良町
41011	嬉野市	● ①嬉野市	41024	多久市	● ①多久市	41036	佐賀市	☆ ①玄海町
41012	嬉野市	● ②嬉野市	41025	鳥栖市	● ①鳥栖市	41037	佐賀市	☆ ①大町町
長崎県51・●36・★15								
42001	新上五島町	● ①新上五島町	42018	壱岐市	● ①壱岐市	42035	島原市	● ②島原市
42002	佐々町	● ①佐々町	42019	壱岐市	● ②壱岐市	42036	佐世保市	● ①佐世保市
42003	波佐見町	● ①波佐見町	42020	対馬市	● ①対馬市	42037	佐世保市	● ②佐世保市
42004	川棚町	● ①川棚町	42021	対馬市	● ②対馬市	42038	佐世保市	★ ②東彼杵町
42005	東彼杵町	● ①東彼杵町	42022	松浦市	● ①松浦市	42039	佐世保市	★ ②川棚町
42006	時津町	● ①時津町	42023	松浦市	● ②松浦市	42040	佐世保市	★ ②波佐見町
42007	時津町	● ②時津町	42024	平戸市	● ①平戸市	42041	佐世保市	★ ②新上五島町
42008	長与町	● ①長与町	42025	平戸市	● ②平戸市	42042	長崎市	● ①長崎市
42009	長与町	● ②長与町	42026	大村市	● ①大村市	42043	長崎市	★ ③松浦市
42010	南島原市	● ①南島原市	42027	大村市	● ②大村市	42044	長崎市	★ ③壱岐市
42011	南島原市	● ②南島原市	42028	大村市	● ③大村市	42045	長崎市	★ ③時津町
42012	雲仙市	● ①雲仙市	42029	諫早市	● ①諫早市	42046	長崎市	★ ③東彼杵町
42013	雲仙市	● ②雲仙市	42030	諫早市	● ②諫早市	42047	長崎市	★ ③川棚町
42014	西海市	● ①西海市	42031	諫早市	● ③諫早市	42048	長崎市	★ ③波佐見町
42015	西海市	● ②西海市	42032	諫早市	★ ②対馬市	42049	長崎市	★ ③佐々町
42016	五島市	● ①五島市	42033	諫早市	★ ②佐々町	42050	長崎市	★ ③長与町
42017	五島市	● ②五島市	42034	島原市	● ①島原市	42051	長崎市	★ ③西海市
熊本県75・●56・★19								
43001	苓北町	● ①苓北町	43026	天草市	● ①天草市	43051	八代市	● ②八代市
43002	あさぎり町	● ①あさぎり町	43027	天草市	● ②天草市	43052	八代市	● ③八代市
43003	多良木町	● ①多良木町	43028	天草市	● ③天草市	43053	八代市	★ ②山都町
43004	錦町	● ①錦町	43029	阿蘇市	● ①阿蘇市	43054	熊本北区	★ ②上天草市
43005	芦北町	● ①芦北町	43030	宇城市	● ①宇城市	43055	熊本北区	★ ②甲佐町
43006	氷川町	● ①氷川町	43031	宇城市	● ②宇城市	43056	熊本北区	★ ②芦北町

172

番号	出展先自治体		出展元自治体	番号	出展先自治体		出展元自治体	番号	出展先自治体		出展元自治体
43007	山都町	●	①山都町	43032	宇城市	●	③宇城市	43057	熊本北区	★	②多良木町
43008	甲佐町	●	①甲佐町	43033	上天草市	●	①上天草市	43058	熊本北区	★	②苓北町
43009	益城町	●	①益城町	43034	宇土市	●	①宇土市	43059	熊本南区	●	①熊本南区
43010	益城町	●	②益城町	43035	宇土市	●	②宇土市	43060	熊本南区	★	②長洲町
43011	嘉島町	●	①嘉島町	43036	菊池市	●	①菊池市	43061	熊本南区	★	②南阿蘇村
43012	御船町	●	①御船町	43037	菊池市	●	②菊池市	43062	熊本南区	★	②御船町
43013	南阿蘇村	●	①南阿蘇村	43038	山鹿市	●	①山鹿市	43063	熊本西区	●	①熊本西区
43014	小国町	●	①小国町	43039	山鹿市	●	②山鹿市	43064	熊本西区	★	②美里町
43015	菊陽町	●	①菊陽町	43040	山鹿市	●	③山鹿市	43065	熊本西区	★	②あさぎり町
43016	菊陽町	●	②菊陽町	43041	玉名市	●	①玉名市	43066	熊本東区	●	①熊本東区
43017	大津町	●	①大津町	43042	玉名市	●	②玉名市	43067	熊本東区	★	②和水町
43018	大津町	●	②大津町	43043	玉名市	●	③玉名市	43068	熊本東区	★	②小国町
43019	和水町	●	①和水町	43044	水俣市	●	①水俣市	43069	熊本東区	★	②嘉島町
43020	長洲町	●	①長洲町	43045	荒尾市	●	①荒尾市	43070	熊本東区	★	②氷川町
43021	南関町	●	①南関町	43046	荒尾市	●	②荒尾市	43071	熊本東区	★	②錦町
43022	美里町	●	①美里町	43047	荒尾市	●	③荒尾市	43072	熊本中央区	●	①熊本中央区
43023	合志市	●	①合志市	43048	人吉市	●	①人吉市	43073	熊本中央区	★	②水俣市
43024	合志市	●	②合志市	43049	人吉市	●	②人吉市	43074	熊本中央区	★	②阿蘇市
43025	合志市	●	③合志市	43050	八代市	●	①八代市	43075	熊本中央区	★	②南関町
大分県46・●35・★11				44016	豊後高田市	●	②豊後高田市				
44001	玖珠町	●	①玖珠町	44017	竹田市	●	①竹田市	44032	別府市	●	②別府市
44002	九重町	●	①九重町	44018	竹田市	●	②竹田市	44033	別府市	●	③別府市
44003	日出町	●	①日出町	44019	津久見市	●	①津久見市	44034	別府市	★	③九重町
44004	日出町	●	②日出町	44020	臼杵市	●	①臼杵市	44035	大分市	●	①大分市
44005	国東市	●	①国東市	44021	臼杵市	●	②臼杵市	44036	大分市	●	②大分市
44006	国東市	●	②国東市	44022	佐伯市	●	①佐伯市	44037	大分市	★	③津久見市
44007	由布市	●	①由布市	44023	佐伯市	●	②佐伯市	44038	大分市	★	②津久見市
44008	由布市	●	②由布市	44024	佐伯市	●	③佐伯市	44039	大分市	★	③竹田市
44009	豊後大野市	●	①豊後大野市	44025	日田市	●	①日田市	44040	大分市	★	③豊後高田市
44010	豊後大野市	●	②豊後大野市	44026	日田市	●	②日田市	44041	大分市	★	③杵築市
44011	宇佐市	●	①宇佐市	44027	日田市	●	③日田市	44042	大分市	★	③国東市
44012	宇佐市	●	②宇佐市	44028	中津市	●	①中津市	44043	大分市	★	③日出町
44013	杵築市	●	①杵築市	44029	中津市	●	②中津市	44044	大分市	★	③玖珠町
44014	杵築市	●	②杵築市	44030	中津市	●	③中津市	44045	大分市	★	②玖珠町
44015	豊後高田市	●	①豊後高田市	44031	別府市	●	①別府市	44046	大分市	★	②九重町
宮崎県42・●29・★13											
45001	高千穂町	●	①高千穂町	45015	串間市	●	①串間市	45029	都城市	●	②都城市
45002	門川町	●	①門川町	45016	日向市	●	①日向市	45030	都城市	●	③都城市
45003	都農町	●	①都農町	45017	日向市	●	②日向市	45031	都城市	★	②高鍋町
45004	川南町	●	①川南町	45018	日向市	●	③日向市	45032	都城市	★	②川南町
45005	新富町	●	①新富町	45019	小林市	●	①小林市	45033	宮崎市	●	①宮崎市
45006	高鍋町	●	①高鍋町	45020	小林市	●	②小林市	45034	宮崎市	★	②串間市
45007	綾町	●	①綾町	45021	日南市	●	①日南市	45035	宮崎市	★	②えびの市
45008	国富町	●	①国富町	45022	日南市	●	②日南市	45036	宮崎市	★	②高原町
45009	高原町	●	①高原町	45023	延岡市	●	①延岡市	45037	宮崎市	★	②綾町
45010	三股町	●	①三股町	45024	延岡市	●	②延岡市	45038	宮崎市	★	②新富町
45011	三股町	●	②三股町	45025	延岡市	●	③延岡市	45039	宮崎市	★	②都農町
45012	えびの市	●	①えびの市	45026	延岡市	★	②国富町	45040	宮崎市	★	②高千穂町
45013	西都市	●	①西都市	45027	延岡市	★	②門川町	45041	宮崎市	☆	①木城町
45014	西都市	●	②西都市	45028	都城市	●	①都城市	45042	宮崎市	☆	①美郷町
鹿児島県66・●50・★16											
46001	徳之島町	●	①徳之島町	46023	いちき串木野市	●	①いちき串木野市	46045	枕崎市	●	①枕崎市
46002	瀬戸内町	●	①瀬戸内町	46024	いちき串木野市	●	②いちき串木野市	46046	鹿屋市	●	①鹿屋市
46003	屋久島町	●	①屋久島町	46025	霧島市	●	①霧島市	46047	鹿屋市	●	②鹿屋市
46004	中種子町	●	①中種子町	46026	霧島市	●	②霧島市	46048	鹿屋市	●	③鹿屋市
46005	肝付町	●	①肝付町	46027	霧島市	●	③霧島市	46049	鹿屋市	●	④鹿屋市
46006	大崎町	●	①大崎町	46028	霧島市	●	④霧島市	46050	鹿児島市	●	①鹿児島市
46007	湧水町	●	①湧水町	46029	霧島市	★	①南大隅町	46051	鹿児島市	●	②鹿児島市
46008	長島町	●	①長島町	46030	曽於市	●	①曽於市	46052	鹿児島市	★	②枕崎市
46009	さつま町	●	①さつま町	46031	曽於市	●	②曽於市	46053	鹿児島市	★	②阿久根市

第五章　全国3,591AS「家の駅」相互扶助ネットワーク・国盗り合戦（出展権争奪戦）一覧表－23

番号	出展先自治体	出展元自治体	番号	出展先自治体	出展元自治体	番号	出展先自治体	出展元自治体
46010	始良市	● ①始良市	46032	日置市	● ①日置市	46054	鹿児島市	★ ②西之表市
46011	始良市	● ②始良市	46033	日置市	● ②日置市	46055	鹿児島市	★ ②垂水市
46012	始良市	● ③始良市	46034	球磨川内市	● ①球磨川内市	46056	鹿児島市	★ ②さつま町
46013	伊佐市	● ①伊佐市	46035	球磨川内市	● ②球磨川内市	46057	鹿児島市	★ ②長島町
46014	伊佐市	● ②伊佐市	46036	球磨川内市	● ③球磨川内市	46058	鹿児島市	★ ②湧水町
46015	南九州市	● ①南九州市	46037	球磨川内市	● ④球磨川内市	46059	鹿児島市	★ ②大崎町
46016	南九州市	● ②南九州市	46038	垂水市	● ①垂水市	46060	鹿児島市	★ ②肝付町
46017	奄美市	● ①奄美市	46039	西之表市	● ①西之表市	46061	鹿児島市	★ ②中種子町
46018	奄美市	● ②奄美市	46040	指宿市	● ①指宿市	46062	鹿児島市	★ ②屋久島町
46019	志布志市	● ①志布志市	46041	指宿市	● ②指宿市	46063	鹿児島市	★ ②瀬戸内町
46020	志布志市	● ②志布志市	46042	出水市	● ①出水市	46064	鹿児島市	★ ②徳之島町
46021	南さつま市	● ①南さつま市	46043	出水市	● ②出水市	46065	鹿児島市	☆ ①大島郡
46022	南さつま市	● ②南さつま市	46044	阿久根市	● ①阿久根市	46066	鹿児島市	☆ ①錦江町
	沖縄県58・●45・★13		47020	宮古島市	● ②宮古島市			
47001	八重瀬町	● ①八重瀬町	47021	うるま市	● ①うるま市	47040	浦添市	● ①浦添市
47002	八重瀬町	● ②八重瀬町	47022	うるま市	● ②うるま市	47041	浦添市	● ②浦添市
47003	南風原町	● ①南風原町	47023	うるま市	● ③うるま市	47042	浦添市	● ③浦添市
47004	南風原町	● ②南風原町	47024	うるま市	★ ③嘉手納町	47043	浦添市	★ ③本部町
47005	与那原町	● ①与那原町	47025	うるま市	★ ②金武町	47044	浦添市	★ ②恩納村
47006	西原町	● ①西原町	47026	豊見城市	● ①豊見城市	47045	石垣市	● ①石垣市
47007	西原町	● ②西原町	47027	豊見城市	● ②豊見城市	47046	石垣市	● ②石垣市
47008	中城村	● ①中城村	47028	豊見城市	● ③豊見城市	47047	宜野湾市	● ①宜野湾市
47009	北中城村	● ①北中城村	47029	沖縄市	● ①沖縄市	47048	宜野湾市	● ②宜野湾市
47010	北谷町	● ①北谷町	47030	沖縄市	● ②沖縄市	47049	宜野湾市	● ③宜野湾市
47011	嘉手納町	● ①嘉手納町	47031	沖縄市	● ③沖縄市	47050	宜野湾市	● ④宜野湾市
47012	読谷村	● ①読谷村	47032	沖縄市	★ ③恩納村	47051	那覇市	● ①那覇市
47013	読谷村	● ②読谷村	47033	沖縄市	★ ②本部町	47052	那覇市	★ ③金武町
47014	金武町	● ①金武町	47034	糸満市	● ①糸満市	47053	那覇市	★ ②嘉手納町
47015	恩納村	● ①恩納村	47035	糸満市	● ②糸満市	47054	那覇市	★ ②北中城村
47016	本部町	● ①本部町	47036	糸満市	● ③糸満市	47055	那覇市	★ ②中城村
47017	南城市	● ①南城市	47037	名護市	● ①名護市	47056	那覇市	★ ②与那原町
47018	南城市	● ②南城市	47038	名護市	● ②名護市	47057	那覇市	☆ ①今帰仁村
47019	宮古島市	● ①宮古島市	47039	名護市	● ③名護市	47058	那覇市	☆ ①久米島町

あとがき

　アズ計画（日本再生プロジェクト）は非常に大きなテーマを掲げ「未知の分野」に挑戦しようとしています。

　最近はどの研究開発分野も細分化され過ぎて抜本的な研究や改革と云った「本来の目標」を見失っている感じがしてなりません。

　しかしながら、さすがに命に関わる医療分野では総合診療科が持て囃されています。

　社会経済界も、その総合的な見地・見識を見習わなければなりません。

　次世代の日本のリーダーがそこに気付きタクトを振り、失ったモノを取り戻す意気込みだけで"日本を変える"事ができます。

　日本の皆様、誰彼に期待するまでもなく"本気で日本を変えるトリセツ"を上手に運用して下さい。単なる提言や提案ではなく"日本を変える取り扱い説明書"ですから・合掌

時代おくれのスマートハウス実行委員会　代表　石田嘉生

連絡先：080-5365-1107

本気で日本を変えるトリセツ

令和2年9月1日　発行

著　者　石田 嘉生

監　修　時代おくれのスマートハウス実行委員会

連絡先　080-5365-1107

発行所　ブックウェイ

　　　　〒670-0933　姫路市平野町62
　　　　TEL.079 (222) 5372　FAX.079 (244) 1482
　　　　https://bookway.jp

印刷所　小野高速印刷株式会社

©Yoshio Ishida 2020, Printed in Japan

ISBN978-4-86584-474-0